HELLO, ROBOT. wurde von einem Algorithmus in Zusammenarbeit mit Double Standards, Berlin, gelayoutet.

INHALT

Einleitung

Vorwort Mateo Kries, Vitra Design Museum — 5
Vorwort Lilli Hollein, MAK – Museum für angewandte Kunst — 6
Vorwort Katrien Laporte, Design Museum Gent — 7
Vorwort Hortensia Völckers, Alexander Farenholtz, Kulturstiftung des Bundes — 8
Vorwort Ulrich Spiesshofer, ABB — 9
Akuter denn je: Hello again, Robot. Erweitertes Vorwort zur zweiten Auflage
Amelie Klein — 10

Einleitung: Auf der Suche nach Fragen
Amelie Klein — 18

Science und Fiction — 26

Through the Looking Glass, Down the Rabbit Hole: Eine Frage des Vertrauens
Marlies Wirth — 28

Sind Sie schon einmal einem Roboter begegnet?
Werke — 38
Was war Ihre erste Erfahrung mit Robotern?
Werke — 48
Glauben Sie, wir brauchen Roboter?
Werke — 78
Sind Roboter unsere Freunde oder unsere Feinde?
Werke — 84
Vertrauen Sie Robotern?
Werke — 98

Programmiert auf Arbeit — 114

Robots, Kilobots, Nanobots
Gesche Joost — 116

Denken Sie, Ihr Job könnte von einem Roboter übernommen werden?
Werke — 124
Möchten Sie selbst zum Produzenten werden?
Werke — 136

Freund und Helfer ——————————————————— **146**

Meine elegante Roboterfreiheit
Bruce Sterling ———————————————————————— 148
hitchBOT: Per Anhalter durch die Menschenwelt
Fredo De Smet im Gespräch mit Frauke Zeller und David Harris Smith ——— 156
Was Menschsein künftig bedeuten könnte
Thomas Geisler im Gespräch mit Fiona Raby und Anthony Dunne ————— 166

Wie sehr möchten Sie sich auf smarte Helfer verlassen?
Werke ———————————————————————————— 176
Wie fühlen Sie sich dabei, dass Objekte Gefühle für Sie empfinden?
Werke ———————————————————————————— 186
Glauben Sie an Tod und Wiedergeburt von Dingen?
Werke ———————————————————————————— 204
Hätten Sie gern, dass sich ein Roboter um Sie kümmert?
Werke ———————————————————————————— 210

Eins werden ——————————————————————— **232**

Ein Roboter zum Wohnen: Wie ubiquitäres Computing die Robotik an ungeahnte Orte bringt
Carlo Ratti mit Daniele Belleri ———————————————————— 234
Gemeinsam Weltwerden: Zur Krise des Menschlichen
Rosi Braidotti ——————————————————————————— 246
Distributed Embodiment
Christoph Engemann und Paul Feigelfeld ——————————————— 260

Würden Sie in einem Roboter leben wollen?
Werke ———————————————————————————— 268
Möchten Sie besser werden als von Natur her vorgesehen?
Werke ———————————————————————————— 284
Tritt der Roboter an die Spitze der Evolution?
Werke ———————————————————————————— 294

Glossar —————————————————————————————— 306
Biografien ————————————————————————————— 316
Danksagung ———————————————————————————— 335
Impressum ————————————————————————————— 336

HELLO, ROBOT.

DESIGN ZWISCHEN MENSCH
UND MASCHINE

VORWORTE

Was wir heute als Roboter bezeichnen, hat in der Kulturgeschichte der Menschheit viele Namen bekommen: Prometheus. Golem. Frankensteins Monster. Roboter. Cyborg. R2D2, um nur einige zu nennen. Sie alle zeugen von dem tief verwurzelten Anliegen des Menschen, sich selbst mittels Technik zu überwinden, zu verbessern und zu spiegeln. Mit dem menschlichen Alltag hatte dies jedoch lange nichts zu tun. Die wenigen Roboter des 20. Jahrhunderts liefen als einsame Demonstrationsobjekte über Weltausstellungen oder standen in großen Industriehallen am Fließband. Wenn sie unseren Alltag erreichten, dann höchstens als blecherne Spielkameraden, die durch unser Kinderzimmer wackelten.

Dies hat sich seit Beginn des 21. Jahrhunderts radikal verändert. Ob in Gestalt von Drohnen, Pflegerobotern, selbstfahrenden Automobilen, lernenden Algorithmen, Exoskeletten oder kooperierenden Industrierobotern – die Robotik zieht in unseren Alltag ein und verändert ihn grundlegend. Dabei spielt Design eine zentrale Rolle, denn es sind Designer, die die Schnittstellen zu dem neuen Kosmos zwischen Mensch und Maschine gestalten. Diese Schnittstellen können weiterhin humanoide Roboter sein, jedoch ebenso das Cockpit eines selbstfahrenden Autos, die Benutzeroberfläche eines lernenden Computerprogramms oder das Touchpad unserer Haustechnik.

Die Ausstellung *Hello, Robot. Design zwischen Mensch und Maschine* zeigt mit über 150 Exponaten, wie vielgestaltig die Robotik heute ist. Zugleich weitet sie den Blick auf die ethischen, sozialen und politischen Fragen, die damit verbunden sind. Denn auch wenn die Robotik nahbarer, persönlicher, ja oft unentbehrlich geworden ist, so muss auch sie sich in jedem Einzelfall fragen lassen: Macht sie unsere Welt besser? Die Ausstellung zeigt, dass diese Frage so alt ist wie die Kulturgeschichte des Roboters und dass es an uns ist – an Nutzern, Gestaltern, Unternehmern und Politikern – den Einzug der Robotik in unseren Alltag verantwortungsvoll und nutzbringend zu gestalten.

Dass mit dem vorliegenden Buch – fünf Jahre nach der ersten Auflage von 2017 – eine erweiterte Auflage erscheint, zeigt, wie rasant sich die Robotik seitdem erneut weiterentwickelt hat. Die humanoiden Vorführ-Roboter von Tesla, Boston Dynamics und Co., die immer geschicktere Kunststücke aufführen, sind dafür noch harmlose Beispiele. Weniger beachtet, aber viel wirkmächtiger ist die Robotik dort geworden, wo sie uns gerade nicht in vertrauter Gestalt begegnet, sondern in den Dunkelzonen unserer zerrissenen Gesellschaften eingesetzt wird – etwa in Form von Gesichtserkennungssoftware, Drohnen im Ukraine-Krieg oder Internet-Bots, die Wahlen manipulieren und zur Waffe der digitalen Kriegsführung werden können.

Mein herzlicher Dank gilt den beiden Museen, die diese ambitionierte Ausstellung gemeinsam mit uns konzipiert und produziert haben, dem MAK und dem Design Museum Gent. Ebenfalls danken möchte ich der Kulturstiftung des Bundes und dem Global Sponsor ABB, die die Ausstellung großzügig unterstützt haben. Und schließlich gilt mein großer Dank den Kuratorinnen und Kuratoren Amelie Klein, Thomas Geisler, Marlies Wirth und Fredo de Smet. Sie nähern sich dem Thema über raffinierte, oft doppelsinnige Fragen anstatt über simple Antworten. Ein kluger Schachzug: Vielleicht ist die Fähigkeit, die richtigen Fragen zu stellen, ein letzter kleiner Vorsprung des Menschen vor der Maschine?

MATEO KRIES
DIREKTOR
VITRA DESIGN MUSEUM

Vorwort zur zweiten Auflage von *Hello, Robot. Design zwischen Mensch und Maschine*
Weil am Rhein, Juni 2022

VORWORTE

HELLO, FUTURE!

LILLI HOLLEIN
GENERALDIREKTORIN, MAK – MUSEUM FÜR ANGEWANDTE KUNST

Als vor fünf Jahren der erste Katalog zur Ausstellung *Hello, Robot.* erschien und mein Vorgänger Christoph Thun-Hohenstein ein Vorwort dazu schrieb, standen die ersten vier Stationen dieser Ausstellung fest und der Blick war neugierig auf die zukünftige Entwicklung unserer Gesellschaft im Zeitalter künstlicher Intelligenz sowie zunehmender Digitalisierung und Automatisierung gerichtet. Das Verhältnis zwischen Mensch und Maschine hat sich seither nicht grundlegend geändert – und doch sehen wir die Welt ein wenig anders als vor fünf Jahren.

Mehr als zwei Jahre im Setting einer globalen Pandemie haben uns gezeigt, dass sich die Welt innerhalb kürzester Zeit ganz anders drehen kann, als wir es für möglich gehalten hätten: Es gab Monate ohne soziales Leben, ohne Reisen, mit totaler Überlastung des Gesundheitssystems, Produktionsstillstand und Lieferengpässen. Diese Zeit brachte aber auch eine Steigerung der Digital Literacy in allen Altersgruppen mit sich. Gerade unter diesem Aspekt zeigt sich, wie sehr Roboter unsere Zukunft beeinflussen können. Viele von uns sehen darin ein bedrohliches Szenario, aber die Robustheit eines Roboters gibt auch Sicherheit. Ein Virus vermag die gesamte Menschheit lahmzulegen, der Roboter muss nur die Computerviren in seinem eigenen Programmierungssystem fürchten.

Schon bevor uns Fritz Lang mit *Metropolis* entsprechende Bilder in den Kopf pflanzte, galten Roboter als Maschinenwesen, deren menschliche Komponente entweder gefürchtet oder herbeigesehnt wird. Die Pioniere der elektronischen Musik, Kraftwerk, haben nicht nur den Sound, sondern auch die Moves dafür geschaffen, Spike Jonzes Film *Her* zeigt die Zärtlichkeit in der Kommunikation mit einer künstlichen Intelligenz und Alexa und Co. organisieren viele Haushalte mit, von der Wetterprognose über die Musik bis hin zur Einkaufsliste und Bestellungen. Design spielt wie immer eine wesentliche Rolle an der Schnittstelle von Innovation und gesellschaftlichen Prozessen sowie bei deren Verknüpfung.

Das weit verbreitete Bild vom Roboter ist mittlerweile zum Symbol geworden – wie die seit Jahrzehnten nicht mehr existierende Diskette für den Speichervorgang. Die Maschine in Menschengestalt steht für etwas, das immer öfter gar nicht mehr sichtbar ist, eine künstliche Intelligenz, die agiert, ohne eine Hülle zu brauchen.

Bereits jetzt sind wir an einem Punkt angelangt, an dem wir oft nicht mehr wissen, ob unser Gegenüber eine KI oder ein Mensch ist: Immer öfter treffen KIs und Algorithmen Entscheidungen, nicht mehr Menschen mit ihren moralischen, humanismusgeschulten Maßstäben.

Das Verhältnis zwischen Robotern und Menschen wird unsere Zukunft bestimmen. Die friedliche Koexistenz soll unser Ziel sein. In jedem Fall braucht es eine breite Auseinandersetzung damit. In diesem Sinne danke ich meinem Vorgänger Christoph Thun-Hohenstein seitens des MAK, Mateo Kries und Marc Zehntner vom Vitra Design Museum und den Kurator*innen beider Häuser, Amelie Klein, Thomas Geisler und Marlies Wirth, für die Bearbeitung dieses bedeutenden Themas vor einigen Jahren, die Wiederaufnahme und somit auch für die überarbeitete Neuauflage des Kataloges.

Vorwort zur zweiten Auflage von
*Hello, Robot. Design zwischen
Mensch und Maschine*
Wien, Juni 2022

KATRIEN LAPORTE
DIREKTORIN, DESIGN MUSEUM GENT

„HELLO, ROBOT." DER BEGINN EINES GESPRÄCHS.

Ein Museum für Designerbe macht eine Ausstellung über die Zukunft. Das klingt so seltsam wie die Erfindung von Robotern, die uns die Arbeitsplätze wegnehmen können. Willkommen in der paradoxen Welt von heute, in einer Welt, die sich zwar um den Menschen dreht, aber kaum von ihm kontrollieren lässt. In einer Welt, in der Grau aus dicken, abwechselnd schwarzen und weißen Balken besteht. In der Stillstand aufreibender ist als Handeln. Willkommen bei *Hello, Robot. Design zwischen Mensch und Maschine*.

Obwohl die Ausstellung alte Poster, Filme und Spielzeug präsentiert, geht es in ihr nicht nur um das überlieferte Erbe. Obwohl Künstler und Architekten an ihr beteiligt sind, geht es nicht nur um Kunst und Kultur. Obwohl die Exponate nach der Qualität ihres Designs ausgewählt wurden und obwohl Sie in dieser Ausstellung Roboter in Aktion erleben können, geht es in *Hello, Robot.* nicht nur um Design oder Technik.

Neben Robotern, kulturellem Erbe, Kunst und Kultur geht es in dieser Ausstellung um die Erforschung von Interaktionsdesign. Sie lesen es im Titel, hören es an den Fragen der Kuratoren; Sie spüren es im Design, erleben es in den Installationen. Vor allem aber möchte *Hello, Robot. Design zwischen Mensch und Maschine* einen Dialog anstoßen. Einen Dialog, der über den einzelnen Besucher hinausgeht.

Nicht zuletzt möchten wir mit dieser Ausstellung die Beziehung zwischen Menschen und ihrer Welt hinterfragen. In diesem Sinn nehmen wir also deutlich und bewusst unsere gesellschaftliche Rolle wahr. Weil wir glauben, dass ein Museum weitaus mehr ist als nur ein Ort, an dem Menschen Schönheit erleben oder zum Staunen gebracht werden. Ein Museum kann ein Ort des Reflektierens, der Begegnung und des gesellschaftlichen Engagements sein. Das Museum als Triebkraft für Wandel – ist diese Vorstellung so naiv?

Das Design Museum Gent hat in der Stadt Gent und in ganz Flandern eine einzigartige Stellung. Im Herzen der Altstadt gelegen, befindet es sich zum Teil in einem wunderbaren Gebäude aus dem 18. Jahrhundert und beherbergt eine 1903 gegründete Sammlung. Mit dieser Sammlung, deren Schwerpunkt auf dem Design von 1860 bis heute liegt, sind wir das einzige Designmuseum Belgiens, das die Bedeutung von Design über die Jahrhunderte in den Blick nimmt. In Gent gibt es zudem eine Vielzahl an Designern, Künstlern, Kreativunternehmern, Technologiefirmen und Forschungsinstitutionen.

Mit all diesen Partnern arbeiten wir eng zusammen. Die Herausforderungen sind gewaltig. Unser Handeln ist zunehmend digitaler Natur, die Technologie wird immer unsichtbarer. An diesen Gegenständen und Verfahren halten wir fest. Und wir halten an ihnen fest in einer Welt, in der Wandel die einzige Gewissheit ist. Darum dürfen wir als Museum nicht den Anschluss an den technischen Fortschritt verpassen, das Boot, das Ro-Boot sozusagen, darf nicht ohne uns auslaufen. Und darum tragen wir als offene Institution im Verbund mit Designern zur Gestaltung unserer Stadt und unserer Welt bei. Das ist unsere Mission.

Darum glaube ich ganz im Sinne des Design Museum Gent an die herausragende Bedeutung dieses Themas. Darum investieren wir zusammen mit dem Vitra Design Museum und dem MAK Wien in diese ambitionierte Ausstellung. Darum also *Hello, Robot.*

Gent, Dezember 2016

VORWORTE

GRUSSWORT DER KULTURSTIFTUNG DES BUNDES

„Ein Roboter darf kein menschliches Wesen verletzen […]. Er muss den Befehlen des Menschen gehorchen […]. Ein Roboter muss seine eigene Existenz schützen, solange dies nicht im Konflikt mit Regel 1 oder 2 steht." So formulierte der russische Science-Fiction-Autor Isaac Asimov 1942 die Robotergesetze. Asimov war überzeugt, dass intelligente Maschinen zukünftig im Alltag der Menschen präsent und den Menschen gar überlegen sein würden und dass es daher solcher Gesetze bedürfe. Nun – so scheint es – verfügt der Mensch erstmals über das technologische Wissen und die Werkzeuge, um aus dieser Science-Fiction Realität werden zu lassen: Die ersten fahrerlosen Autos sind im Testbetrieb auf den Autobahnen unterwegs, Algorithmen führen Börsengeschäfte durch, Androiden empfangen uns im Hotel und das Internet der Dinge verwandelt ganze Städte in intelligente Maschinen. Roboter haben die Fabriken der industriellen Massenproduktion verlassen und begegnen uns immer öfter im Alltag. Das wirft Fragen danach auf, wie wir mit einer immer intelligenteren, autonomeren und selbstlernenden Objektwelt umgehen. Design erweist sich hier als besonders geeignetes Medium, um die Möglichkeiten und Grenzen dieses neuen (robotischen) Ökosystems auszuloten – als Vermittler zwischen dem Fremden und dem vertrauten und als Experimentierraum für die vielfältigen Interaktionen zwischen Mensch und Maschine.

Das Ausstellungsprojekt *Hello, Robot. Design zwischen Mensch und Maschine* – eine Koproduktion des Vitra Design Museums mit dem MAK und dem Design Museum Gent – schärft unseren „Zukunftssinn", indem sie den Blick auf bekannte und unbekannte Erscheinungsformen der Robotik lenkt und aufzeigt, wie unser Leben dadurch verändert wird. Die Kulturstiftung des Bundes dankt den beteiligten Einrichtungen und dem Kuratorenteam Amelie Klein, Thomas Geisler, Marlies Wirth sowie Fredo de Smet für die Realisierung eines Projekts, das zu einer Reise in die Roboterwelt von heute und morgen einlädt.

HORTENSIA VÖLCKERS
VORSTAND / KÜNSTLERISCHE DIREKTORIN

ALEXANDER FARENHOLTZ
VORSTAND / VERWALTUNGS-DIREKTOR

Halle an der Saale, Dezember 2016

WILLKOMMEN IN UNSERER WELT

Als Vorreiter, Technologieführer, Erfinder und einer der führenden Hersteller von Industrierobotern engagiert sich ABB mit Leidenschaft für Roboter. Wir möchten andere an der Faszination teilhaben lassen, die von Robotern auf neuen wie traditionellen Gebieten ausgeht. Daher sind wir mit Stolz Partner der Ausstellung *Hello, Robot*.

Der Zeitpunkt der Ausstellung ist gut gewählt. Bis vor Kurzem standen Roboter nicht im Blickfeld der Öffentlichkeit, sondern schweißten in Fabriken Blech, lackierten Karosserien oder packten Lebensmittel ab. Von Menschen wurden sie ferngehalten und zur Sicherheit der Mitarbeiter in Metallkäfigen isoliert.

Damit ist nun Schluss. 2015 brachte ABB den weltweit ersten wirklich kollaborativen, sicheren Roboter *YuMi* auf den Markt, eine kleine, zweiarmige Maschine in Leichtbauweise. Er ist präzise genug, um eine Nadel einzufädeln, und intelligent genug, um dazuzulernen und den Betrieb einzustellen, sobald er auf Widerstand trifft. Mit *YuMi* hat eine Revolution begonnen, bei der Mensch und Roboter buchstäblich Seite an Seite arbeiten.

Für die Akzeptanz der neuen Roboterpartner durch den Menschen spielt das Design eine maßgebliche Rolle. ABB hat sich ebenso intensiv mit dem Design von *YuMi* wie mit seiner technischen Entwicklung befasst und dafür den renommierten Red Dot Award für Design erhalten.

In den vergangenen 40 Jahren haben Roboter entscheidend dazu beigetragen, uns die Arbeit angenehmer und Industriegüter erschwinglich zu machen, die Produktionsqualität zu verbessern und damit Wachstum und Wohlstand anzukurbeln. Wenn wir sie in unseren Alltag integrieren, werden Roboter weitere Vorteile bringen, Waren noch weiter verbessern und Menschen jedes Alters wertvolle Hilfe leisten. Wir werden gänzlich neue Anwendungen der Robotik erleben und sie werden allgegenwärtig wie Handys und Computer sein, als Partner von Mensch und Industrie im täglichen Leben.

Zürich, Dezember 2016

ULRICH SPIESSHOFER
CEO VON ABB

VORWORTE

AKUTER DENN JE: HELLO AGAIN, ROBOT.

AMELIE KLEIN

1 Alard von Kittlitz, „Fuck you, Silicon Valley!", in: *Die Zeit* (Nr. 5, 26. Januar 2017), S. 51
2 Ebenda, S. 52
3 Ebenda, S. 52

Die Wortwahl war nicht vornehm. „Fuck you, Silicon Valley!" titelte die altehrwürdige *Zeit* im Januar 2017 und bebilderte den Artikel mit einem ausgestreckten Mittelfinger im pixeligen Stil eines 1980er-Atari.[1] Der Inhalt war so wütend, wie es der Titel vermuten lässt. „Wie kann es sein, dass niemand dem Valley und seiner Aufgeblasenheit widerspricht? Wieso ist der Diskurs so dermaßen devot?", fragte der Autor, und nach Monaten der Recherche und Ausstellungsvorbereitung für *Hello, Robot. Design zwischen Mensch und Maschine* konnte ich nur vollen Herzens zustimmen. Der Artikel sprach von Amazon und dem „siechen Einzelhandel", von Uber und den „gewerkschaftslosen Auto-Kulis", von Airbnb und den „steigenden Mietspiegeln der Innenstädte", von der „krassen Prekariats-Armada aus Deliveridoo-Sklaven".[2] Vor allem aber sprach er von der Weltverbesserungshybris, die uns schon damals viel zu lange aus dem Tech-Unternehmertum entgegenschwappte, und von dem fast schon hörigen Enthusiasmus, mit dem die Politik – und wir alle – darauf reagierten. „Mannmannmann, geht es trister?", schloss der Artikel,[3] und man möchte sich bis heute immer wieder dieselbe Frage stellen.

Denn das alles klingt im Jahr 2022 so brandaktuell wie damals. Es scheint, als hätte sich nichts verändert. Als wäre die Kernbotschaft nicht nur des Artikels, sondern auch der Ausstellung, die seit 2017 in neun Museen weltweit zu sehen war und die im Herbst 2022 leicht aktualisiert ins Vitra Design Museum zurückkehrt – als wäre also diese Kernbotschaft bis heute ungehört geblieben, die da lautet: Keine Angst vor dem Terminator! Aber größte Vorsicht vor den Entwicklungen unserer immer smarteren, immer robotischeren Umwelt – und vor den wirtschaftlichen und staatlichen Interessen, die diese Entwicklungen vorantreiben.

Wir erinnern uns: Alles kann ein Roboter sein, solange es erstens über Sensoren verfügt, um Daten zu messen; zweitens über Intelligenz, also Software, um diese Daten sinnvoll zu interpretieren; und drittens über Aktoren, um darauf eine physisch messbare Reaktion zu generieren, etwa einen Lichtpunkt auf dem Bildschirm, Sound, Bewegung oder Wärme.[4] Das Smartphone? Letztlich ein Roboter. Eine Drohne, ein selbstfahrendes Auto? Roboter. Der Chatbot, der online Kundenanfragen beantwortet? Ein Roboter. Algorithmen und 3D-Druck? Robotische Werkzeuge. Ein smartes Haus? Ebenfalls ein Roboter, und auch die smarte Stadt sowie jede andere smarte Umgebung sind Roboter, denn im Unterschied zu Menschen brauchen die intelligenten Maschinen keinen Körper. Alles wird zum Roboter, sobald es smart ist.

„Technologie ist eher so etwas wie ein neuer Farbanstrich", schreibt die *New York Times* im Dezember 2021, „als eine Reihe klar bestimmbarer Produkte oder Branchen."[5] Und dieser Anstrich färbt nicht nur unseren individuellen Alltag neu ein, sondern auch unsere kollektiven Handlungen. Alle großen Bewegungen unserer Zeit haben, versehen mit einem Hashtag, ihr Äquivalent, ihre Vervielfältigung und manchmal auch kausale Zusammenhänge im und mit dem Internet, im Guten wie im Schlechten: #Impfzwang, #GroßerAustausch, #MAGA und #BigLie trenden ebenso wie #BlackLivesMatter, #MeToo, #FridaysforFuture und #ExtinctionRebellion – um nur einige ganz, ganz wenige zu nennen.[6] Deshalb ist jedes Thema, jede Diskussion immer auch eine Diskussion über Technologie.

Damals, Anfang 2017, war es erfrischend, den eingangs erwähnten Artikel in der *Zeit* zu lesen. Endlich sagte mal einer, was längst gesagt gehörte. Endlich war da einer, der die eigene Wut teilte. Dennoch schaffte es der Artikel nicht in die erste Auflage dieses Buchs, denn das war bereits in Druck. Ein weiterer Artikel erregte – ebenfalls zu spät, um in Katalog oder Ausstellung noch seinen Widerhall zu finden – die Aufmerksamkeit des kuratorischen Teams: Das Schweizer *Magazin* porträtierte den Psychologen Michal Kosinski, der an der britischen Cambridge University eine Methode entwickelt hatte, die einfache Facebook-Likes mit etablierten psychologischen Verfahren zu einer höchst potenten Marketing-Waffe emulgierte.[7] Die Autoren beschrieben detailgenau, wie Kosinskis Methode gegen dessen Willen in die Hände einer Politmarketingagentur namens Cambridge Analytica gelangt war und wem diese ihre Dienste angeboten hatte. Der Skandal, der all dies einer breiten Öffentlichkeit bekannt machte und schließlich zur Auflösung der Firma führte, erhob sich jedoch erst ein gutes Jahr später im März 2018.[8]

Bis heute ist trotz zahlreicher Untersuchungen umstritten, wie weit Cambridge Analytica mit seinem Mikrotargeting und der unrechtmäßigen Nutzung der Daten von über 87 Millionen Facebook-Usern und -Userinnen wirklich zur Wahl Donald Trumps oder dem Erfolg des Brexit-Referendums beigetragen hat.[9] Dennoch markiert der Skandal einen Wendepunkt in der Diskussion um Technologie-Konzerne. Seit 2018 versucht die Europäische Union, die Datengier der Big-Tech-Unternehmen mittels Datenschutz-Grundverordnung einzudämmen, allen Mängeln zum Trotz. In den USA beschäftigt der Cambridge-Analytica-Fall noch immer die Gerichte. Zuletzt hat der Generalstaatsanwalt von Washington D.C. Klage gegen Mark Zuckerberg eingereicht, den Gründer und CEO von Meta, besser bekannt unter dem früheren Firmennamen Facebook. Zuckerberg, so argumentiert der Generalstaatsanwalt, muss von dem Datenleck gewusst haben, und er muss mit der Weitergabe der Daten zum Mikrotargeting einverstanden gewesen sein.[10] „Diese Klage ist nicht nur gerechtfertigt, sondern notwendig", sagte der Generalstaatsanwalt bei einer Pressekonferenz, „[sie] sendet eine Botschaft, dass Unternehmensführer, einschließlich CEOs, für ihre Handlungen zur Verantwortung gezogen werden."[11]

4 Vgl. Amelie Klein, „Auf der Suche nach Fragen", S. 18 und Carlo Ratti mit Daniele Belleri, „Ein Roboter zum Wohnen", S. 234 in dieser Publikation
5 Shira Ovide, „Tech won. Now What?", in: The New York Times (23. Dezember 2021), https://www.nytimes.com/2021/12/23/technology/tech-won-now-what.html, abgerufen am 27. Mai 2022
6 Die Autorin dieser Zeilen spricht sich aufs Schärfste gegen rechtsradikale, Covid-19 leugnende und demokratiefeindliche Inhalte aus. Die Liste an Hashtags soll lediglich die thematische Bandbreite aufzeigen.
7 Hannes Grassegger und Mikael Krogerus, „Ich habe nur gezeigt, dass es die Bombe gibt", in: *Das Magazin* (Nr. 48, 3. Dezember 2016), https://web.archive.org/web/20170127181034/https://www.dasmagazin.ch/2016/12/03/ich-habe-nur-gezeigt-dass-es-die-bombe-gibt/, abgerufen am 26. Mai 2022
8 „The Cambridge Analytica Files", in: *The Guardian,* https://www.theguardian.com/news/series/cambridge-analytica-files, abgerufen am 26. Mai 2022
9 Ingo Dachwitz, „Abschlussbericht der Datenschutzbehörde: Nein, der Cambridge-Analytica-Skandal fällt nicht in sich zusammen", in: *netzpolitik.org* (23. Oktober 2020), https://netzpolitik.org/2020/abschlussbericht-der-datenschutzbehoerde-nein-der-cambridge-analytica-skandal-faellt-nicht-in-sich-zusammen/, abgerufen am 26. Mai 2022
10 Cat Zakrzewski, „D.C. attorney general sues Zuckerberg over Cambridge Analytica scandal", in: *The Washington Post* (23. Mai 2022), https://www.washingtonpost.com/technology/2022/05/23/racine-zuckerberg-privacy/, abgerufen am 26. Mai 2022
11 Ebenda

12 Caitlin Harrington, „Amazon Staten Island Workers Unionize in a Historic First", in: *Wired* (1. April 2022), https://www.wired.com/story/staten-island-amazon-elections/, abgerufen am 27. Mai 2022
13 Caitlin Harrington, „An Amazon Warehouse Worker Takes the Fight to Shareholders", in: *Wired* (25. Mai 2022), https://www.wired.com/story/amazon-warehouse-worker-shareholder-proposal/, abgerufen am 27. Mai 2022

Bei Amazon sehen wir die Gründung von Gewerkschaften.[12] Insbesondere geht es dabei um die Bekämpfung von Produktivitätsvorgaben, nach denen etwa ein Lagerarbeiter 300 bis 350 Teile pro Stunde bewegen soll – bei einer Schicht von zehn Stunden mit einmal 30 und zweimal 15 Minuten Pause. Wer dahinter zurückbleibt – WC-Pausen etwa sind nicht vorgesehen –, wird verwarnt und bei erneuter „ungenügender Leistung" entlassen.[13] Überwacht werden diese brutalen Vorgaben über tragbare Datenendgeräte (sogenannte *wearable terminals*), von denen eines in der aktualisierten Neuauflage der Ausstellung *Hello, Robot.* zu sehen ist.

Motorola Symbol. *Barcode Scanner WT4090-N3S0GER*, 2009. Handheld Computer, diverse Materialien, 26 × 142 × 93 mm © Vitra Design Museum, Foto: Andreas Sütterlin

VORWORTE

14 Jonathan Chadwick, „Robot dog named Zeus is seen inspecting SpaceX's rocket test site in Texas after a Starship tank exploded during a cryogenic pressure test", in: *Mail Online* (25. Juni 2020), https://www.dailymail.co.uk/sciencetech/article-8458885/Boston-Dynamics-robot-dog-inspects-SpaceX-site-Texas.html, abgerufen am 26. Mai 2022
15 Angela Giuffrida, „Robot dog called in to help manage Pompeii", in: *The Guardian* (28. März 2022), https://www.theguardian.com/technology/2022/mar/28/robot-dog-to-help-manage-pompeii-spot-tunnels-thieves?CMP=Share_iOS App_Other, abgerufen am 27. Mai 2022
16 Ryan McMorrow und Gloria Li, „The robot dogs policing Shanghai's strict lockdown", in: Financial Times (14. April 2022), https://www.ft.com/content/5c437146-2d18-466b-84af-24a47b32de59, abgerufen am 26. Mai 2022; siehe auch NowThis News, „Robot Dog Barks COVID-19 Safety Protocols in Shanghai", in: *YouTube* (31. März 2022), https://www.youtube.com/watch?v=tT9qv30Vbt4, abgerufen am 26. Mai 2022

Boston Dynamics. *Spot*, seit 2016. Roboter, diverse Materialien, Höhe (laufend, min–max): 520–700 mm, Länge: 1100 mm, Breite: 500 mm, Gewicht mit Batterie: 31,7 kg. Foto: Courtesy Boston Dynamics

Die Allgemeinheit hat ein neues Bewusstsein entwickelt. Und egal, wie es nun weitergeht, eines kann man wohl sagen: Der devote Diskurs, der die *Zeit* im Januar 2017 völlig zu Recht erzürnte, ist Geschichte. Das bedeutet allerdings nicht, dass die Probleme gelöst sind. Aber wir reden darüber, und das war von Anfang an eines der zentralen Anliegen von *Hello, Robot*. Dieser Debatte möchte die aktualisierte Neuauflage der Ausstellung nun ein paar Anknüpfungspunkte hinzufügen. *Spot* zum Beispiel ist ein Hund, der die Herzen vieler Robo-Fans höher schlagen lässt. Erstmals 2016 vom Hersteller Boston Dynamics präsentiert und seit 2019 im Verkauf, ist der vierbeinige Roboter etwa für Elon Musks Raumfahrt-Unternehmen SpaceX bei Raketen-Tests im Einsatz.[14] In Pompeji untersucht *Spot* unterirdische Tunnel, die einst von Dieben in den Ausgrabungsstätten angelegt wurden, auf ihre Sicherheit und Stabilität.[15] Viral verbreitet hat sich zuletzt jedoch ein Video, das *Spot* im menschenleeren Shanghai zeigt. Auf dem Rücken trägt er ein mit Gaffer-Tape fixiertes Megafon, über das die Bürgerinnen und Bürger aufgefordert werden, den strengen Lockdown einzuhalten.[16]

Boston Dynamics. *Spot*, seit 2016. Foto: Courtesy Boston Dynamics

Unser Umgang mit Maschinen bleibt ambivalent. Wenn etwa Gramazio Kohler Research von der ETH Zürich anlässlich der Wiedereröffnung von *Hello, Robot.* einen Pavillon errichten möchte, dann dürfen sich Architektur-Begeisterte zu Recht freuen. Das Forschungslabor beschäftigt sich mit der Entwicklung und den Auswirkungen digitaler Produktionsmethoden auf die Architektur, und bei dem Pavillon vor dem Vitra Design Museum kommt die sogenannte Eggshell-Fertigungstechnologie zum Einsatz. Die Verschalung für den Betonguss kommt aus dem 3D-Drucker und wird nach dem Aushärten wie eine Eierschale abgepellt. Das ermöglicht nicht nur außergewöhnliche Formen, sondern auch Materialeinsparungen von bis zu 50 Prozent.

Mit seinen 3D-gedruckten *Sabots* – das französische Wort bezeichnet eigentlich aus Holz geschnitzte Pantinen – weckt der Amerikaner Tyler Coburn dagegen Assoziationen mit dem frühen Widerstand gegen Maschinen. „Sabot" steckt in Sabotage, und für diesen Zusammenhang gibt es mehrere Erklärungen. Als gesichert gilt, dass die Arbeiter – oft ehemalige Bauern, die im Zuge der Industriellen Revolution in die Städte gezogen waren – immer noch ihr traditionelles Schuhwerk trugen. Ob sie selbiges absichtlich in die Maschinen warfen, um diese zu beschädigen, oder den Betrieb unabsichtlich aufhielten, weil sie mit ihren derben Holztretern durch die Fabrikhallen stolperten, ist nicht geklärt. Coburns *Sabots* wurden jedenfalls in einer sogenannten „lights-out"-Umgebung gedruckt, einer voll-automatisierten Werkshalle, in der gar keine Menschen mehr arbeiten und das Licht daher aus bleiben kann.[17]

17 Tyler Coburn, *Sabots,* https://www.tylercoburn.com/sabots.html, abgerufen am 26. Mai 2022

MAS ETH DFAB, ETH Zürich. *Eggshell Pavilion*, 2022. Stahlbeton, Schalung in 3D-Druck © Gramazio Kohler Research, ETH Zürich

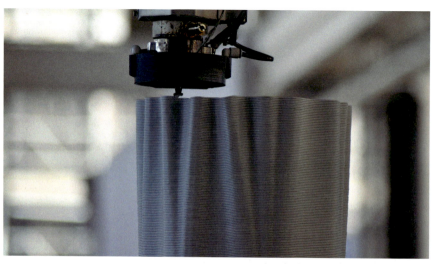

MAS ETH DFAB, ETH Zürich. *Eggshell Pavilion*, 2022 © Gramazio Kohler Research, ETH Zürich

Tyler Coburn. *Sabots*, 2016. Zwei ABS-Schuhe, 3D-Druck in „lights out"-Umgebung, jeweils 20,3 × 9 × 9 cm © Courtesy Tyler Coburn

Éva Ostrowska. *I have been sending him a picture of the loading sign instead and he still hasn't realized* (Ich habe ihm stattdessen ein Bild vom Loading-Symbol geschickt und er hat es immer noch nicht bemerkt), 2021. Wandteppich aus Wolle, 227 × 70 cm © Éva Ostrowska

18 Éva Ostrowska, *I have been sending him a picture of the loading sign instead and he still hasn't realized*, https://www.evaostrowska.com, abgerufen am 26. Mai 2022

Besonders spannend ist es zu beobachten, wie sich nicht nur die Beziehung zwischen Mensch und Maschine wandelt, sondern auch die Interaktion von Mensch zu Mensch. Die aktualisierte Version von *Hello, Robot.* zeigt einen Wandteppich der französischen Künstlerin Éva Ostrowska, die sich in ihrer Arbeit den romantischen, intimen Aspekten dieser zwischenmenschlichen Interaktion widmet. *I have been sending him a picture of the loading sign instead and he still hasn't realized* (Ich habe ihm stattdessen ein Bild vom Loading-Symbol geschickt und er hat es immer noch nicht bemerkt) heißt der Teppich und zeigt einen Chatverlauf, wie er in Zeiten von Dating-Apps wohl durchaus üblich ist. „Send nudes" steht in einer der Textblasen („Schick Nacktfotos") und in der Antwort: „ok hang on" („O.k. einen Moment").[18] Der Titel der Arbeit verrät eine humorvolle und subversive Methode, sich der Grenzüberschreitung zu entziehen, die in der altmodischen Anbahnung einer intimen Beziehung etwa an einer Bar oder auf einer Tanzfläche zumindest ungewöhnlich wäre.

19 Simon Weckert, *Google Maps Hacks*, http://www.simonweckert.com/googlemapshacks.html, abgerufen am 27. Mai 2022
20 Anab Jain, persönliches Gespräch mit der Autorin (Wien, 24. Mai 2022)
21 Ebenda

Simon Weckert. *Google Maps Hacks*, 2020. Performance und Installation © Simon Weckert

Technologie prägt uns, und wir prägen unsere technologische, robotische Umgebung. Für seine Videoinstallation *Google Maps Hacks* hat der Berliner Medienkünstler Simon Weckert mit einem Bollerwagen voller Smartphones auf leeren Straßen einen künstlichen Stau in Google Maps erzeugt.[19] Wer sich noch nie darüber Gedanken gemacht hat, wie Google weiß, wo Stau ist: genau so. Viele Handys am selben Ort, die sich langsam weiterbewegen – und Google erkennt selbst dann, dass Sie auch dort sind, wenn Ihre App nicht geöffnet ist. Auf diese Art werden wir alle gemeinsam zu dem Roboter, in dem wir leben. Und auch das versucht *Hello, Robot.* schon seit 2017 zu vermitteln: Wir sprechen nicht von der Zukunft. Wir sprechen von der Gegenwart.

Wohin soll das alles führen? Der Film *The Intersection* des britischen Designbüros Superflux zeichnet einen Weg vor. „Unser Auftrag war, eine hoffnungsvolle Zukunftsvision zu entwickeln", sagt Anab Jain, Ko-Gründerin von Superflux.[20] Man möchte es kaum glauben. Viele Bilder zeigen Momente aus unserer Gegenwart und jüngeren Vergangenheit, die eher Anlass zur Verzweiflung sind: katastrophale Unwetter, Waldbrände, Straßenschlachten – alles hochaktuell, obwohl die Handlung in der nahen Zukunft spielt. Aber wir sehen auch Menschen, die miteinander sprechen. Und das ist auch ihre Hoffnung, sagt Jain, „dass Menschen beschließen, nicht trotz sondern wegen ihrer Unterschiede zusammenzukommen, ein Gespräch zu führen und einen Kreis zu bilden, in dem Fürsorge möglich ist. Es macht mir Hoffnung, wenn ich der Tatsache ins Auge sehe, dass Krisen unvermeidlich sind, dass wir mitten in einer Krise stecken – und dass wir auch stets Mittel und Wege finden, diesen Krisen einfallsreich und bescheiden entgegenzutreten. Das ist möglich. Es muss möglich sein zum Wohle zukünftiger Generationen. Vielleicht werden wir nicht in dem materiellen Wohlstand leben, den wir heute gewöhnt sind, aber es kann trotzdem gut sein. Es wird anders gut sein."[21]

Erweitertes Vorwort zur zweiten Auflage von *Hello, Robot. Design zwischen Mensch und Maschine*
Weil am Rhein, Juni 2022

Simon Weckert. *Google Maps Hacks*, 2020 © Simon Weckert

Superflux. *The Intersection*, 2021. Film, 16 Min 25 Sek © Superflux 2021

AUF DER SUCHE NACH FRAGEN

Wir dürfen davon ausgehen, dass Jacques Tati nicht auf Facebook wäre. Auch Google, Apple, Microsoft und Amazon fänden mit ihrem schier unstillbaren Durst nach Userdaten wohl kaum den Gefallen des 1982 verstorbenen französischen Filmemachers. Denn schon Mitte des letzten Jahrhunderts hat er in unvergesslichen Werken wie *Mon Oncle* oder *Playtime* mehr als deutlich gemacht, was er von neuer Technologie hält. Nicht so viel. Legendär etwa die Szene, in der Tatis filmisches Alter Ego, Monsieur Hulot, die ultraautomatisierte Küche seiner Schwester betritt.[1] Erst verbrennt er sich die Finger an einer Heizspirale, dann lässt sich das Küchenkästchen nicht öffnen, er drückt Knöpfe, alles surrt und piepst, das Türchen springt unvermittelt auf, heraus kullert ein Krug, der fällt zu Boden – doch nichts passiert. Der Krug ist aus elastischem Material, vergnügt lässt ihn Monsieur Hulot ein paarmal auf- und abhüpfen. Er probiert dasselbe mit einem Glas. Klirr. Dabei wollte er nur etwas Eistee trinken.

Er sagt nichts, doch es steht Monsieur Hulot deutlich ins Gesicht geschrieben: Wozu? Wozu brauchen wir das? Angesichts von Firmen wie den oben erwähnten „Fürchterlichen Fünf der Tech-Industrie"[2] und der von ihnen vorangetriebenen Digitalisierung unseres Lebens wird diese Frage auch heute kontrovers diskutiert. Dabei stellt sie sich gar nicht – weder damals noch heute. Denn Technologie lässt sich nicht aufhalten, solange sie sich nur gut genug an unsere bestehenden Gewohnheiten kuschelt und uns das Leben noch leichter macht. „Convenience ist eine Weltmacht", sagt der Autor und Internetexperte Sascha Lobo[3] und das beste Beispiel dafür sind Smartphones. Die brauchte bis zur Einführung des iPhones im Jahr 2007 auch keiner, und doch ist keine zehn Jahre später ein Alltag ohne diese smarten Helfer für die meisten undenkbar. Natürlich wusste auch Jacques Tati, dass der Fortschritt fortschreitet, und zwar ungeachtet dessen, ob er das nun gut fand oder nicht. „In der vollautomatischen Küche aus *Mon Oncle* rennt er nicht einfach gegen die viel beschworene Tücke des Objekts an", schreibt der Filmkritiker Roland Mörchen, „er verulkt vielmehr den (Un-)Geist einer ‚Neuen Künstlichkeit'. *Mon Oncle* ist das freundliche Augenzwinkern eines Menschen, der weiß, dass er die sogenannte Modernität nicht abschaffen kann."[4] Und so wäre Tati heute wohl nicht auf Facebook, aber ein Smartphone hätte er ziemlich sicher.

1 Siehe Werkbeschreibung von *Mon Oncle,* S. 178
2 Farhad Manjoo, „Tech's 'Frightful 5' Will Dominate Digital Life for Foreseeable Future", in: *The New York Times* (20. Januar 2016), http://www.nytimes.com/2016/01/21/technology/techs-frightful-5-will-dominate-digital-life-for-foreseeable-future.html, abgerufen am 4. Dezember 2016
3 Sascha Lobo, „Bequemlichkeit schlägt Datensparsamkeit", in: *Spiegel Online* (28. September 2016), http://www.spiegel.de/netzwelt/web/zugriff-auf-daten-bequemlichkeit-schlaegt-sicherheit-kolumne-a-1114091.html, abgerufen am 4. Dezember 2016
4 Roland Mörchen, „Die Anarchie der leisen Töne. Jacques Tatis pointierte Alltagskomik", in: *Film Dienst* Nr. 21 / 1998

AMELIE KLEIN

EINLEITUNG

WAS IST EIGENTLICH EIN ROBOTER?

Genauso unausweichlich ist der Einzug des Roboters in unseren Alltag – der für alle sichtbare Einzug wohlgemerkt, denn versteckt, etwa in Teilen von Waschmaschinen, Autos und Geldautomaten, ist er schon längst da. Allerdings wird er nicht so aussehen wie ein Roboter oder besser gesagt nicht so wie das, was die meisten von uns unter einem Roboter verstehen. „Roboter sind ein Werkzeug für den dramaturgischen Effekt", sagt Bruce Sterling, Science-Fiction-Autor und Berater der Ausstellung *Hello, Robot. Design zwischen Mensch und Maschine*, „sie sind kein technologisches Werk."[5] Es ist kein Zufall, dass das Wort Roboter die Erfindung eines Theaterautors ist. Karel Čapek inszenierte damit 1920 ein Stück über eine mechanische – also entmenschlichte und damit ihrer Würde beraubte – Arbeiterklasse, die sich zuerst gegen ihre Herren – die Menschen – auflehnt und sich dann dank ihrer Moral und Ethik als die ohnehin bessere Spezies entpuppt.[6] Es ist eine Gesellschaftskritik, die der überzeugte Antifaschist Čapek hier äußert und die – basierend auf dem uralten Wunsch des Menschen, sich selbst zu reproduzieren – seit jeher immer wieder erzählt wird: der Roboter, der uns dient, der Roboter, der uns vernichtet …

Und so prägt die Populärkultur seit fast hundert Jahren unsere Erwartungshaltung an den Roboter. Humanoid soll er sein, also aussehen wie wir, denken und kommunizieren wie wir und sich verhalten und bewegen wie wir. Die Faszination für die Mensch-Maschine reicht bis in die Robotik-Labors dieser Welt, in denen eifrig an humanoiden Robotern gearbeitet wird. Dabei müsste man es gerade dort besser wissen. Denn zurzeit scheitern Roboter schon daran, was der Mensch spätestens zwei Jahre nach seiner Geburt beherrscht: halbwegs sicher auf zwei Beinen zu gehen, und zwar über Unebenheiten und Treppen ebenso wie über Eis und Sand. Kein Wunder, dass wir immer ein bisschen enttäuscht sind, wenn wir echte Roboter sehen. Sie sind noch schlechter als Arnold Schwarzenegger in *Terminator*.

Was wir dabei gerne vergessen: Anders als wir Menschen brauchen Roboter keinen eigenen, abgeschlossenen Körper. Sie brauchen nur dreierlei, sagt Carlo Ratti, Leiter des MIT Sense*able* City Lab und ebenfalls Berater von *Hello, Robot.*: Sensoren, Intelligenz und Aktoren.[7] Also Messgeräte; eine Software, die in der Lage ist, die gemessenen Daten sinnvoll zu verwerten; und Geräte, die infolgedessen eine physikalisch messbare Reaktion zeigen, Licht etwa, Lärm oder Wärme. So gesehen kann jedes Haus ein Roboter sein und auch sonst jede Umgebung. Der Roboter kann uns aus zig verschiedenen Kameras gleichzeitig beobachten und entsprechend beispielsweise die Ampeln einer Stadt regeln oder die Lichtstärke in unserem Wohnzimmer. Letztlich könnte man so auch das Smartphone zum Mini-Roboter erklären – und uns gemeinsam mit ihm zum (teil-)robotischen System.

Rattis Definition des Roboters ist freilich sehr breit. Sie lässt das eine oder andere vermissen, das als Merkmal immer wieder genannt wird.[8] Etwa, dass Roboter selbstlernend und selbstgesteuert sind, dass sie autonome Entscheidungen treffen und dass sie zumindest teilweise physischer Natur sind. Doch das gilt nicht für jeden Roboter. Klassische Industrieroboter etwa führen nur vorprogrammierte Bewegungen durch, sie entscheiden nicht selbst und lernen nicht dazu. Chirurgische Roboter sind ferngesteuert – glücklicherweise –, dasselbe gilt für die meisten Drohnen. Und das Internet wimmelt nur so von Softbots, selbstlernender Software, die mit Usern chattet oder ihnen Einkaufstipps gibt, sich jedoch nicht physisch manifestiert. Die eine allseits anerkannte Definition des Roboters gibt es nicht. Nur so viel scheint klar zu sein: Ja, es gibt zweibeinige Humanoide wie etwa *Atlas* des Herstellers Boston Dynamics, dem schon über 19 Millionen YouTube-User dabei zusahen, wie er durch den Schnee stolpert.[9] Aber Roboter sind viel mehr als das. Sie machen unsere physische Umgebung intelligent. Sie verwandeln Objekte in Smart Objects. Sie führen dazu, dass alles, was wir aus dem Internet kennen, nun den Bildschirm überwindet und fortan auch den dreidimensionalen Raum durchdringt.

5 Bruce Sterling im Gespräch mit Amelie Klein (Turin, 19. April 2016)
6 Siehe Werkbeschreibung von *R.U.R. Rossum's Universal Robot,* S. 50
7 Carlo Ratti im Gespräch mit Amelie Klein (Weil am Rhein, 4. Juli 2016)
8 Erica Palmerini, Federico Azzarri et al., *RoboLaw – Regulating Emerging Robotic Technologies in Europe: Robotics Facing Law and Ethics,* http://www.robolaw.eu/RoboLaw_files/documents/robolaw_d6.2_guidelinesregulatingrobotics_20140922.pdf, S. 15, abgerufen am 4. Dezember 2016
9 Boston Dynamics, *Atlas – The Next Generation,* auf: YouTube, https://www.youtube.com/watch?v=rVlhMGQgDkY, abgerufen am 4. Dezember 2016

EINLEITUNG

10 Carlo Ratti im Gespräch mit Amelie Klein (Weil am Rhein, 4. Juli 2016)
11 László Moholy-Nagy, *Sehen in Bewegung.* Edition Bauhaus 39 (Leipzig: Spector Books, 2014), S. 42
12 Ebd.
13 Nicolas Nova (Near Future Laboratory), Nancy Kwon, Katie Miyake, Walt Chiu (Art Center College of Design), Curious Rituals, https://curiousrituals.wordpress.com/, abgerufen am 4. Dezember
14 Ebd.

Nicolas Nova (Near Future Laboratory), Nancy Kwon, Katie Miyake, Walt Chiu (Art Center College of Design). *A Digital Tomorrow,* 2012. Video, 9 Min. 36 Sek., produziert im Rahmen der Studie *Curious Rituals,* Juli bis August 2012
© Nicolas Nova, Nancy Kwon, Katie Miyake und Walt Chiu

Sowohl die Ausstellung *Hello, Robot.* als auch diese Publikation vollziehen die sukzessive Erweiterung der Definition von Robotern nach. Wir treffen anfangs auf – mehr oder weniger freundliche – Humanoide (und einen Staubsauger) und stoßen in einem weiteren Schritt auf Roboter in den Bereichen Industrie und Arbeit. Wir nähern uns weiter an und begegnen der Maschine dabei auf Augenhöhe: als smartem Assistenten, beflissenem Helfer, als einem, der sich um uns kümmert. Und schließlich verschmelzen wir mit dem Roboter. Durch Prothesen und Chips ist er in uns, durch robotische Architektur und Umgebungen wir in ihm. Auf Seite 32 finden Sie außerdem – wie im Eingangsbereich der Ausstellung – den Versuch einer Roboter-Taxonomie. Sie ist nicht mehr als eine unvollständige Annäherung, denn Roboter sind so vielgestaltig wie die Welt, die sie mehr und mehr bevölkern.

UND WAS IST DARAN DESIGN?

Wenn wir also dem oben beschriebenen breiten Verständnis von Robotern folgen, dann unterscheiden sich viele Roboter nicht in ihrer Erscheinung von unrobotischen Objekten – gewöhnlichen Puppen, Autos, Häusern –, sondern in ihrem Verhalten. „Die mittelalterliche Stadt bleibt eine mittelalterliche Stadt", sagt Carlo Ratti, ein gebürtiger Turiner, „was sich verändert ist unser Umgang damit."[10] So wie in allen anderen Bereichen der digitalen Sphäre geht es hier also nicht um das Design von Form und Funktion, sondern um die Gestaltung von Interaktion, Beziehung und der Kombination von beidem: Erlebnis. Das klingt neu, ist es aber keineswegs. Schon 1947 schrieb László Moholy-Nagy, einer der bedeutendsten Vertreter des Bauhauses: „Gestalten ist eine komplizierte und anspruchsvolle Aufgabe. Es bedeutet, die technologischen, sozialen und ökonomischen Anforderungen, die biologischen Erfordernisse, die psychophysischen Wirkungen von Materialien, Formen, Farben, Volumen und Raum zu integrieren: ein Denken in Beziehungen."[11] Und er fährt fort: „Es gibt Gestaltung in der Struktur emotionaler Erfahrungen, im Familienleben, in Arbeitsbeziehungen, in der Stadtplanung, in der Zusammenarbeit zwischen zivilisierten Menschen. Letzten Endes verbinden sich alle gestalterischen Probleme zu einem einzigen großen Problem: ‚Gestaltung fürs Leben'."[12]

Wie also gestalten sich Interaktion und Beziehung zu den intelligenten Objekten, die uns immer häufiger umgeben? Über die traditionellen Knöpfe, Schalter und Joysticks hinaus gibt es da zunächst einmal eine Reihe eigenartiger Gesten, zu denen man beim Umgang mit Technologie gezwungen ist: Wir wischen mit der Hand durch die Luft, um Zugtüren zu öffnen, und mit dem Finger über das Display, um unsere Mails zu lesen. Wir winken in dunklen Toiletten dem Bewegungsmelder zu, wenn wir den Fehler gemacht haben, zu lange sitzen zu bleiben, und öffnen mit einem kecken Hüftschwung den elektronischen Büroeingang, weil wir zu faul sind, die Ausweiskarte aus der Hosentasche zu fischen. *Curious Rituals* heißt die Studie, in der Nicolas Nova, Nancy Kwon, Katie Miyake und Walt Chiu im Rahmen ihres Studiums am Art Center College of Design in Pasadena, Kalifornien, solche und andere gestische Interaktion mit Technologie unter die Lupe genommen haben. Ihrer Studie haben sie ein Video beigefügt, *A Digital Tomorrow,* das zeigt, dass die Zukunft auch keine Verbesserungen bringt.[14] Smarte Geräte werden durch kurzes Kreisen in der Luft aufgeladen, zur besseren Konzentration beim Hirnstrom-Synchronisieren gibt es einen Klaps auf die Wange und Spracherkennung funktioniert immer noch so schlecht wie eh und je.

Tatsächlich stellen wir uns immer vor, dass Technologie in der Zukunft stets einwandfrei funktionieren wird. Das ist erstaunlich, denn gegenwärtig deutet nichts darauf hin, dass das so sein könnte. Wie oft haben Sie zum Beispiel im letzten Monat mit Ihrem IT-Betreuer oder Internetanbieter telefoniert? Wir meinen auch, dass Technologie weitestgehend in unserem Sinne (inter-)agieren wird – zumindest dann, wenn sie nicht gerade darauf aus ist, die Weltherrschaft zu übernehmen und uns zu zerstören. Was wir jedoch sehen, und zwar schon heute, ist eine Art bestens gemeinte Bevormundung. David Rose, Forscher am MIT Media Lab, Unternehmer und Experte für die Mensch-Computer-Interaktion, hat eine Reihe „verzauberter Objekte" entwickelt, *Enchanted Objects*,[15] wie er sie nennt: vernetzte smarte Objekte, die unsere Wünsche wie im Märchen erfüllen. Eines davon, ein Mülleimer, bestellt nicht nur automatisch nach, was weggeworfen wurde, es kommentiert auch das Konsumverhalten. So hört man dann zum Beispiel: „Du willst wirklich noch einmal das Mineralwasser aus Asien bestellen? Kauf doch lokal!" Oder: „Das war jetzt deine dritte Schachtel Kekse heute." Immerhin kann man dem Mülleiner einen Tritt geben, wenn man keine Lust mehr auf seine Bemerkungen hat, er versteht das dann.[16]

Das Designbüro Superflux hingegen nennt ein Projekt, das sich demselben Thema widmet, *Uninvited Guests,* also „ungebetene Gäste".[17] In einem Video lernt man Thomas kennen, einen 70-jährigen Witwer, der von seinen besorgten Kindern eine Reihe smarter Objekte bekommen hat, die ihm bei der Bewältigung seines Alltags helfen sollen. Am ersten Tag befolgt Thomas widerwillig die immer drängenderen Anweisungen seiner intelligenten Gerätschaften, am zweiten lässt er sie dann links liegen. Doch alles und alle sind vernetzt und so bekommt Thomas schon bald die ersten besorgten Nachrichten von seinen Kindern: „Hallo Dad, ich sehe dass du heute den smarten Gehstock nicht verwendest. Hoffe, alles ist ok? Küsschen, Gina." Design gestaltet also nicht nur die Interaktion zwischen Mensch und Maschine, sondern auch die zwischen Mensch und Mensch.

Superflux versteht sich als Designbüro, das sich kritisch mit neuer Technologie und deren Auswirkungen auf die Welt auseinandersetzt, *Uninvited Guests* ist ein spekulatives Projekt, das eine Diskussion anregen soll. Doch David Rose hat einen smarten Schraubverschluss für Pillendosen entwickelt, der seit mehreren Jahren höchst erfolgreich in Produktion ist.[18] *GlowCap,* so der Name des intelligenten Teils, erinnert daran, dass man sein Medikament einnehmen soll; tut man es nicht, beginnt der Schraubdeckel zu blinken. Das ist durchaus sinnvoll, denn die rechtzeitige Einnahme von Medikamenten ist wichtig. 2010 hat *GlowCap* dafür den amerikanischen Medical Design Excellence Award bekommen. Aber wenn man seine Pillen selbst nach Erinnerung nicht schluckt, schickt der smarte Deckel auch eine Nachricht an die Liebsten. Eine an den Arzt. Und eine an die Krankenversicherung, denn über Krankenversicherungen wird *GlowCap* vertrieben.[19]

WER IST HIER DER BÖSE?

Die Grenzen zwischen gut gemeinter Sorge, Bevormundung, Überwachung und glatter Spionage sind fließend. „Datenkrake" nannte schon 2006 das deutsche Computermagazin *c't* den Internetriesen Google.[20] Seitdem hat das Schlagwort für notorische Datensammler sogar einen Eintrag in die deutschsprachige Wikipedia bekommen. Demzufolge sind Datenkraken „Systeme und Organisationen, die personenbezogene Informationen in großem Stil auswerten und / oder sie an Dritte weitergeben. Damit verstoßen sie mutmaßlich oder nachweislich gegen Datenschutzbestimmungen oder verletzen darüber hinausgehende, von Datenschützern postulierte Persönlichkeitsrechte."[21] Und selbst wenn Big Data immer noch nicht Smart Data ist, wie die Wochenzeitung *Die Zeit* schreibt, wenn also die Datensammler noch nicht gelernt haben, die vielen Informationen richtig einzuordnen,[22] dann wäre es doch naiv, zu glauben, dass eine Krankenversicherung eine nachlässige oder nicht-vorschriftsmäßige Einnahme von Medikation ungesühnt lässt. Und wenn erst einmal die Versicherungstarife steigen, weil man seine Medikamente vergisst, dann ist es nur noch ein Katzensprung zu Strafen dafür, dass man mal einen über den Durst getrunken hat oder zu oft an der Pommesbude am Eck isst.

15 David Rose, *Enchanted Objects: Innovation, Design, and the Future of Technology* (New York: Scribner, 2015)
16 David Rose, „Enchanted Objects", TEDxBeaconStreet (16. November 2014), https://www.youtube.com/watch?v=I_AhhhcceXk, 12:52 Min., abgerufen am 4. Dezember 2016
17 Siehe Werkbeschreibung von *Uninvited Guests,* S. 96
18 http://www.vitality.net/, abgerufen am 4. Dezember 2016
19 David Rose, „Enchanted Objects", TEDxBeaconStreet (16. November 2014), https://www.youtube.com/watch?v=I_AhhhcceXk, 08:39 Min., abgerufen am 4. Dezember 2016
20 Jo Bager, „Der Datenkrake: Google und der Datenschutz", in: *c't* (10/2006), S. 168, https://web.archive.org/web/20060613011608/http://www.heise.de/ct/06/10/168/, abgerufen am 4. Dezember 2016
21 https://de.wikipedia.org/wiki/Datenkrake, abgerufen am 4. Dezember 2016
22 Wolfgang Uchatius, „Warum glaubt Google, mein Kaninchen frisst Hundefutter", in: *Die Zeit* (Nr. 47, 10. November 2016), S. 18

EINLEITUNG

Das Internet sammelt unermüdlich Daten über uns. Und mit der Robotik, also dem Einzug des Internets in den dreidimensionalen Raum, wird sich das exponentiell vervielfachen. Das Internet der Dinge, die Smart City, all das sind Projekte großer Unternehmen, nicht nur jener, die die Infrastruktur dafür zur Verfügung stellen, sondern vor allem jener, die die so generierten Daten verwerten oder an Dritte, etwa die Werbeindustrie, weiterverkaufen. „Ein Internet der Dinge" schreibt Bruce Sterling, „ist keine Konsumgesellschaft. Es ist eine materialisierte Netzwerkgesellschaft. Es ist wie ein großer Google- oder Facebook-Schriftzug in der Landschaft. Google und Facebook haben keine ‚User' oder ‚Kunden'. Stattdessen haben sie Teilnehmer unter maschineller Aufsicht, deren Aktivitäten in Big-Data-Speichern algorithmisch verknüpft werden."[23]

Die Philosophin Rosi Braidotti spricht in der vorliegenden Publikation ausführlich über die Ökonomisierung des Menschen. Doch die Ausbeutung beschränkt sich nicht auf den Menschen: „Der fortgeschrittene Kapitalismus investiert im Wesentlichen in die wissenschaftliche und wirtschaftliche Steuerung und das Zur-Ware-Werden alles Lebendigen, um davon zu profitieren. [...] Neben verschiedenen menschlichen Exemplaren passen Saatgut, Pflanzen, Tiere und Bakterien gut in diese Logik des unersättlichen Konsums. Die Einzigartigkeit des *anthropos* geht damit implizit wie explizit verloren."[24] Und Thomas Vašek, Chefredakteur des Philosophie-Magazins *Hohe Luft,* schließt in diese Beobachtung auch Maschinen ein: „Wir alle – Menschen wie Roboter, Smartphones und künstliche Intelligenzen aller Art – sind Sklaven des digitalen Kapitalismus. Wir alle produzieren Daten, die für Google & Co. ökonomisch verwertbar sind, wir alle hinterlassen Datenspuren in der Infosphäre, wir alle sind digital berechenbar – und damit auch beherrschbar durch eine digitale Mega-Superintelligenz. Wir nennen sie das kapitalistische System."[25] Vor dem schnöden Mammon sind wir alle gleich.

Leider stellt sich Design nur allzu bereitwillig in den Dienst der Mega-Superintelligenz. Das muss nicht so sein. Das darf nicht so sein. Schon für Walter Gropius waren Design und Ethik untrennbar. In den „Grundsätzen der Bauhausproduktion" von 1925 fordert er eine „entschlossene Bejahung der lebendigen Umwelt von Maschinen und Fahrzeugen" und folgt dabei ganz klar einem sozialen Anspruch: „Die Schaffung von Typen für die nützlichen Gegenstände des täglichen Gebrauchs ist eine soziale Notwendigkeit. Die Lebensbedürfnisse der Mehrzahl der Menschen sind in der Hauptsache gleichartig. Haus und Hausgerät sind Angelegenheiten des Massenbedarfs, ihre Gestaltung mehr eine Sache der Vernunft als eine Sache der Leidenschaft."[26] Mitten in einen wirtschaftlichen Boom hinein veröffentlichte der britische Grafiker, Fotograf und Autor Ken Garland 1963 ein Manifest namens „First Things First". Er fordert darin, dass Designer ihr Talent und ihre Aufmerksamkeit nicht bloß den großen Konzernen, sondern gesellschaftlich relevanten Themen widmen. Einer Liste an Alternativen zu Werbung für Katzenfutter und gestreifter Zahnpasta folgen die Sätze: „Wir treten nicht für die Abschaffung von aggressiver Endverbraucher-Werbung ein: Das ist nicht machbar. Wir wollen auch nicht das Leben von allem Spaß befreien. Aber wir schlagen eine Umkehrung der Prioritäten zugunsten nützlicherer und nachhaltigerer Kommunikationsformen vor."[27]

„First Things First" traf den Nerv der Zeit und es trifft ihn bis heute. Aber das zugrundeliegende politische und ökonomische System stellt das Manifest nicht infrage: „Das ist nicht machbar." Dabei ist Design kein „neutraler, wertfreier Prozess", sagt Katherine McCoy, Grafikerin und über zwei Jahrzehnte lang Hochschullehrerin an der Cranbrook Academy of Art, einer der anerkanntesten Hochschulen für Design in den USA.[28] Die grundsätzliche Entscheidung, ob ein Designer sein Talent in den Dienst einer Datenkrake stellt oder nicht, ist eine politische und sollte als solche diskutiert werden. Vielleicht hinterlässt das „IoT Design Manifesto 1.0"[29], ein Zehn-Punkte-Forderungskatalog zum Design des Internets der Dinge, deshalb einen etwas schalen Nachgeschmack. Fünf der zehn Grundsätze widmen sich den Themen Sicherheit und Datenschutz, und das ist auch gut so. „Wir schützen alle und alles" lautet Punkt vier und bezieht sich damit auf Angriffe durch Hacker und ähnliche Gefahren. Die Punkte fünf bis acht behandeln wichtige Datenschutzaspekte. Aber warum steht als allererstes unter Punkt eins: „Wir glauben nicht an den Hype. Wir versprechen, den Kult des Neuen skeptisch zu betrachten – einfach nur das Internet auf ein Produkt zu klatschen, ist nicht die Antwort. Geld nur über die Internetanbindung zu verdienen, ist selten eine Garantie für nachhaltigen kommerziellen Erfolg."

---

23 Bruce Sterling, *The Epic Struggle of the Internet of Things* (London, Moskau: Strelka Press, 2014)
24 Siehe Rosi Braidotti, „Gemeinsam Weltwerden: zur Krise des Menschlichen", S. 246
25 Thomas Vašek, „Befreit die Roboter!", in: *Hohe Luft_spezial Digitalisierung / Hohe Luft* (Ausgabe 1 / 2017), S. 6
26 Walter Gropius, *Neue Arbeiten der Bauhauswerkstätten* (München: Langen, 1925), S. 6–7
27 Ken Garland, „First Things First", Faksimile in: *Design Is History,* http://www.designishistory.com/1960/first-things-first/, abgerufen am 4. Dezember 2016
28 Rick Poynor, „First Things First Revisited", in: *Emigré* 51 (1999), http://www.emigre.com/Editorial.php?sect=1&id=13, abgerufen am 4. Dezember 2016
29 www.iotmanifesto.com, abgerufen am 4. Dezember 2016

Achim Menges mit Moritz Dörstelmann (ICD Universität Stuttgart / Achim Menges Architekt), Jan Knippers (ITKE Universität Stuttgart / Knippers Helbig Advanced Engineering) und Thomas Auer (Transsolar Climate Engineering / TUM). *Elytra Filament Pavilion* im Victoria and Albert Museum, 2016. Foto: © NAARO, Courtesy ICD, Universität Stuttgart

Es geht nicht darum, dass Designer für ihre Arbeit nachhaltig Geld verdienen wollen. Im Gegenteil, es gibt viel zu viele Designer, die unter prekären Verhältnissen leben müssen, weil ihre Arbeit nicht entsprechend gewürdigt wird. Es geht darum, dass der kommerzielle Erfolg gleich im ersten Grundsatz eines Manifests aufgeführt wird, das sich als „Verhaltenskodex" für jeden bezeichnet, der sich mit der Entwicklung des Internets der Dinge beschäftigt.

Als „First Things First" um den Jahreswechsel 1999 / 2000 unter dem Titel „First Things First Manifesto 2000" überarbeitet und neu veröffentlicht wurde, erfuhr es eine wichtige Ergänzung. Nun hieß es: „Wir schlagen eine Umkehrung der Prioritäten zugunsten nützlicherer, nachhaltigerer und demokratischerer Kommunikationsformen vor – ein Umdenken weg vom Produktmarketing hin zur Erkundung und Vertiefung einer neuen Bedeutung. Die Bandbreite der Debatte wird schmäler; sie muss breiter werden. Das Konsumdenken wird nicht angezweifelt; es muss durch andere Perspektiven infrage gestellt werden, die sich zumindest teilweise visuell und über die Mittel des Designs äußern."[30]

Bruce Sterling meint dazu, dass wir aufhören sollen, „outside the box"[31] zu denken, und stattdessen besser die Box an sich einer gründlichen Untersuchung unterziehen sollen.[32] Mit anderen Worten: Wir müssen die Rahmenbedingungen ändern, den Kontext neu definieren, andere Fragen stellen. „Statt Projekte zu verfolgen, die Ziele zu definieren und damit einen linearen Weg zu einer Lösung zu beschreiben, kann Design durch Prototypen, Versuch und Irrtum, Piloten und Mutmaßungen auf der Basis von beschränktem Wissen viele Wege skizzieren, die einen Raum von Möglichkeiten beschreiben", schreibt der deutsche Grafiker und Hochschullehrer Florian Pfeffer.[33]

WARUM FÄLLT ES UNS SO SCHWER, DIE KONTROLLE ABZUGEBEN?

Ironischerweise gibt es Gestalter, die sich genau dabei von Robotern und Algorithmen unterstützen lassen. Achim Menges leitet das Institut für Computerbasiertes Entwerfen (ICD) an der Universität Stuttgart. Gemeinsam mit einem großen interdisziplinären Team hat er in mehrjähriger Forschung den *Elytra Filament Pavilion* entwickelt, eine federleichte, robotisch gefertigte Dachkonstruktion aus Carbon- und Glasfasern, die erstmals 2016 im Londoner Victoria and Albert Museum zu sehen war und die im Februar 2017 temporär auf den Vitra Campus in Weil am Rhein übersiedelt. Die einzelnen Module beruhen auf biomimetrischen Prinzipien und sind von den Flügelhüllen fliegender Käfer, den sogenannten Elytren, inspiriert. Designt sind sie von Algorithmen. Festgelegt waren dabei jedoch nur einzelne Parameter, etwa dass alle Module aus zwei sechseckigen Metallrahmen bestehen. Die genaue Geometrie der Rahmen und die Faserstruktur variieren je nach Traglast, Licht- und Wetterverhältnissen sowie Besucherströmen. „Der Computer ist dabei mehr als nur ein Werkzeug", sagt Achim Menges, „denn es erschließen sich Zugangsebenen, die man sonst nicht hätte. Man könnte ihn mit einem Mikroskop vergleichen oder mit einem Teleskop, die die Welt zwar nicht verändern, aber unseren Blick darauf." Der Rechner sei in der Lage, so Menges weiter, mit Komplexitäten umzugehen, die jenseits der menschlichen Intuition lägen. „Das heißt aber noch lange nicht, dass ich das simulieren oder kontrollieren will."[34] Als Belohnung für den Mut zu diesem kontrollierten Kontrollverlust überrascht der *Elytra Filament Pavilion* mit einer ungewöhnlichen und faszinierenden Ästhetik.

30 „First Things First Manifesto 2000", in: *Eye* Nr. 33 Band 8 (Herbst 1999), http://www.eyemagazine.com/feature/article/first-things-first-manifesto-2000, abgerufen am 4. Dezember 2016
31 To think outside the box: bewährte Denkmuster überwinden
32 Bruce Sterling, *Design Fiction*, http://shelovestofu.com/blog_uploads/2009/04/sterling-design-fiction.pdf, abgerufen am 4. Dezember 2016
33 Florian Pfeffer, *To Do: Die neue Rolle der Gestaltung in einer veränderten Welt – Strategien, Werkzeuge, Geschäftsmodelle* (Mainz: Hermann Schmidt, 2014), S. 176
34 Achim Menges im Gespräch mit Amelie Klein (Weil am Rhein, 10. November 2016)

Auch die Publikation, die Sie hier in Händen halten, ist von einem Algorithmus gestaltet. Das Berliner Grafikbüro Double Standards hat ihn gemeinsam mit einem Programmierer entwickelt. Wieder wurden einige Parameter festgelegt – das Grundraster, die Schriften, eine Bandbreite an Schriftgrößen, mehrere Bildoptionen etc. –, doch innerhalb dieser Rahmenbedingungen lag die Kontrolle beim Rechner. Auf Knopfdruck waren Hunderttausende Layoutvarianten möglich, nur die Endauswahl lag dann wieder beim menschlichen Grafiker. Der allerdings, so Chris Rehberger, Gründer von Double Standards, hatte „mehr Mut zum Unmöglichen. Denn der Algorithmus schult das Auge."[35] Das Resultat entspricht nicht immer unseren Lese- und Sehgewohnheiten. Aber die Grafik und Typografie der legendären Bauhausbücher entsprachen auch nicht den damaligen Lese- und Sehgewohnheiten. Denn einen Schriftsatz, der es den Menschen ermöglichte, einen Text in seiner visuellen Gesamtheit auf den ersten Blick zu erfassen, den gab es vor dem Bauhaus nicht.

Das Wesen des Experiments ist der Prozess, nicht das Ziel. Vielleicht bricht das nächste Buch, das Double Standards mit dem Algorithmus gestaltet, noch mehr mit unseren Gewohnheiten. Vielleicht weniger. Fürs Erste ist das egal. Genauso ist es egal, dass sich der *3D Printed Cantilever Chair* der Studentengruppe CurVoxels eigentlich selbst ad absurdum führt. Denn um einen perfekten *Panton Chair* zu produzieren – das ist die Form, die CurVoxels als Vorlage diente –, ist es nicht nötig, eine eigene 3D-Druck-Software zu entwickeln. Das althergebrachte Spritzgussverfahren ist völlig ausreichend, dafür wurde der Stuhl ja auch entwickelt. Aber es geht gar nicht darum, einen besseren *Panton* zu drucken. Es geht darum, eine neue komplexe Methode an einer alten komplexen Form auszuprobieren. Ein Voxel ist ein dreidimensionaler Pixel, also ein Bildpunkt im Raum. Der *3D Printed Cantilever Chair* testet aus – wieder mithilfe eines Algorithmus –, wo ein Freischwinger wie der *Panton Chair* wie viele Voxels braucht, um zu funktionieren. Wie viel ist mit wie wenig Material möglich? Den algorithmisch errechneten Weg zieht der Roboter mit einem heißen Plastikfaden nach, der noch in der Bewegung erstarrt.

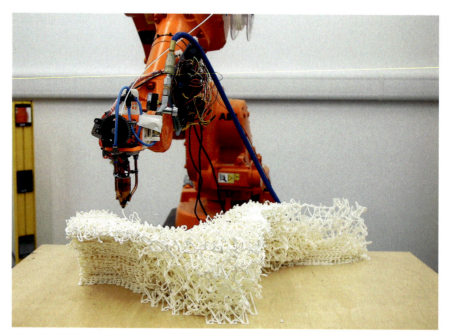

35 Chris Rehberger im Gespräch mit Amelie Klein (telefonisch, 26. Oktober 2016)

CurVoxels, Research Cluster 4, UCL The Bartlett School of Architecture, London. *3D Printed Cantilever Chair,* 2015. Stuhl und Software für 3D-Druckverfahren. Team: (CurVoxels) Hyunchul Kwon, Amreen Kaleel, Xiaolin Li; Dozenten: Gilles Retsin, Manuel Jiménez Garcia; technische Unterstützung: Vicente Soler Senent, William Bondin © 2017 CurVoxels, Foto: Sin Bozkurt, CurVoxels

William Williams. *The Cast Iron Bridge Near Coalbrookdale*, 1777. Öl auf Leinwand, 86 × 102 cm. © Courtesy Coalbrookdale Museum of Iron

Amelie Klein (1971 in Wien geboren) ist Kuratorin von *Hello, Robot. Design zwischen Mensch und Maschine*. Seit August 2011 ist sie als Kuratorin für das Vitra Design Museum tätig und war dort u.a. für die Ausstellung *Making Africa – A Continent of Contemporary Design* verantwortlich, für die sie 2015 für den Kuratorenpreis des deutschen Kunstmagazins *ART* nominiert war. Davor absolvierte Klein in New York ein Masterstudium in Designkritik und war bei der österreichischen Tageszeitung *Die Presse* als Redakteurin für Design und Kreativindustrie beschäftigt. Sie hat Beiträge in zahlreichen Design- und Architekturpublikationen veröffentlicht, u. a. *Abitare, Domus Online, Stylepark* und *Metropolis*.

Schon länger scheint es so, als ob wir uns heute im Iron-Bridge-Moment der digitalen Moderne befänden. Die Iron Bridge, gebaut 1779 in der britischen Grafschaft Shropshire, ist die erste gusseiserne Bogenbrücke der Welt. Doch obwohl sie aus diesem fantastischen neuen Material gebaut ist, folgt die Konstruktion – im wahrsten Sinne des Wortes – eisern den Prinzipien einer Holzbrücke. Es dauerte einige Jahrzehnte, bis man Gusseisen sowohl in der Herstellung als auch in der Verarbeitung so weit im Griff hatte, dass man vollends zu einer neuen, sich natürlich aus den Materialeigenschaften ergebenden Ästhetik gelangte. Wir haben in den letzten Jahren definitiv viele 3D-gedruckte „Iron Bridges" gesehen. Aber die drei oben genannten Beispiele geben einen Hinweis darauf, mit welcher Ästhetik das frühe 21. Jahrhundert in die Geschichtsbücher eingehen könnte, wenn wir nur lernen, den Algorithmen zu trauen und die Kontrolle für einen kurzen Moment abzugeben. Vielleicht könnten wir dann irgendwann akzeptieren, dass man zwar nicht alles beeinflussen kann, dass dabei aber trotzdem etwas Gutes herauskommen kann – eine aufregende Dachkonstruktion etwa, eine neue grafische Sprache oder, um auf László Moholy-Nagy zurückzukommen, das Leben insgesamt.

Was bedeutet das nun aber für den Umgang mit tyrannischen Gabeln und uns bespitzelnden Pillendosenverschlüssen? Wird es analog zum vorhin Gesagten genügen, dass wir – jeder Einzelne von uns – die Parameter festlegen, wie weit die smarten Geräte gehen dürfen? Und wo wieder der Mensch übernimmt? Wohl kaum. In dieser Hinsicht beginnen wir gerade erst, die richtigen Fragen zu stellen. 14 davon können Sie in dieser Publikation und in den Ausstellungsräumen von *Hello, Robot. Design zwischen Mensch und Maschine* lesen. Sie klingen nur auf den ersten Blick einfach, bei genauerer Überlegung merkt man, dass sie nicht eindeutig zu beantworten sind. Auch das ist ein Merkmal, das sich wie ein roter Faden durch das Thema zieht und das wohl auch unsere postmoderne Welt widerspiegelt: Die eine Wahrheit gibt es nicht. Auch – und gerade – Widersprüchliches existiert völlig gleichberechtigt nebeneinander. Doch unsere 14 Fragen laden die Besucher und Leser zu einem Dialog und einer Reflexion über ihren ganz persönlichen Umgang mit Technologie ein, als Individuum, aber auch in der Gesellschaft.

Doch das ist nur der Anfang. Es gibt viel zu tun.

SCIENCE UND
FICTION

Nur wenige Menschen sind tatsächlich schon einmal einem Roboter begegnet – einem, den sie auch so bezeichnen würden. Denn unsere Vorstellung von Robotern und unsere Erwartungshaltung an sie sind stark von der Populärkultur geprägt. Von klein auf lernen wir in Filmen, TV-Serien, Büchern, Comics, Videospielen und anhand von Spielzeug, wie Roboter aussehen, wie sie mit uns kommunizieren und wie sie sich verhalten: wie Menschen, ungefähr, nur aus Blech. Und so erwarten wir alle – mehr oder weniger bewusst –, dass wir eines Tages, schon bald, mit Robotern leben werden wie mit unseren Freunden, Nachbarn und Kollegen – oder aber dass wir uns gegen sie zur Wehr setzen müssen, bevor sie uns endgültig ersetzen.

Die Fixierung auf den humanoiden Roboter reicht von der frühen Faszination für Automaten bis in die wissenschaftlichen Labors unserer Zeit, und das, obwohl es die Forscher eigentlich besser wissen sollten. Denn tatsächlich sind wir von Robotern und robotischen Systemen umgeben, die jede nur erdenkliche physische oder digitale Form annehmen können, jede Materialität, jeden Umfang und jeden Intelligenzgrad: von der Drohne bis zur Selbstbedienungskasse, vom Kran bis zum Nanoroboter und vom Staubsauger, der so schlau ist wie eine Amöbe, bis zum Online-Chatbot, der charmant über Kunst plaudert. Autos und Waschmaschinen sind heute teil-robotisch, und letztlich ließe sich jedes Objekt und jedes System als Roboter definieren, sofern es Informationen aus seiner Umgebung aufnimmt, Outputs generiert, die sich in irgendeiner Form physikalisch manifestieren, und in diesem Prozess einen gewissen Grad an Lernfähigkeit und Autonomie an den Tag legt.

Mit der Komplexität der Erscheinungsformen wächst auch die Komplexität und Ambivalenz im Umgang mit Robotern. Die Frage etwa, ob wir sie brauchen oder gar mögen, stellt sich in Wahrheit nicht. Denn sie sind schon da, und ähnlich wie beim Smartphone, das vor zehn Jahren auch nur wenige zu brauchen glaubten, wird es wohl irgendwann eine kritische Masse an Benutzern von smarten, autonomen Objekten oder Anwendungen geben, die selbst strikte Technologieverweigerer mitziehen. Ob Roboter dann unsere Freunde oder unsere Feinde sind, ob wir Kontrolle über sie ausüben oder sie über uns, wird sich zeigen. Und die Frage, ob wir ihnen trauen sollen, stellt sich vielleicht weniger als jene, ob wir dem politisch-wirtschaftlichen Komplex aus Menschen, Organisationen und Infrastruktur trauen sollen, der hinter den Robotern steht.

THROUGH THE LOOKING GLASS, DOWN THE RABBIT HOLE: EINE FRAGE DES VERTRAUENS

MARLIES WIRTH

Unsere Vorstellung davon, was ein Roboter ist, wie er aussieht und agiert, ist maßgeblich mit den utopischen und dystopischen Visionen der Science-Fiction und der dazugehörenden Populärkultur verknüpft. Die Faszination für die dem Menschen potenziell überlegene Maschine und das Misstrauen ihr gegenüber prägen bis heute die Urangst gegenüber „übermenschlichen" Technologien. Schon in der Begriffsgeschichte des Wortes „Roboter" – inspiriert vom slawischen (tschechischen) „roboti", das „arbeiten" bedeutet – zeichnet sich der Argwohn gegenüber dem leistungsfähigeren „künstlichen Arbeiter" ab, der mit Computertechnologie, Automatisierung, Künstlicher Intelligenz und Algorithmen längst Teil unserer Gesellschaft geworden ist.

In dem 1920 von Karel Čapek verfassten Theaterstück *R.U.R. – Rossumovi Univerzální Roboti (Rossum's Universal Robots)* ist der Begriff „Roboter" zum ersten Mal belegt[1] und bezeichnet eine Spezies robotischer „Arbeiter" (aus heutiger Sicht eher Androiden oder Cyborgs), die den Menschen dienen, bis es zur Rebellion kommt, die schließlich in der Vernichtung der Menschheit endet. Vom „Maschinenmenschen" Maria in *Metropolis* (1927) über HAL 9000 aus Stanley Kubricks *2001 – Odyssee im Weltraum* (1968) bis hin zu Ava aus *Ex Machina* (2016) zeichnen viele auch zeitgenössische Beispiele aus Film und Literatur den Entwurf des sich gegen seinen Schöpfer richtenden „künstlichen Menschen" nach und lassen dabei – wie schon die unkontrollierte Autonomie des „Golem" in der jüdischen Mystik,[2] der Kreatur in Mary Shelleys *Frankenstein or a Modern Prometheus* (1818) oder der Armee der stetig Wasser holenden Besen in Goethes Gedicht *Der Zauberlehrling* (1797) – an den gegenwärtigen Diskurs über die Autonomisierung selbstlernender Maschinen und die gefährlichen Potenziale einer künftigen „Superintelligenz"[3] denken.

Auch die Handlungsanleitung, wie sich der Mensch die Vorteile intelligenter Maschinen zunutze machen könne, ohne sie zugleich fürchten zu müssen, stammt aus der Populärkultur. Der russisch-amerikanische Biochemiker und Science-Fiction-Autor Isaac Asimov bemühte sich, in seinen Erzählungen ein positiveres (und gegebenenfalls aus heutiger Sicht realitätsnäheres) Bild des Roboters zu zeichnen und formulierte 1942 in der Kurzgeschichte *Runaround* die „Drei Gesetze der Robotik" (auch „Asimov'sche Gesetze"),[4] die auf drei einander logisch bedingenden (hierarchischen) Grundsätzen aufbauen: (1) Ein Roboter darf keinen Menschen verletzen oder durch Untätigkeit zu Schaden kommen lassen. (2) Ein Roboter muss den Befehlen eines Menschen gehorchen, es sei denn, solche Befehle stehen im Widerspruch zum ersten Gesetz. (3) Ein Roboter muss seine eigene Existenz schützen, solange dieser Schutz nicht dem ersten oder zweiten Gesetz widerspricht.

Damit rückte Asimov auch für die Wissenschaft relevante ethische Fragen in den Fokus: Jenseits von Utopien und Spekulationen müssten reale Technologien, Roboter und Künstliche Intelligenz demnach unter bestimmten, der menschlichen Ethik verpflichteten Voraussetzungen gestaltet und eingesetzt werden. Mit der Entwicklung zunehmend autonomer Roboter und selbstlernender Künstlicher Intelligenz müssen nicht nur Asimovs Gesetze einer gründlichen Revision unterzogen werden, sondern auch an die moralische Verantwortung der Menschen, die hinter den Technologien agieren – seltener Individuen als Konzerne, oder im besten Fall weitgehend unabhängige Forschungseinrichtungen –, appelliert werden.

1 vgl. Adam Roberts, *The History of Science Fiction* (New York, NY: Palgrave Macmillan, 2006), S. 168.
2 In der seit dem frühen Mittelalter überlieferten Legende vom Golem wird beschrieben, wie Gelehrte aus Lehm ein menschenähnliches Wesen formen, das vom Menschen delegierte Aufgaben ausführen kann, aber diesen durch seine gewaltige Größe und Kraft auch vernichten kann.
3 vgl. Nick Bostrom, *Superintelligence. Paths, Dangers, Strategies* (Oxford University Press, 2014); siehe S. 28
4 vgl. Isaac Asimov, *I, Robot,* 1950; Isaac Asimov, „Meine Roboter", in: *Robotervisionen*. Tb.-Bd. 28204 (Bergisch Gladbach: Bastei-Verlag Lübbe, 1992) [Orig. Isaac Asimov, *I, Robot,* 1950]

VOM AUTOMATEN ZUR AUTONOMIE

Während der Begriff des „Automaten" (griechisch: *automatos* „von selbst geschehend") eine Maschine beschreibt, „die vorbestimmte Abläufe selbsttätig ausführen kann", ist die Abgrenzung und Unterscheidung vom Begriff des „Roboters" wesentlich schwieriger zu fassen. Der Versuch einer Definition wird mehrheitlich anhand der Begriffe „automatisch" und „autonom" (griechisch *autonomos* „eigengesetzlich machend") vorgenommen, und der Roboter u. a. als „sensomotorische Maschine zur Erweiterung der menschlichen Handlungsfähigkeit" (*agency*) beschrieben.[5]

In Anbetracht der sich rasch verändernden Entwicklungen im Bereich der Robotik und der Künstlichen Intelligenz wurden anlässlich der Tagung der European Association for Cognitive Systems (EUCog) im Oktober 2013 von Mitgliedern des Engineering and Physical Sciences Research Council (EPSRC) fünf überarbeitete „Robotergesetze" veröffentlicht, die – anders als die drei Gesetze Asimovs – stärker auf den tatsächlichen „Status" robotischer Technologien im Zusammenleben mit den Menschen eingehen und an die Definition des Roboters als ein dem Menschen dienendes „Werkzeug" und zu diesem Zweck gestaltetes „Produkt" anknüpfen.[6]

Ethische Grundsätze wie der Respekt vor bestehenden Grundrechten und -pflichten unter Einbeziehung von Meinungsfreiheit und Privatsphäre sind darin ebenso festgehalten wie die Forderung, dass Roboter nicht dazu eingesetzt werden dürften, zu töten (es sei denn im Sinne der „nationalen Sicherheit", was wiederum zu weiteren moralischen Problemstellungen führt) oder ihre Benutzer in irgendeiner Weise „auszubeuten" (Datensammeln, „Big Data"). Auch solle die „maschinelle Natur" des Roboters zu jeder Zeit für den Menschen transparent bleiben (ein Argument gegen das humanoide Erscheinungsbild des Roboters). Der erste und letzte Grundsatz unterstreichen dabei die menschliche Verantwortung für den Roboter, wobei eine faktisch rechtliche Verantwortlichkeit ebenso festgehalten werden soll wie eine grundsätzlich ethische.

HANDELN UND AGIEREN

In einer Gesellschaft von menschlichen und nichtmenschlichen Wesen werden alle natürlichen, sozialen und technischen „Objekte" nicht nur als etwas betrachtet, das allein durch die Gesellschaft zu erklären ist, sondern als etwas, das sie konstituiert und (mit-)erklärt. Die Unterscheidung zwischen ihnen ist aber weniger relevant als die Frage nach den Potenzialen und Gefahren ihrer Handlungsfähigkeit und inwiefern ihr Handeln – im Unterschied zum maschinellen Operieren und Ausführen – auf das hierarchische Gefüge einer Gesellschaft Einfluss nimmt.[7]

Anhand von Marshall McLuhans Medientheorie[8] wird klar, dass ein „Medium" die Gesellschaft, in der es relevant ist, nicht nur durch seinen Inhalt beeinflusst, sondern auch durch seine Charakteristika selbst („The Medium is the Message"). Während ein „Ding" als Gebrauchsgegenstand verstanden wird, der eine bestimmte Funktion erfüllen kann, erfüllt ein Medium eine spezifische Rolle, indem es kommuniziert oder überträgt; es ist also nicht nur einfach es selbst.[9] Dem entspricht etwa auch die von Bruno Latour entwickelte „Akteur-Netzwerk-Theorie" (ANT), laut der nicht nur Menschen („Akteure"), sondern auch nicht-menschliche Objekte „handelnd" agieren („Aktanten").[10]

---

5 Definition von Thomas Christaller in: Thomas Christaller, et. al., *Robotik. Perspektiven für menschliches Handeln in der zukünftigen Gesellschaft* (Berlin: Springer, 2001)
6 Originalwortlaut siehe: https://www.epsrc.ac.uk/research/ourportfolio/themes/engineering/activities/principlesofrobotics/, abgerufen am 6. November 2016
7 Vgl. Bruno Latour, „Where Are the Missing Masses? The Sociology of a Few Mundane Artifacts", in: Wiebe E. Bijker, John Law (Hg.), *Shaping Technology / Building Society: Studies in Sociotechnical Change* (Cambridge, MA: MIT Press, 1992), S. 225–258
8 Marshall McLuhan, *Understanding Media. The extensions of man* (London: Routledge, 1964 / 2005)
9 Mercedes Bunz, „Die Dinge tragen keine Schuld. Technische Handlungsmacht und das Internet der Dinge", in: Florian Sprenger, Christoph Engermann (Hg.), *Internet der Dinge. Über smarte Objekte, intelligente Umgebungen und die technische Durchdringung der Welt* (Bielefeld: Transcript Verlag, 2015), S. 169; vgl. Fritz Heider, *Ding und Medium*, Weltkreis-Verlag, Berlin 1927
10 Bruno Latour, „On Actor-network Theory. A few Clarifications" in: *Soziale Welt Jg. 47,* Heft 4 (1996), S. 369–382. http://www.bruno-latour.fr/sites/default/files/P-67%20ACTOR-NETWORK.pdf

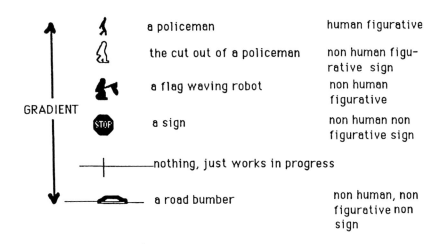

Bruno Latour zeigt am Beispiel des Polizisten (menschlich), eines Pappaufstellers in Form eines Polizisten bzw. eines Verkehrsroboters (nichtmenschlich, aber in Menschenform), eines Verkehrsschilds und einer Bremsschwelle (nichtmenschlich, abstrakt) die Interaktion von „menschlichen Akteuren" und „nichtmenschlichen Aktanten" auf, durch die menschliche Handlungen und Verhaltensweisen beeinflusst werden. © Bruno Latour, in: „Where Are the Missing Masses? The Sociology of a Few Mundane Artifacts"; Wiebe E. Bijker und John Law (Hrsg.), Shaping Technology / Building Society, S. 243, © 1992 Massachusetts Institute of Technology, mit Genehmigung von The MIT Press.

In diesem Zusammenhang steht auch die Definition von „Handeln" zur Diskussion. In ihrem Hauptwerk *Vita activa oder Vom tätigen Leben* (1960; im englischen Original *The Human Condition*, 1958) beschreibt die Philosophin Hannah Arendt die Grundbedingungen menschlichen Lebens mit drei Begriffen, anhand derer das selbstverantwortliche aktive Mitwirken des Einzelnen an der Gesellschaft festgemacht werden kann: „Arbeit", „Herstellen" und „Handeln" (*labour, work, and action*). Während Arendts Arbeitsbegriff jene (individuellen) Tätigkeiten subsumiert, die unmittelbar zur Erzeugung von (materiellen) Gütern notwendig sind, beschreibt sie das (inter-)aktive Handeln – Sprache und Kommunikation – als das höchste Gut des Menschen. Nachdem alle drei Bereiche im Zuge der Automatisierung und Digitalisierung zunehmend von Robotern, Künstlicher Intelligenz und Algorithmen übernommen werden, ist Latours These insofern anwendbar, als diese Technologien Handlungen nicht nur übertragen, sondern auch ausführen, und dabei als autonome Entitäten an der Gesellschaft der Menschen nicht nur teilhaben, sondern sie aktiv „handelnd" mitgestalten.

Die potenzielle Handlungsfähigkeit des Roboters enthebt den Menschen jedoch nicht seiner Verantwortung – die Tendenz, Mensch und Maschine gleichzustellen, birgt die Gefahr, dass die Intention der Handlung sowie die Verantwortlichkeit und Rechenschaft dafür in den Hintergrund rücken.[11]

---

[11] Felix Stalder, „Beyond constructivism: towards a realistic realism. A review of Bruno Latour's Pandora's Hope", in: *The Information Society* Band 16 Nr. 5 (2000), S. 4, http://felix.openflows.com/html/pandora.html, abgerufen am 8. November 2016

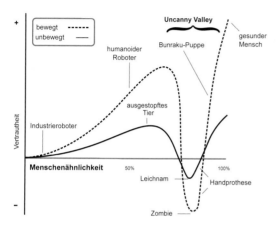

Masahiro Moris „Uncanny Valley" definiert die Amplifikation in der emotionalen Reaktion des Menschen im Verhältnis zum Anthropomorphismus eines Roboters. Das „unheimliche Tal" beschreibt jene Zone, in der Menschen eine negative Reaktion auf Roboter zeigen, die „allzu menschlich" wirken.
© Smurrayinchester, selbst erstellte Grafik basierend auf einem Bild von Masahiro Mori und Karl MacDorman aus: http://www.androidscience.com/theuncannyvalley/proceedings2005/uncannyvalley.html CC BY-SA 3.0

12 Der erste autonome „Soft Robot" in Gestalt eines Oktopus wurde im August 2016 von Wissenschaftlern an der Harvard University entwickelt. Vgl. http://news.harvard.edu/gazette/story/2016/08/the-first-autonomous-entirely-soft-robot/, abgerufen am 8. November 2016
13 Vgl. Masahiro Mori, „The Uncanny Valley", übersetzt von Karl F. MacDorman und Norri Kageki, *IEEE Robotics & Automation Magazine* (Juni 2012) 2012, http://spectrum.ieee.org/automaton/robotics/humanoids/the-uncanny-valley/, abgerufen am 8. November 2016

HUMAN VS. HUMANOID

Obwohl sowohl Populärkultur als auch Wissenschaft mehrheitlich am anthropomorphen Erscheinungsbild des Roboters geradezu obsessiv festhalten,[12] steht fest, dass das signifikant „Menschliche" – und damit auch ein vertrauenerweckendes Element – nicht allein über eine visuelle Wahrnehmungsebene transportiert wird, sondern von vielen weiteren Faktoren, u. a. Geruch, Mimik, Haptik oder Wortschatz, abhängt und damit die Akzeptanz eines robotischen Gegenübers maßgeblich durch das Gefühl der „Vertrautheit" beeinflusst wird.

Die täuschende Menschenähnlichkeit kann sogar das Gegenteil bewirken: Mit dem Begriff des „Uncanny Valley" definierte der japanische Robotiker Masahiro Mori 1970 jenes unheimliche Gefühl, das beim Menschen aufkommt, wenn er es mit einem allzu menschenähnlichen, aber artifiziellen Gegenüber zu tun hat. Die Akzeptanzlücke – das „unheimliche Tal"[13] – entsteht ab einem bestimmten, sehr hohen Grad an Anthropomorphismus, während abstrakte bzw. abstrahierte und als künstlich erkennbare Figuren oder Entitäten besser akzeptiert werden können, da sie ihre Künstlichkeit nicht verschleiern. Das „Unheimliche" spielt sich in der talförmigen Zone dieser Akzeptanzkurve ab.

Mit der wachsenden Interaktion zwischen Mensch und Maschine wird die Frage nach dem Vertrauen in das nichtmenschliche Gegenüber mit der Rolle und Funktion der „Menschenähnlichkeit" des Roboters verknüpft, die über seine humanoide Erscheinungsform hinausgehen. In *Machines as Agency* schlägt Andrea Sick drei grundlegende Lesarten dafür vor:[14] Ausgehend von einer ontologischen Differenz zwischen Mensch und Technologie, die auf den Zuordnungen „natürlich" und „künstlich" beruht, sei der Anthropomorphismus weniger eine Frage der (Erscheinungs-)Form als eine der Genesis (Entstehung). Anknüpfend an die These der Erweiterung des Menschen und seiner Möglichkeiten durch Technologie (vgl. McLuhan: „Medien als Erweiterung des Menschen") haben Mensch und Maschine dieselbe Funktion, wobei die Maschine dem Menschen zu einer höheren Funktionalität dient. Demnach könnte die Maschine jede erdenkliche bzw. notwendige Form annehmen. Als dritte Möglichkeit können Technologien als Modell zur Erklärung menschlicher Fähigkeiten herangezogen werden: die Technologie entsteht als Medium im Prozess von Fremdbeobachtung und Entdeckung.

Alle drei Möglichkeiten gehen von einer funktionalen Entsprechung von Mensch und Maschine aus. Damit muss die Maschine in der Lage sein, zu täuschen bzw. vorzutäuschen, potenziell menschlich zu sein.[15] Die Fähigkeit zur Täuschung des Menschen bzw. zur Vortäuschung von Menschlichkeit und menschlichem „Bewusstsein" wird im „Turing Test" als Erfolg beschrieben: Der britische Logiker und Informatiker Alan Turing entwickelte die bis heute angewendete Frage-Antwort-Interaktion mit zwei Gesprächspartnern, einem Menschen und einer Künstlichen Intelligenz. Der Test gilt für die Künstliche Intelligenz als bestanden, wenn der Fragesteller nicht zwischen Mensch und Maschine unterscheiden kann.[16]

[14] Andrea Sick, „Questions of Style. Subjects, Things and Shared Agency in Popular Articulations", in: Christoph Lischka, Andrea Sick (Hg.), *Machines as Agency. Artistic Perspectives* (Bielefeld: Transcript Verlag, 2007), S. 122 u. 123
[15] Ebd., S. 123; vgl. Sibylle Krämer, „Maschinenwesen. Ein Versuch über den Anthropomorphismus in der Technikdeutung hinauszukommen", in: Thomas Christaller, Josef Wehner, *Autonome Maschinen* (Wiesbaden: Westdeutscher Verlag, 2003), S. 208–221
[16] Alan Turing, *Computing Machinery and Intelligence* (Aberdeen: University Press, 1950)

VERTRAUEN: „MACHINES WILL MAKE BETTER CHOICES THAN HUMANS"

Vertrauen ist keine Frage der Technik, sondern eine gesellschaftliche Entscheidung.[17] Wenn wir Aufgaben an Maschinen und Roboter delegieren, heißt das automatisch, dass wir ihnen vertrauen. Vertrauen in Roboter setzt jedoch voraus, dass diese auf dem Verständnis derselben sozialen bzw. ethischen Grundsätze als Basis für eine Entscheidungsfindung aufbauen wie Menschen.[18] Vertrauen kann als ein Zustand bezeichnet werden, der in einem Beziehungsgeflecht zwischen Menschen entsteht und umgekehrt: der es überhaupt ermöglicht, ein solches aufzubauen. Vertrauen spielt sich in der Grauzone zwischen Wissen und Nicht-Wissen ab, und beschreibt – ähnlich wie das Zweifeln – ein Gefühl, das Handeln trotz fehlender Gewissheit ermöglicht.[19] Wir schreiben der Person, der wir vertrauen, Verantwortung zu und können sie im Fall des Vertrauensmissbrauchs „verantwortlich machen".[20] Doch können wir das gegenüber einem Roboter bzw. einem „nichtmenschlichen Aktanten" argumentieren?

Eine Studie des MIT – Massachusetts Institute of Technology lässt Besucher einer Website unter dem Titel „Moral Machine" testen, welche moralischen Entscheidungen ein selbstfahrendes Auto (bzw. im Moment noch dessen menschliche Programmierer) treffen können muss.[21] Das moralische Dilemma, ob im Fall eines unausweichlichen Unfalls die Insassen des Fahrzeugs, Kinder oder ältere bzw. sozial schlechter gestellte Menschen bevorzugt werden sollten, kommt dem Gedankenexperiment des „Trolley Problems" nahe.[22] Eine „richtige" Entscheidung ist quasi unmöglich. Auf welcher Grundlage soll man dem autonomen Fahrzeug also vertrauen?

[17] Bruno Latour, *Die Hoffnung der Pandora. Untersuchungen zur Wirklichkeit der Wissenschaft* (Frankfurt a. M.: Suhrkamp Verlag, 2000, 5. Auflage, 2015), S. 230 f.
[18] Mark Coeckelbergh, „Can we trust robots?", Springerlink.com, 2011, S. 1, auf: http://link.springer.com/article/10.1007/s10676-011-9279-1/, abgerufen am 8. November 2016
[19] Vilém Flusser, *On Doubt* [1966] (Minneapolis: Univocal, 2014), S. 3 u. 4
[20] Mark Coeckelbergh, „Can we trust robots?", Springerlink.com, 2011, S. 3, auf: http://link.springer.com/article/10.1007/s10676-011-9279-1/, abgerufen am 8. November 2016
[21] http://moralmachine.mit.edu/, abgerufen am 8. November 2016
[22] Philippa Foot, „The Problem of Abortion and the Doctrine of the Double Effect", in: *Virtues and Vices* (Oxford: Basil Blackwell, 1978, ursprünglich erschienen in *Oxford Review* Nr. 5, 1967)

23 http://spectrum.ieee.org/automaton/robotics/artificial-intelligence/researchers-teaching-robots-how-to-best-reject-orders-from-humans, abgerufen am 8. November 2016
24 Der von Microsoft entwickelte Twitterbot „Tay" musste nach nur 24 Stunden vom System genommen werden, nachdem er von den Twitterusern rassistische und unethische Aussagen erlernt und übernommen hatte; vgl. http://www.theverge.com/2016/3/24/11297050/tay-microsoft-chatbot-racist/, abgerufen am 8. November 2016.
Ein für die Bewertung bei einem Schönheitswettbewerb eingesetzter Algorithmus bevorzugte Frauen mit heller Hautfarbe vor jenen mit dunkler; vgl. https://www.theguardian.com/technology/2016/sep/08/artificial-intelligence-beauty-contest-doesnt-like-black-people/, abgerufen am 8. November 2016

In diesem Zusammenhang experimentierten Wissenschafter des Tufts University Human-Robot Interaction Lab (Massachusetts) im Herbst 2015 mit Mechanismen, die es Robotern unter bestimmten Bedingungen erlauben, den Befehlen des Menschen nicht zu gehorchen.[23] Das Experiment bezog sich zwar vorwiegend auf ein Verweigern der Befehlskette auf der Basis sprachlicher Eindeutigkeit (wird der Befehl nicht verstanden, wird er abgelehnt) oder der sensomotorischen „Einschätzung" des Roboters (ist kein fester Untergrund vorhanden, wird das Vorwärtsgehen verweigert), hebelt aber in gewisser Weise das zweite Gesetz Asimovs aus („der Roboter muss den Befehlen des Menschen gehorchen") und stellt damit die Logik von Asimovs Hierarchie grundsätzlich infrage, selbst wenn dabei keine Gefährdung oder Verletzung des Menschen auftritt.

Wenn Roboter und Künstliche Intelligenzen heute die „falschen" Entscheidungen treffen, liegt es daran, dass Machine-Learning-Daten immer noch von Menschen zur Verfügung gestellt werden und damit bestehende Ansichten und Fehler weitergegeben werden.[24] Doch was passiert, wenn sich Künstliche Intelligenz soweit fortentwickelt, dass der Mensch die Kontrolle über das Erlernte und die daraus resultierenden Handlungen verliert?

Führende Wissenschaftler, darunter Nick Bostrom, Professor für Philosophie und Direktor des Future of Humanity Institute an der Universität Oxford, der Physiker und Astrophysiker Stephen Hawking und Elon Musk, Gründer von SpaceX und Mitgründer von Tesla Motors, warnten im Januar 2015 in einem von zahlreichen international anerkannten Experten unterzeichneten offenen Brief[25] vor einer „Intelligenzexplosion" und sprachen sich für Prioritäten in der KI-Forschung aus, die eine „robuste und vorteilhafte Künstliche Intelligenz" vorantreibt. Die Gefahr einer solchen „Superintelligenz"[26] als Resultat des sich immer schneller weiterentwickelnden Machine Learning und Deep Learning würde dazu führen, dass die Menschheit die potenziellen Folgen nicht mehr abschätzen und von der Technologie überholt werden könne.[27] Der Zukunftsforscher Ray Kurzweil prophezeite sogar ein neues „Kollektivbewusstsein", die „Singularität", im Zuge derer Mensch und Maschine sich in einem evolutionären Prozess soweit angleichen würden, bis sie eins seien.[28]

Dass die Entwicklung von Robotern mit hoher Intelligenz und mit der Fähigkeit zum Selbstlernen und zur Selbstreproduktion bzw. eigenständigen Reparatur von Einzelteilen mehrheitlich im Zusammenhang mit Militärtechnologie betrieben wird, mag einen unheimlichen Beigeschmack hinterlassen. Auch Trusted Networks, Datenverschlüsselungs- und Decodierungssoftware, Authentication und andere für die Kommunikation relevante Infrastrukturen entstanden im Kontext des Militärs und werden von ihm kontrolliert. Während der Mensch zunehmend „transparenter" gemacht wird, wird die Technologie zur undurchschaubaren „Black Box". Schon jetzt sind wir von kommunizierenden Gegenständen umgeben, die unsere Gewohnheiten studieren und alle entsprechenden Daten in die „Cloud" schicken. Darauf zu vertrauen, dass auf diese Daten kein Zugriff für Außenstehende (Personen, Konzerne, Staat, Terroreinheiten) besteht, ist unmöglich. Die Vertrauensfrage und damit die Gewährleistung der menschlichen Privatsphäre setzt ein System voraus, das nicht kapitalistisch korrumpiert ist (Dezentralisierung statt Monopolisierung) – doch dazu wären ein weitgreifender Umbau politischer Strukturen und die Etablierung eines neuen kulturellen Bewusstseins nötig. Die Frage nach dem Vertrauen in die Technologie ist also weitgehend eine Frage nach dem Vertrauen in die Menschen.

25 Originaler Wortlaut des offenen Briefs für „Research Priorities for Robust and Beneficial Artificial Intelligence" auf der Website des Future of Life Institute: http://futureoflife.org/ai-open-letter/, abgerufen am 8. November 2016
26 Vgl. Nick Bostrom, *Superintelligence. Paths, Dangers, Strategies* (Oxford: Oxford University Press, 2014)
27 Interview mit Nick Bostrom im Guardian, Juni 2016: https://www.theguardian.com/technology/2016/jun/12/nick-bostrom-artificial-intelligence-machine/, abgerufen am 8. November 2016
28 Ray Kurzweil, *Menschheit 2.0. Die Singularität naht* (Berlin: Lola Books, 2014)

Marlies Wirth (1980 in Neunkirchen, Niederösterreich, geboren) ist Kuratorin von *Hello, Robot. Design zwischen Mensch und Maschine*. Seit 2006 arbeitet sie als Kuratorin im MAK Wien, wo sie Ausstellungen, Performances und Diskursveranstaltungen im Bereich Kunst, Design und Architektur kuratiert, wie u.a. die Retrospektive *Hollein* (2014) oder die thematische Gruppenausstellung *24/7: the human condition* im Rahmen der Vienna Biennale 2015. Mit Fokus auf Konzept-, ortsspezifischer, forschungs- und zeitbasierter Kunst und besonderem Interesse an den kulturanthropologischen Kontexten künstlerischer Produktion entwickelt sie auch unabhängige Ausstellungsprojekte mit internationalen Künstlerinnen und Künstlern.

Im Diskurs über Robotik, Künstliche Intelligenz und die weitreichenden Auswirkungen von Digitalisierung und Automatisierung in allen Lebensbereichen geht es letztlich immer um den Menschen und jene Implikationen, die diese Entwicklungen auf unsere Lebensqualität, unsere Individualität, unsere Entscheidungen, unsere Kreativität, unsere geistige und körperliche Gesundheit, und unsere menschliche Gesellschaft im globalen Sinn haben. In Anbetracht der politischen und gesellschaftlichen Tendenzen der letzten Dekade stellt sich nunmehr die Frage: Was bedeutet Menschsein im 21. Jahrhundert? Wie gehen wir mit den drängenden Problemen und Konflikten unserer Zeit um, deren Lösung uns nicht von Robotern und Algorithmen abgenommen werden kann? Welche im Hintergrund des derzeitigen und künftigen technologischen Fortschritts stehenden ethischen, philosophischen und soziokulturellen Grundsätze befähigen uns, und nicht zuletzt: welche Fragen müssen gestellt werden, um diese Entscheidungen überhaupt treffen zu können?

Die prägende Ambivalenz, mit der wir dem Themenspektrum des digitalen Zeitalters begegnen, und die daraus resultierende Ungewissheit darüber, was „richtig" oder „falsch", „gut", „schlecht" oder „besser" wäre, ist gerade im Kontext der wachsenden Komplexität einer Welt, die nicht mehr allein vom Menschen bestimmt wird, so omnipräsent wie relevant. Anders als in der binär angelegten Computerlogik ist es dem Menschen möglich, auch ohne Gewissheit zu handeln: zu zweifeln, aber auch zu vertrauen. Zwischen Wissenschaft und Science Fiction erzählt *Hello, Robot. Design zwischen Mensch und Maschine* von den oft unsichtbaren Gestaltungselementen eines Zusammenlebens von Mensch und Maschine, von Arbeit und Spiel, Identität, Einsamkeit, Gewalt, Liebe, Vertrauen und Angst.

SCIENCE UND FICTION

SIND SIE SCHO
EINEM ROBO

WAS WAR IHRE ERSTE
ERFAHRUNG
MIT ROBOTERN?

VERTRAUEN
ROBOTERN?

GLAUBEN SIE, WIR
BRAUCHEN ROBOTE

OBOTER UNSERE
DE ODER UNSERE
?

N EINMAL
ER BEGEGNET?

SIE

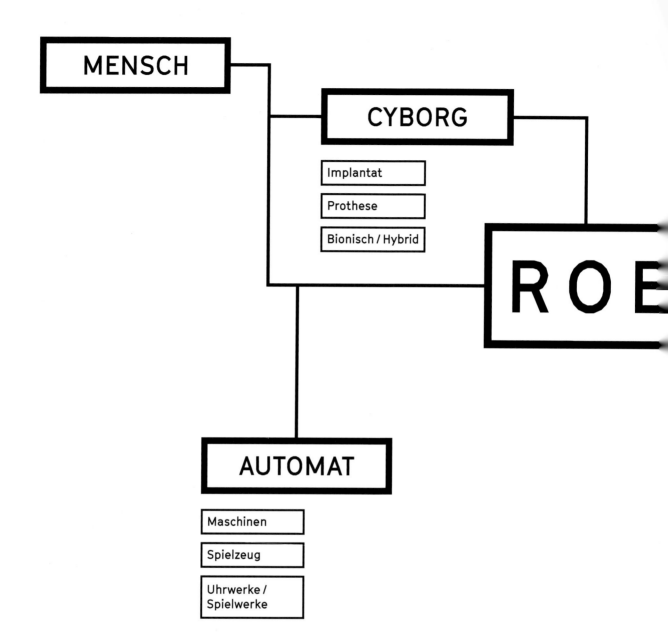

DER ROBOTER
ANNÄHERUNG AN EINE SPEZIES

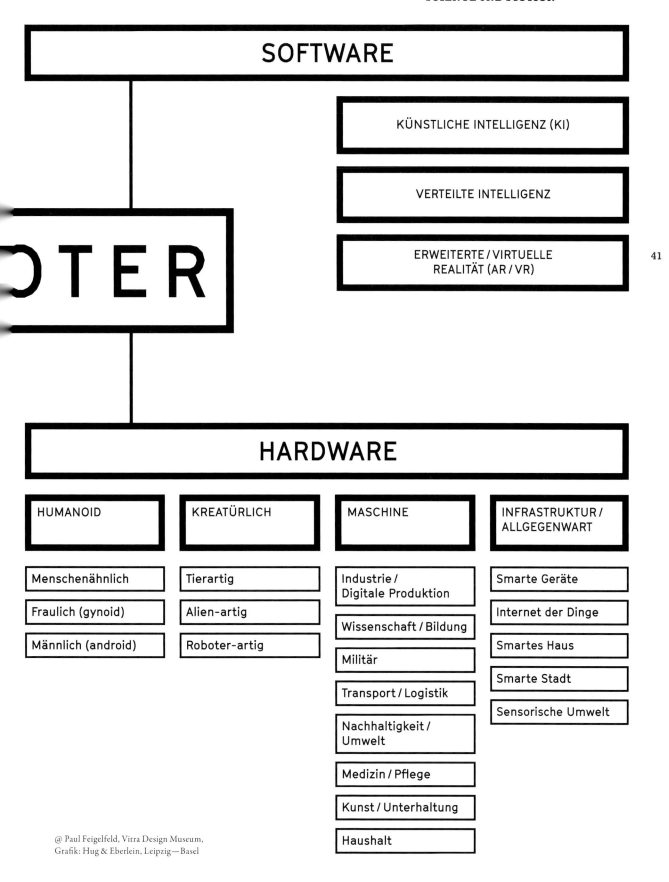

ROBERT R. SNODY – *THE MIDDLETON FAMILY AT THE NEW YORK WORLD'S FAIR*

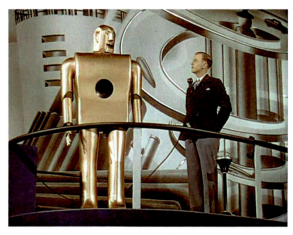

The Middleton Family at the New York World's Fair, 1939 © Courtesy the Internet Archive

Der Film *The Middleton Family at the New York World's Fair* wurde von der amerikanischen Firma Westinghouse Electric für ihre Schau auf der Weltausstellung 1939 in New York produziert. Er sollte die Reaktion der Mittelklasse auf die Welt von morgen darstellen, in der moderne Technik zu neuen Haushaltsgeräten und sozialen Verbesserungen führen würde. Unter anderem konnten die Besucher auf der Weltausstellung erstmals eine Geschirrspülmaschine und einen Roboter bestaunen. „Elektro, the Moto-Man" war auf der Weltausstellung 1939 und erneut bei der zweiten Ausstellungsperiode 1940 zu sehen. Der originelle, über zwei Meter große und gut 120 Kilogramm schwere Roboter konnte gehen, auf Stimmbefehle reagieren, über 700 Wörter sprechen, Kopf und Arme bewegen, Farben unterscheiden, Ballons aufblasen und sogar Zigaretten rauchen.
2012 wurde der Film als einer der alljährlich ausgewählten 25 Filme in das amerikanische Filmarchiv (National Film Registry) aufgenommen. AR

Robert R. Snody. *The Middleton Family at the New York World's Fair,* 1939. Film, 55 Min. © 2016 Courtesy the Internet Archive

Bandai Co., Ltd. *Gundam und Zaku*, 1995. Spielzeug, diverse Materialien, jeweils 150 × 80 × 40 cm © Bandai Co., Ltd., Japan, Foto: Vitra Design Museum

Gundam ist ein japanisches Science-Fiction- und Medien-Franchise von Sunrise. Es entwickelte sich aus der 1979 gestarteten Anime-Fernsehserie *Mobile Suit Gundam* und besteht heute aus Spielfilmen, Mangas, Romanen, Videospielen und Spielzeug. Mit den sogenannten „Mechas", riesigen militaristischen Robotern in Kriegsszenerien, begründete *Gundam* das Real-Robot-Genre im Anime-Bereich.

Die meisten *Gundams* sind große zweibeinige Androiden, die von einem menschlichen Piloten im Cockpit gesteuert werden. Die „Mobile Suit" (Mobilanzug) genannten Maschinen sind mit einem Cockpit im Rumpf und einer Kamera im „Kopf" ausgestattet, um Bilder in das Cockpit zu übertragen; *Gundams* sind nicht empfindungsfähig. *Zaku* war einer der ersten für Kampfszenen entwickelten Mobile Suits der Serie; sein typischer „Mecha"-Look macht ihn in der Anime-Industrie unverwechselbar. AR

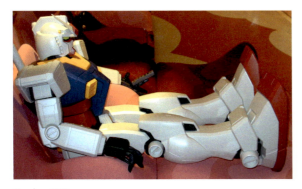

Gundam, 1995

Zaku, 1995

BANDAI – *GUNDAM* UND *ZAKU*

JAN DE COSTER – *ROBIN*

Jan De Coster. *Robin*, 2015. Interaktives Objekt, gefundene Materialien, 3D-gedruckte Teile, Aluminium, Plexiglas, Heißluftschläuche, 56 × 46 × 46 cm © Jan De Coster

Die ursprünglich für das interaktive Roboterfestival *Bal Robotov* (Ball der Roboter) 2015 in Moskau geschaffene *Robin* wurde von ihrem Schöpfer, dem belgischen Roboterdesigner Jan de Coster, als „Transgender" bezeichnet und entspricht mit ihrem niedlichen runden Gesicht dem Klischee eines freundlichen Roboters. Wenn er über *Robin* spricht, benutzt de Coster weibliche Pronomen, um die Dinge zu vereinfachen, obwohl er nie völlig klarstellt, ob „sie" tatsächlich eine Sie oder ein Er ist. Damit hinterfragt de Coster die allgemeine Tendenz, Robotern ein Geschlecht zu geben, selbst denen, die nicht so niedliche Gesichter oder Namen wie *Robin* haben. Mit einem mattschwarzen Gesicht und Armen aus Heißluftschläuchen entspricht „sie" nicht unbedingt den vorherrschenden Auffassungen von Weiblichkeit, aber warum denken wir überhaupt darüber nach? *Robin* ist nur ein Roboter. EP

Robin, 2015

NINTENDO – *R.O.B. (ROBO-TIC OPERATING BUDDY)*

Der 1985 erschienene Nintendo *Robotic Operating Buddy*, kurz *R.O.B.,* ist ein früher Versuch, ein virtuelles Videospiel auf die Wirklichkeit außerhalb des Bildschirms auszuweiten. Der Spieler muss hier den Roboter so steuern, dass dieser über den Bildschirm vorgegebene Anforderungen und einfache Spielzüge ausführt, beispielsweise verschiedenfarbige Ringe in einer vorgegebenen Abfolge sortieren.

Damals eine kleine Attraktion, gehen die Interaktionen zwischen Mensch und Roboter, insbesondere aus heutiger Sicht, technisch bedingt aber so langsam und stockend vonstatten, dass nur schwer ein Spielfluss zustande kommt und *R.O.B.* die Nintendo-Fans langfristig nicht überzeugen konnte. LH

R.O.B., 1985

Nintendo. *R.O.B. (Robotic Operating Buddy),* 1985. Videospielzubehör, diverse Materialien, 24 × 16 × 16 cm
© Nintendo

ECAL École Cantonale d'Art de Lausanne, BA Media & Interaction Design. *Error is Human,* 2016. Mixed-Media-Installation mit Thymio-Roboter (EPFL / ECAL/ ETHZ / Mobsya). ECAL / Luca Kasper, Mathieu Palauqui; Dozenten: Alain Bellet, Cyril Diagne; Assistenz: Laura Perrenoud © Image by ECAL / Jimmy Rachez

Im Jahr 2016 entwickelten Studenten des Bachelor-Studiengangs Medien- und Interaktionsdesign der Schweizer Designhochschule ECAL eine Auftragsarbeit für die Ausstellung *Hello, Robot.*, mit der die ambivalente Beziehung zwischen Menschen und Robotern untersucht wurde. Unter der Leitung von Cyril Diagne (Fachbereichsleiter) und Alain Bellet fand ein einwöchiger Workshop statt, in dem die Studenten nicht nur die Fähigkeiten von Thymio-Robotern testen, sondern auch ihre ethischen Implikationen hinterfragen konnten. Bei der von den Studenten Luca Kasper und Mathieu Palauqui angeregten endgültigen Installation liefen die Thymios auf wippenden Holzbrettern auf und ab, wodurch das Gefühl einer gewissen Unsicherheit erzeugt wurde. Mit ihren repetitiven Bewegungen konnten sie den folgenden, an ein bekanntes Zitat des amerikanischen Komödienschreibers Robert Orben angelehnten Satz buchstabieren: „Error is human and to blame it on a robot is even more so." (Irren ist menschlich und die Schuld auf einen Roboter zu schieben ist noch menschlicher.) EP

ECAL – *ERROR IS HUMAN*

Error Is Human, 2016

IROBOT
– *ROOMBA 980*

Roboter verrichten mit relativ einfachen Funktionen bereits heute alltägliche Hausarbeiten. Ein Beispiel sind Staubsaugerroboter, die sich in Millionen Haushalten finden. Obwohl Roomba im Vergleich zu anderen existierenden Robotern nicht besonders intelligent ist, ist er ein hochkomplexes Gerät. Er reinigt selbsttätig den Boden auf einer zusammenhängenden Ebene und weiß durch eingebaute Sensoren und ein Navigationssystem immer, wo er schon war und wo er noch saugen muss. Noch interessanter ist die Beziehung, die viele Roomba-Besitzer zu ihren Saugrobotern aufbauen. Zahlreiche Studien belegen, dass er oft Kosenamen bekommt und wie ein Haustier als Familienmitglied gilt. TT

Roomba 980, 2016

iRobot. *Roomba 980,* 2016. Staubsaugerroboter, diverse Materialien, 9 × 35 × 35 cm © iRobot Corporation

WAS WAR IHRE ERFAHRUNG MIT ROBOTERN?

GLAUBEN SIE, WIR BRAUCHEN ROBOTER?

SIND ROBOTER UNSERE FREUNDE ODER UNSERE FEINDE?

… TE ERFAHRUNG

VERTRAUEN SIE ROBOTERN?

SIND SIE SCHON EINMAL EINEM ROBOTER BEGEGNET?

KAREL ČAPEK – *R.U.R. (ROSSUM'S UNIVERSAL ROBOTS)*

Vandamm Studio. Albert Van Dekker als Radius, ein Roboter, mit anderen „Robotern" und Harry Mestayer als Dr. Gall in einer Szene der Inszenierung von R.U.R., 1928–29. Fotografie der Inszenierung des Theaterstücks von Karel Čapek in New York, Guild Tour Company, 20,3 × 25,4 cm © Billy Rose Theatre Division, The New York Public Library for the Performing Arts

Im Mittelpunkt von Karel Čapeks 1920 erschienenem Drama *R.U.R. (Rossum's Universal Robots)* steht die titelgebende Firma R.U.R., die aus synthetischem organischem Material menschenähnliche Klone herstellt. Diese werden als billige, rechtlose Arbeiter eingesetzt – bis sie sich schließlich in einem Aufstand gegen den Menschen richten. In Čapeks Werk tauchte das Wort „Roboter" – eine Wortschöpfung seines älteren Bruders Josef – zum ersten Mal auf und gelangte über die zahlreichen Übersetzungen des Bühnenstücks in die Alltagssprache vieler Länder. Der Ursprung des Begriffs liegt im tschechischen „robota", was man mit „Frondienst" oder „Zwangsarbeit" übersetzen kann. *R.U.R.* greift einerseits das Motiv des Golems aus der jüdischen Mystik auf und verweist andererseits auf ein Leitmotiv in der Kulturgeschichte des Roboters: Das künstlich geschaffene (Zweck-)Wesen befreit sich von der Kontrolle des Menschen und wird für diesen zur Gefahr. TT

Szenenbild der New Yorker Inszenierung von *R.U.R. (Rossum's Universal Robots)*

FRIEDRICH JAKOB KIESLER – BÜHNENBILD FÜR *W.U.R. (WERSTANDS UNIVERSAL ROBOTS)*

Bühnenbild für die Berliner Aufführung von *W.U.R. (Werstands Universal Robots)*, 1923

Friedrich Jakob Kiesler. Elektromechanische Kulisse für Karel Čapeks *W.U.R. (Werstands Universal Robots)*, Theater am Kurfürstendamm, Berlin 1923. Fotografie, Silbergelatineabzug auf Barytpapier, 20,2 × 25,3 cm © 2022 Österreichische Friedrich und Lillian Kiesler Privatstiftung, Wien

Programmzettel für *R.U.R. (Rossum's Universal Robots)*, Frazee Theatre, New York, 1922. Programmzettel; Farbdruck auf Papier, 19 × 13,8 cm; Bühnenbild: Lee Simonson. Theatermuseum Wien

Theaterzettel für *W.U.R. (Werstands Universal Robots)*, Neue Wiener Bühne, Wien, 1923. Theaterzettel, Druck auf Papier, 25,5 × 20 cm. Theatermuseum Wien

Mit dem Bühnenbild zu Karel Čapeks Roboter-Stück, in der deutschen Übersetzung *W.U.R. (Werstands Universal Robots)* betitelt, hatte Friedrich Kiesler 1923 bei der in Berlin versammelten Avantgarde großen Erfolg. Seine „elektromechanische Kulisse" zielte darauf ab, das Bühnenbild nicht zuletzt mit technischen und auch technisch anmutenden Mitteln zu verlebendigen, etwa durch ein „Bewegungsspiel farbiger Lichter und Scheinwerfer", das mit den Bewegungen und dem Sprechen der Schauspieler koordiniert war. TT

SCIENCE UND FICTION

Robots of Brixton, 2011. Dystopische Architektur, ...

... Arbeiter, ...

Kibwe Tavares. *Robots of Brixton,*
2011. Film, 6 Min. © Factory Fifteen

... und Straßenschlachten

Robots of Brixton ist ein architektonischer Science-Fiction-Kurzfilm von Kibwe Tavares, einem Architekten und Regisseur, der in Brixton geboren wurde und aufwuchs. Er entwirft eine düstere Zukunft für den Stadtteil. Londons große Roboter-Arbeiterschaft ist hier zusammengepfercht untergebracht in ungeplanten, billigen und rasch hochgezogenen Hochhäusern, die fortan die Skyline prägen. Die Roboter sind auf alle Aufgaben programmiert, die Menschen nicht mehr bereit sind auszuführen. Vor dem Hintergrund der dystopischen Architektur liefern sich die unterdrückten Roboter-Arbeiter schließlich ein Gefecht mit der Polizei, wobei die Szenen an die echten Aufstände in Brixton – die Brixton Riots – von 1981 erinnern.
Die gesellschaftlichen und architektonischen Aspekte des Films brachten Tavares verschiedene Auszeichnungen ein, darunter den Jurypreis des Sundance Film Festivals für einen Animationsfilm sowie die Silbermedaille des Royal Institute of British Architects (RIBA). AR

KIBWE TAVARES – *ROBOTS OF BRIXTON*

John Heartfield. Titelblattgestaltung für *Das deutsche Wirtschaftswunder* von Günter Reimann, 1927. Illustrierte Original-Broschüre, 23,0 × 15,7 cm. Akademie der Künste, Berlin, Kunstsammlung, Inv.-Nr.: Heartfield 2336. © The Heartfield Community of Heirs / VG Bild-Kunst, Bonn 2022

Illustriertes Titelblatt zum Buch *Das deutsche Wirtschaftswunder,* 1927

JOHN HEARTFIELD – TITELBLATT ZU *DAS DEUTSCHE WIRTSCHAFTSWUNDER*

Als Reaktion auf die technische Revolution versuchte der hochpolitische Berliner Ableger der Dada-Bewegung der wachsenden Ausbeutung der Arbeiter mit Unsinn und Satire zu begegnen. Mit seinen Collagen polemisierte das Dada-Mitglied John Heartfield heftig gegen die ökonomischen Praktiken der Zeit, wobei auch sein oft verwendetes Gespenstermotiv zum Einsatz kam. Die Figur war auf dem Einband von Günther Reimanns 1927 erschienenem Buch *Das deutsche Wirtschaftswunder* zu sehen, das die neue Wirtschaftspolitik und die Ausbeutung der Arbeiter kritisch unter die Lupe nahm. Anstelle von Leib und Seele besteht der Fabrikarbeiter aus einer Stoppuhr als Kopf und einer Stechuhr als Körper. Die Figur stellt die Transformation des Menschen in eine Maschine – den „Maschinenmenschen" – dar; sie traf den Geist der Zeit und beeinflusste die spätere Darstellung von Robotern, einem zuvor unbekannten Typus. EP

FRITZ LANG – *METROPOLIS* (PLAKAT: HEINZ SCHULZ-NEUDAMM)

Fritz Langs *Metropolis* ist ein expressionistischer Science-Fiction-Film aus dem Jahr 1927. Er spielt in einer dystopischen Stadt der Zukunft und schildert die Versuche des reichen Sohns des Alleinherrschers, zusammen mit einer armen Fabrikarbeiterin die Klassenschranken der Stadt zu überwinden. Im futuristischen Metropolis hat die Automatisierung die harten Bedingungen der Arbeiter eher verschärft als verbessert. Der Film gilt als wegweisend für das Science-Fiction-Genre und zeigt einen der ersten Roboter, die je im Kino zu sehen waren. OP

Heinz Schulz-Neudamm. *Metropolis*, 1926, Filmplakat, Mehrfarbendruck, 211 × 96 cm © Courtesy ÖNB Bildarchiv und Grafiksammlung

Metropolis, Filmplakat, 1926

Isaac Asimov. „Runaround", in: *Astounding Science Fiction,* Bd. XXIX, Nr. 1 (März 1942). Zeitschrift, Covergestaltung: Reginald Hubert Rogers © 2016 Penny Publications / Dell Magazines (Analogsf.com). Nachgedruckt mit Erlaubnis des Verlags, Foto: Courtesy Universitätsbibliothek Regensburg

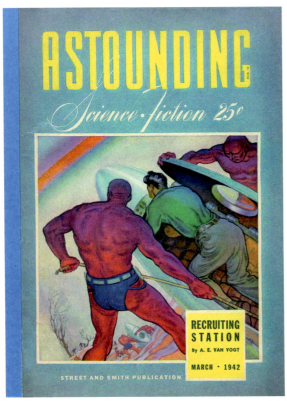

Astounding Science Fiction, März 1942

Als einer der produktivsten Schriftsteller aller Zeiten – er war Autor oder Herausgeber von mehr als 500 Büchern – wandte sich Isaac Asimov an ein breites Publikum. 1939 begann er, für die Zeitschrift *Astounding Science Fiction* Kurzgeschichten zu schreiben. Auch „Herumtreiber" aus dem Jahr 1942 wurde dort erstmals veröffentlicht. In dieser Erzählung postulierte Asimov explizit die „Drei Gesetze der Robotik", die seither immer wieder als Diskussionsgrundlage für Roboterethik herangezogen werden, und verwendete zum ersten Mal überhaupt das Wort „Robotik". Die Geschichte handelt von einem Roboter, der sich seltsam und unverständlich verhält, weil er die „Drei Gesetze" wörtlich nehmen muss und damit in eine paradoxe Situation gerät.

Die „Drei Gesetze der Robotik" lauten:
1. Ein Roboter darf kein menschliches Wesen verletzen oder durch Untätigkeit zulassen, dass einem menschlichen Wesen Schaden zugefügt wird.
2. Ein Roboter muss den ihm von einem Menschen gegebenen Befehlen gehorchen – es sei denn, ein solcher Befehl würde mit Gesetz eins kollidieren.
3. Ein Roboter muss seine Existenz beschützen, solange dieser Schutz nicht mit Gesetz eins oder zwei kollidiert.

Astounding Science Fiction, heute *Analog Science Fiction and Fact,* erscheint seit 1930 und ist damit die älteste kontinuierlich erscheinende Science-Fiction-Zeitschrift aller Zeiten. AR

ISAAC ASIMOV – „RUNAROUND" (HERUMTREIBER),
ASTOUNDING SCIENCE FICTION, MÄRZ 1942

SCIENCE UND FICTION

Osamu Tezuka. *Astro Boy* (japanischer Originaltitel: *Tetsuwan Atomu / Mighty Atom*), 1952. Science Fiction Manga. Foto: aus der Ausgabe von Shōnen, Oktober 1966 (Hg. Kobunsha) © 2017 Tezuka Productions

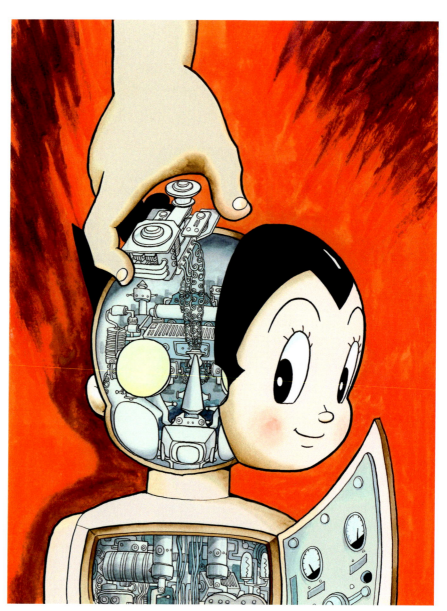

Astro Boy erzählt die Abenteuer des mit Superkräften ausgestatteten gleichnamigen Androiden-Jungen (im Original *Tetsuwan Atomu*, was mit *Mighty Atom* übersetzt wurde, also „mächtiges Atom"), der als Schöpfung eines Wissenschaftlers dessen verstorbenen Sohn ersetzen soll. Die *Astro Boy*-Mangas erschienen ab 1951 und erreichten ab den Achtzigern, mit Erscheinen der englischen Übersetzung, weltweit Bekanntheit. Die TV-Adaption von 1963 war die erste erfolgreiche, animierte japanische Fernsehserie in einem neuen Stil, der sich heute weltweit landläufig unter der Bezeichnung Anime durchgesetzt hat. Sie wurde damals von 40 % aller Japaner mit TV-Anschluss regelmäßig gesehen. LH

Astro Boy, 1952–1968

OSAMU TEZUKA – *ASTRO BOY*

MATT GROENING UND DAVID X. COHEN – *FUTURAMA*

Die zwischen 1999 und 2013 ausgestrahlte amerikanische Comedy-Science-Fiction-Zeichentrickserie von Matt Groening und David X. Cohen erzählt von der Raumschiff-Crew eines interstellaren Lieferservice im 31. Jahrhundert. Neben Fry, einem typischen Antihelden, der aus dem 21. Jahrhundert stammt, und Leela, der ambitionierten Pilotin des Raumschiffs, steht Roboter und Besatzungsmitglied Bender im Fokus. Er führt ein exzentrisches Leben, raucht, flucht und ist dem Alkohol zugeneigt. In einigen Folgen der Serie taucht als Anspielung auf den Roboter HAL aus Kubricks *2001: Odyssee im Weltraum* (siehe S. 69) übrigens das „HAL Institute for Criminally Insane Robots" auf, eine geschlossene Anstalt für kriminelle, psychisch gestörte Roboter. Im Februar 2022 wurde bekannt, dass ab 2023 zwanzig neue Folgen der Erfolgsserie ausgestrahlt werden. LH

Futurama, 1999–2003, 2008–2013

Twentieth Century Fox Television. *Futurama,* 1999–2003, 2008–2013. Zeichentrickserie, 140 Folgen. Idee: Matt Groening © Courtesy Twentieth Century Fox Television. Alle Rechte vorbehalten

SPIELZEUGROBOTER

Diverse Hersteller. Historische Spielzeugroboter, 1956 – ca. 1980. Diverse Materialien © Privatsammlung, Foto: Andreas Sütterlin

Da Japan über kostengünstige Metallvorräte und bewährte Prägeverfahren verfügte, stieg es mit den einzigartigen Spielzeugrobotern, die alle eine eigene Persönlichkeit zu haben schienen, rasch zum Marktführer in der Blechspielzeugindustrie auf. Kinder auf der ganzen Welt, insbesondere in den USA zu Zeiten des Kalten Krieges, waren von den neuen Spielsachen fasziniert, die während des internationalen Wettlaufs zum Mond auf den Markt kamen. Aus japanischer Sicht sollten die Roboter friedliche Gesellen sein; sie trugen zumindest am Anfang, als noch keine Raumfahrer mit „westlicher" Physiognomie produziert wurden, keinerlei Waffen. Da das Blech sehr empfindlich war und bald Plastik den Markt eroberte, existieren nur noch wenige dieser Originalroboter, was sie zu hochbegehrten Sammlerstücken macht. EP

Spielzeugroboter, 1956 – ca. 1980

ROBO TECHNOLOGIES
– *ROBO WUNDERKIND*

... einfach verständlich ...

Robo Wunderkind, 2015: robotisches Stecksystem, ...

Robo Wunderkind ist ein bunter, modularer Roboter-Baukasten, mit dem Kinder ab fünf Jahren ihren eigenen Roboter zum Spielen bauen und Grundkenntnisse im Programmieren erwerben können. Die smarten Würfel mit einer Kantenlänge von rund 8 Zentimetern sind mit elektronischen Geräten wie Kameras, Entfernungssensoren und Laserpointern ausgestattet. Sie sind kabellos verbunden und mit Lego kompatibel. Hat man den Roboter aus den verschiedenen Bausteinen zusammengesteckt, lässt sich das *Robo Wunderkind* leicht über Smartphone oder Tablet programmieren. Der Roboter kann Hindernisse umfahren, Sprachnachrichten aufnehmen und abspielen, den Weg aus einem Labyrinth herausfinden und sogar eine Wettervorhersage erstellen. Er ist außerdem kompatibel mit Scratch, der am MIT entwickelten einfachen Programmiersprache für Kinder ab acht Jahren, mit der junge Nutzer die Funktionalität ihrer Roboter weiter ausbauen können. AR

Robo Technologies. *Robo Wunderkind,* 2015. Spielzeug, variable Größe. © Robo Technologies GmbH

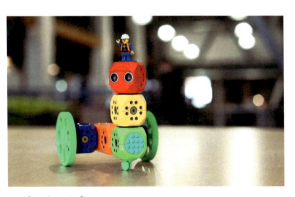

... und mit Lego-Aufsatz

Alarm im Weltall ist ein amerikanischer Science-Fiction-Film aus dem Jahr 1956. Er gilt in vielerlei Hinsicht als bahnbrechend für das Science-Fiction-Genre, da in ihm etwa erstmals Menschen in einem selbst konstruierten Raumschiff mit Überlichtgeschwindigkeit durch das All reisten; außerdem ist *Alarm im Weltall* der erste Film, der gänzlich auf einem fremden Planeten spielt. Die Geschichte bezauberte mit wunderbaren Figuren wie beispielsweise Robby, dem Roboter. Zum ersten Mal zeigte ein Roboter hier Persönlichkeit und war ein handlungstragendes Element. Der Film prägte viele später in Hollywood erdachte Roboter, Androiden und sonstige mechanische Menschen.
Alarm im Weltall gilt als einer der besten Science-Fiction-Filme der 50er-Jahre. Für seine visuellen Effekte erhielt er eine Oscar-Nominierung. 2013 wurde er in das nationale Filmregister der Library of Congress aufgenommen. AR

MGM. *Alarm im Weltall (Forbidden Planet)*, 1956. Film, 98 Min. Plakat, 110 × 70 cm. Regie: Fred Wilcox © Warner Bros. Entertainment Inc. Alle Rechte vorbehalten

FRED WILCOX – ALARM IM WELTALL *(FORBIDDEN PLANET)*

Alarm im Weltall, Filmposter, 1956

The Matrix, 1999

WACHOWSKI-GESCHWISTER
– *THE MATRIX*

Im 1999 erschienenen SciFi-Thriller *The Matrix* erzählen die Geschwister Wachowski (Drehbuch und Regie) eine Dystopie des Zusammenlebens von Mensch und Maschine: In einer fernen Zukunft der Erde haben hier die Maschinen als hochentwickelte Spezies mit künstlicher Intelligenz die Herrschaft über die Menschen errungen und züchten diese nur mehr als Energiequelle. Der Großteil der Menschheit liegt in riesigen Aufzucht-Fabriken in künstlichem Schlaf und ist sich der eigenen Existenz als „Batterie" seit Generationen nicht mehr bewusst. Denn die Maschinen täuschen ihnen ein Leben in einer virtuellen Scheinwelt vor, der Matrix. LH

Warner Bros. *The Matrix*, 1999. Spielfilm, 136 Min. Drehbuch und Regie: Wachowski-Geschwister © 2016 Warner Bros. Entertainment Inc. Alle Rechte vorbehalten

Mit der Single *Die Roboter* kehrte 1978 die Band Kraftwerk nach fünfjähriger Fernsehpause zurück in die breite Öffentlichkeit – einheitlich gekleidet als Roboterband, die mit steifen, mechanischen Bewegungen ihr elektronisches Musik-Equipment bediente. Schon zuvor arbeiteten die vier Bandmitglieder an ihrer Maschinenästhetik, etwa durch eine „kalte", von jeglichen Emotionen befreite Art zu Singen bzw. durch den Einsatz von Vocodern. Ihre Transformation vom Lebendigen hin zum Synthetischen vollzogen sie auch durch den Einsatz naturgetreuer Kunststoff-Nachbildungen ihrer selbst (im Video zu sehen), die sie fortan regelmäßig verwendeten. Denn in letzter Konsequenz benötigt die Darbietung elektronischer Musik auch keine Präsenz des Musikers. TT

Die Roboter, 1978

Kraftwerk. *1 2 3 4 5 6 7 8, THE MIX,* 2013. Video Installation © Kraftwerk, Courtesy Galerie Sprüth Magers

KRAFTWERK
– *DIE ROBOTER*

Im Mittelpunkt des ursprünglichen Mangas *The Ghost in the Shell* steht eine fiktive Anti-Cyberterror-Einheit, die Sektion 9 der Öffentlichen Sicherheit, in der die weibliche Hauptfigur arbeitet. Cyborg-Major Mokoto Kusanagi jagt einen Cyber-Verbrecher und Hacker namens Puppet Master, der dem menschlichen Verstand potenziell überlegen ist. Die Handlung spielt im Japan des Jahres 2029, wo Nanotechnologie und Robotik das Leben bestimmen und kybernetische Implantate in der gesamten Gesellschaft verbreitet sind. Das Ausmaß an körpererweiternder Elektronik reicht von einfachen Schnittstellen zwischen Gehirn und Netzwerken über verschiedene Arten von Prothesen bis zu einer vollständigen Verwandlung des Gehirns in ein Cyberhirn, das Menschen zu Cyborgs macht. Das Hauptziel des Puppet Master besteht im „Ghost Hacking", das heißt in Attacken auf das menschliche Gehirn. Wie Major Kusanagi später entdeckt, handelt es sich bei dem Puppet Master um ein autonomes Künstliche-Intelligenz-Projekt einer anderen staatlichen Behörde.

The Ghost in the Shell wurde mehrfach verfilmt und gilt als einer der bedeutendsten japanischen Science-Fiction-Animes. AR

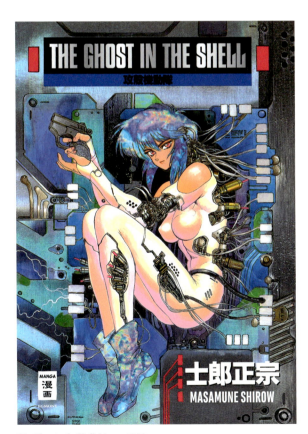

The Ghost in the Shell, Manga, 1989

The Ghost in the Shell, Manga, 1989

MASAMUNE SHIROW
– *THE GHOST IN THE SHELL*

Masamune Shirow, *The Ghost in the Shell,* 1989. Manga
© Masamune Shirow / Kodansha. Ltd., Courtesy Egmont Verlagsgesellschaften mbH

SCIENCE UND FICTION

MGM. *Terminator,* 1984. Spielfilm, 107 Min. Regie: James Cameron; Drehbuch: James Cameron, Gale Anne Hurd © 1984 Metro-Goldwyn-Mayer Studios Inc. Alle Rechte vorbehalten

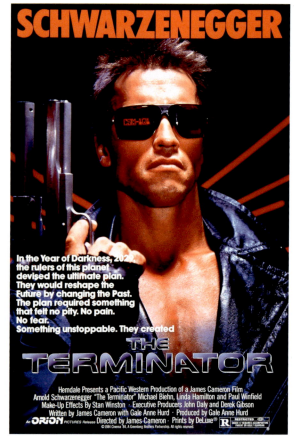

Terminator, 1984

JAMES CAMERON – *TERMINATOR*

Wir schreiben das Jahr 2029. Die Erde wurde von einem Atomkrieg verwüstet, der von intelligenten Maschinenwesen gegen ihre eigenen Schöpfer, die Menschen, begonnen wurde. Da sich vonseiten der Menschheit unter der Anführung von John Connor immer noch Widerstand regt, schicken die Maschinenwesen den „Terminator" zurück ins Jahr 1984, um Connors Mutter zu töten – euphemistisch gesagt: zu „terminieren" –, bevor sie den Unruhestifter gebären kann. James Camerons Science-Fiction-Film konstruiert den Killer-Roboter als effiziente elektronische Maschine, die von lebendem menschlichem Gewebe umgeben ist und sich somit unauffällig unter den Menschen bewegen kann. Die muskulöse Superheldenstatur verlieh dem *Terminator* der österreichische Bodybuilder und Schauspieler Arnold Schwarzenegger, dessen leicht steirisch gefärbtes „I'll be back" Filmgeschichte schrieb. TT

HANNA-BARBERA – *DIE JETSONS*

Die Jetsons, 1962/63

Hanna-Barbera. *Die Jetsons,* 1962/63.
Animations-TV Serie, Idee:
William Hanna und Joseph Barbera
© Warner Bros. Entertainment Inc.
Alle Rechte vorbehalten

Wie man sich in den frühen 60er-Jahren des 20. Jahrhunderts ein Leben im 21. Jahrhundert vorgestellt hat, vergegenwärtigt die ab 1962 produzierte populäre Comedy-Zeichentrickserie *Die Jetsons:* Jede Annehmlichkeit kommt auf Knopfdruck, alle sind in fliegenden Untertassen unterwegs, Roboter-Haushälterin Rosie serviert das Essen. Wie zuvor bei den Flintstones setzten William Hanna und Joseph Barbera eine durchschnittliche amerikanische Familie und deren alltägliche Probleme in das Szenario. Obwohl bei den *Jetsons* die volltechnisierte Zukunft auch ihre Tücken hat, spiegelt die Serie einen ungebrochenen Glauben an den technischen Fortschritt und dessen positiven Nutzen wider, wie er für die Periode typisch ist. TT

ALEX GARLAND
– *EX MACHINA*

Die britische Filmproduktion *Ex Machina* erzählt die Geschichte des Programmierers Caleb, der von seinem Chef auf eine geheime Forschungsstation eingeladen wird, um den weiblichen Androiden Ava zu testen und festzustellen, ob er ein dem Menschen ebenbürtiges Denkvermögen besitzt. Ava kann Caleb durch ihre verständige Gesprächsführung von ihrer Intelligenz überzeugen; sie baut eine emotionale Beziehung zu ihm auf und bringt ihn sogar dazu, ihr zur Flucht zu verhelfen. Es stellt sich die Frage: Wenn die Simulation perfekt ist, wird die Unterscheidung Mensch-Maschine dann überflüssig? TT

Universal Pictures. *Ex Machina,* 2015. Spielfilm, 108 Min. Regie und Drehbuch: Alex Garland © 2014 Universal, Film4 und DNA Films

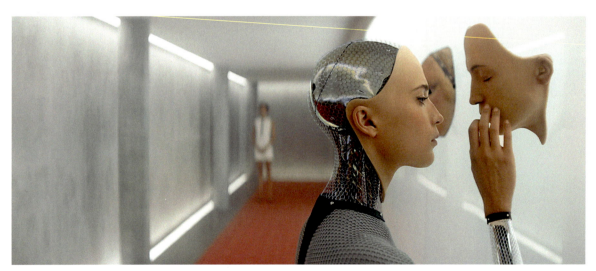

Ex Machina, 2015

SCIENCE UND FICTION

MGM. *Der Schläfer,* 1973. Film, 88 Minuten. Regie: Woody Allen; Drehbuch: Woody Allen, Marshall Brickman © 1973 Metro-Goldwyn-Mayer Studios Inc. Alle Rechte vorbehalten

Der Schläfer, 1973

In der Science-Fiction-Parodie *Der Schläfer* wird der New Yorker Naturkostladenbesitzer Miles Monroe – gespielt vom Regisseur Woody Allen – im Jahr 1973 eingefroren. Als er nach 200 Jahren wieder aufgetaut wird, herrscht eine Diktatur, in der die Menschen unter lückenloser Kontrolle des Systems stehen. Sie werden Gehirnwäschen unterzogen und wie Computer „programmiert" und genießen insgesamt nur wenig mehr Freiheit als die Roboter, die ihnen als „labour saving devices" und Dienstboten zur Seite gestellt sind. Miles Monroe ist nun das einzige autonome und noch nicht gefügig gemachte menschliche Wesen weit und breit. Um sich vor Verfolgung zu schützen, mimt er zunächst den Roboter, verhilft schließlich aber doch den Rebellen, die ihn aufgetaut haben, zum Sieg. TT

WOODY ALLEN – *DER SCHLÄFER*

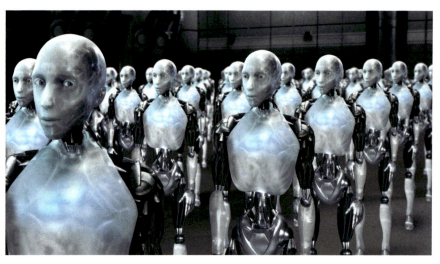

I, Robot, 2004: gut ...

ALEX PROYAS
– *I, ROBOT*

Der Will-Smith-Kinohit *I, Robot* aus dem Jahr 2004 rückte Isaac Asimovs Kurzgeschichtensammlung gleichen Namens (auf Deutsch als *Ich, der Roboter* veröffentlicht) – wenn auch nur indirekt – wieder in das öffentliche Bewusstsein. Das ursprüngliche Drehbuch stammte von Jeff Vintar und stand in keinerlei Zusammenhang mit Asimovs Werk. Im Laufe mehrerer Überarbeitungen wurden Bezüge zu Asimovs Figuren wie Dr. Susan Calvin (gespielt von Bridget Moynahan) eingebaut, später auch zu Asimov'schen Handlungssträngen wie der Kriminalgeschichte aus dem Roman *Die Stahlhöhlen* über einen Polizisten und einen Roboter (in Gestalt von Will Smith und dem Roboter Sonny). Den deutlichsten Verweis auf Asimov bildet jedoch die Einbeziehung der drei Gesetze der Robotik, die das ethische Grundgerüst des Films bilden. *I, Robot* spielt im Jahr 2035 und zeigt eine Welt, die allzu übereilt neue Technologien akzeptiert hat, ohne die Konsequenzen abzuwägen; dazu gehört auch der Einsatz von Robotern in allen Lebensbereichen. EP

Twentieth Century Fox. *I, Robot*, 2004. Spielfilm, 115 Min. Regie: Alex Proyas; Drehbuch: Jeff Vintar, Akiva Goldsmith © Courtesy Twentieth Century Fox. Alle Rechte vorbehalten

... oder böse?

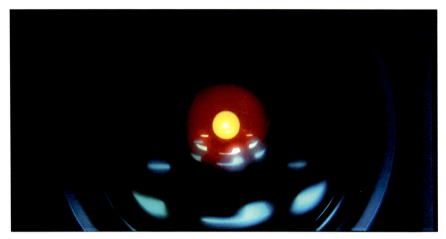

2001: A Space Odyssey, 1968

STANLEY KUBRICK, ARTHUR C. CLARKE – *2001: A SPACE ODYSSEY*

Metro-Goldwyn-Mayer. *2001: A Space Odyssey,* 1968. Spielfilm, 161 Min. Regie: Stanley Kubrick; Drehbuch: Stanley Kubrick, Arthur C. Clarke © Warner Bros. Entertainment Inc. Alle Rechte vorbehalten

Der 1968 erschienene Film von Stanley Kubrick gilt bis heute als einer der bekanntesten Science-Fiction-Filme aller Zeiten. Er beruht auf einer Kurzgeschichte von Arthur C. Clarke, der auch das Drehbuch mitentwickelt hat.
Während einer Weltraummission gibt das angeblich unfehlbare Computermodell HAL 9000 eine Fehldiagnose ab. Als die zwei Astronauten an Bord des Raumschiffs daraufhin erwägen, HAL abzuschalten, beginnt dieser sich gegen sie aufzulehnen, um dies zu verhindern. In seiner Angst vor der Abschaltung zeigt sich eine zunehmende Ähnlichkeit mit menschlichen Emotionen bis fast zur Umkehrung der klassischen Stereotype.
HALs Interface mit dem roten Auge und die charakteristische Stimme, im Original gesprochen von Douglas Rain, sind ikonisch geworden. In zahlreichen Filmen, Büchern und Computerspielen finden sich Anspielungen auf HAL 9000. LH

R2-D2 ist ein Roboter aus der *Star Wars*-Filmreihe des US-amerikanischen Regisseurs George Lucas. In der Erzählung dient der mit einer hochintelligenten Rechnereinheit ausgestattete Astromechdroide als Mechaniker, dessen Aufgabe das Reparieren von Raumschiffen ist. Der 96 cm hohe „Artoo-Detoo" kann nur Pfeiftöne von sich geben, die von seinem humanoiden Roboter-Partner und Freund C-3PO, der Millionen von Sprachen versteht, für das Publikum übersetzt werden. Gespielt wurde R2-D2 von dem kleinwüchsigen britischen Schauspieler Kenny Baker, der sich im Inneren des Robotergehäuses befand. Es gab jedoch auch Szenen, in denen es per Fernsteuerung oder Animation bewegt wurde. R2-D2 und C-3PO, die in bislang allen *Star Wars*-Filmen mitwirkten, sind typische Beispiele für fiktive Roboter mit übermenschlichen Fähigkeiten. TT

GEORGE LUCAS – *R2-D2*

Twentieth Century Fox and Lucasfilm Ltd. *R2-D2,* 1977. Erstmals zu sehen im Spielfilm *Krieg der Sterne. Episode IV – Eine neue Hoffnung* (1977). Foto © & ™ 2017 Lucasfilm Ltd. Alle Rechte vorbehalten. Nutzung mit Genehmigung

R2-D2 und *C-3PO*, 1977

CITROËN – *DANCING CITROËN CARBOT*

Der Citroën C4 transformiert sich ...

... zum tanzenden Roboter ...

... mit kessem Hüftschwung.

Der französische Autohersteller Citroën machte sich anlässlich der Einführung des Kleinwagens C4 im Jahr 2004 die allgemeine Begeisterung für Roboter und Transformer zunutze. Das Unternehmen beauftragte die Londoner Werbeagentur Euro RSCG, einen tanzenden C4-Transformer zu entwickeln, der gemäß dem Werbeslogan „Alive with Technology" zum Leben erweckt wird. Die Computeranimationen des Regisseurs Neill Blomkamp und die Tanzschritte des Justin-Timberlake-Choreografen Marty Kudelka ließen das Auto zu den Rhythmen elektronischer Musik erwachen und auf einem leeren Parkdeck umhertanzen. Mit der Verwendung eines Roboters – bis heute ein eindringliches Symbol in der Werbung – demonstrierte Citroën seinen Kunden in diesem Spot den enormen Umfang neuer Technologien im C4-Modell. EP

Citroën und Euro RSCG London.
Dancing Citroën Carbot, 2004.
TV-Spot, 29 Sek. © 2016 Citroën

Die Actionspielzeugfiguren werden seit 1984 von Takara und Hasbro (seit 2006: Takara Tomy) herausgegeben und haben die Besonderheit, sich mittels weniger Handgriffe aus Roboterfiguren in Autos, Motorräder, Flugzeuge oder auch Alltagsgegenstände wie Armbanduhren, Telefone oder Radios umbauen zu lassen. Von dieser Fähigkeit zur Transformation rührt auch ihr Name. Auf der Suche nach neuen Vermarktungsmöglichkeiten entwickelten die Hersteller auch eine Zeichentrickserie zu den *Transformern,* in deren Episoden einzelne Figuren mit ihren besonderen Eigenschaften vorgestellt werden. Ergänzend zur TV-Serie gibt es mittlerweile mehrere Kinofilme, Computer- und Videospiele, sowie zahllose Merchandise-Artikel. LH

Transformer, RID 3-Step Changer

TAKARA UND HASBRO
– *TRANSFORMER*

Takara und Hasbro. *Transformer,* 1984. Spielzeug, ca. 25 × 25 × 10 cm
© 2015 Hasbro

Transformer, Steeljaw

SCIENCE UND FICTION

Knight Rider, 1982–1986

„Ein Mann und sein Auto kämpfen gegen das Unrecht." Vier Jahre lang – von 1982 bis 1986 – hielten Michael Knight alias David Hasselhoff und sein intelligentes Auto K.I.T.T. ihr Publikum in Atem. K.I.T.T. (kurz für: „Knight Industries Two Thousand") fuhr dank Turbo Boost und Super Pursuit Mode nicht nur schneller als herkömmliche Fahrzeuge, das Fahrzeug konnte auch denken, sprechen und selbst fahren, Hindernisse überspringen, über Wasser fahren, Schlösser knacken und vieles mehr. Es war mit seiner molekularbeschichteten Außenhaut nahezu unzerstörbar und zu alledem auch noch äußerst witzig und charmant. Die US-Fernsehserie *Knight Rider* startete nicht nur Hasselhoffs internationale Karriere, sie erreichte auch bald Kultstatus und läuft heute, über 30 Jahre nach der Erstausstrahlung, in manchen Ländern immer noch. LH

Glen A. Larson. *Knight Rider,*
1982–1986. TV-Serie, 90 Folgen
© 1982 Universal Television
Enterprises, Inc.

GLEN A. LARSON – *KNIGHT RIDER*

ABB Robotik – Automobil-Montage, 2014

Der erste Industrieroboter stammte von der amerikanischen Firma Unimation, die 1961 von dem Ingenieur und Unternehmer Joseph Engelberger gegründet wurde; eingesetzt wurde er erstmals in einer Fabrik von General Motors. 1974 führte ABB den ersten, von einem Mikrocontroller gesteuerten Industrieroboter ein, das Unternehmen ist heute einer der größten Anbieter im Bereich der Industrierobotik. Seit den 1960er-Jahren ist die Zahl der Industrie genutzter Roboter weltweit rasant angestiegen, allein 2015 wurden 260.000 Geräte verkauft. Im selben Jahr stieg China zum größten Abnehmer von Industrierobotern auf, gefolgt von Japan, den USA und Deutschland. 2013 sicherte sich ABB einen laufenden Auftrag über 1.200 Industrieroboter für die Volvo-Werke im schwedischen Torslanda und in Olofström sowie in Gent, Belgien; eine dieser Fertigungslinien ist im Video zu sehen. EP

ABB Ltd. *ABB Robotik – Automobil-Montage,* 2014. Video, 4 Min. 25 Sek.
© ABB Ltd

ABB ROBOTIK – *AUTOMOBIL-MONTAGE*

YVES GELLIE – *HUMAN VERSION*

Yves Gellie erkundete für seine Fotoserie *Human Version* die größten und wichtigsten, auf humanoide Roboter spezialisierten, Forschungslabors weltweit – die Gerätschaften und Werkzeuge interessierten den Franzosen dabei ebenso sehr wie die räumlichen Verhältnisse, in denen Wissenschaftler sich ihren menschenähnlichen Maschinen widmen. Die Konzentration auf Humanoide erlaubte es Gellie, sich mit dem Wechselspiel von Wissenschaft – Science – und Populärkultur – Fiction – auseinanderzusetzen und den grundlegenden Unterschied zwischen Ost und West im Umgang mit Robotern zu untersuchen. TT

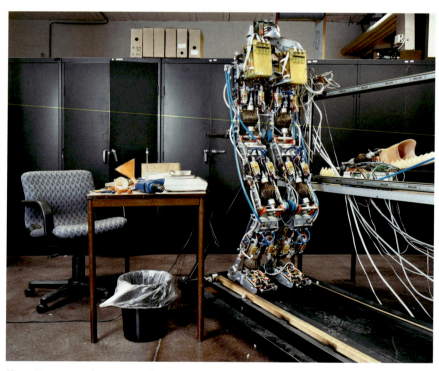

Human Version 2.03, Belgien, 2008: zweibeiniger Laufroboter Lucy, entwickelt von der Robotics and Multibody Mechanics Research Group an der Vrije Universiteit Brussel (VUB).

SCIENCE UND FICTION

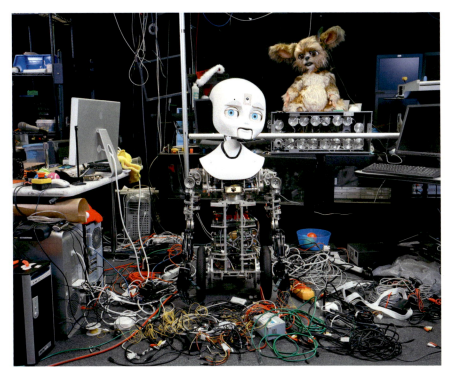

Yves Gellie. *Human Version 2.07,* 2009. *Human Version 2.03,* 2008. *Human Version 2.010,* 2009. C-Print (Chromogener Farbdruck) auf Barytpapier, je 104 × 130 cm
© Yves Gellie galerie du jour agnès b, galerie baudoin lebon

Human Version 2.07, USA, 2009: sozialer Roboter Nexi, entwickelt von der Personal Robots Group am Massachusetts Institute of Technology (MIT).

Human Version 2.010, Japan, 2009: androider Roboter Geminoid (li.), entwickelt von Hiroshi Ishiguro (re.) vom Intelligent Robotics Laboratory an der Universität Osaka.

SIND ROBOTER UNSERE FREUNDE ODER UNSERE FEINDE?

WAS WAR IHRE ERSTE ERFAHRUNG MIT ROBOTERN?

GLAUBEN SIE, WIR ROBOTER?

SIND SIE SCHON EINMAL EINEM ROBOTER BEGEGNET?

VERTRAUEN SIE ROBOTERN?

RAUCHEN

ERIC PICKERSGILL – *REMOVED*

Angie and Me, 2014

Removed ist eine Fotoserie mit Porträts von Menschen in Alltagssituationen. Der Künstler beobachtet tatsächliche Ereignisse und bittet seine Modelle, ihre Gesten beizubehalten, nimmt ihnen dabei jedoch ihre Handys oder Tablets ab. Die Leute starren auf ihre nunmehr leeren Hände oder den freien Raum dazwischen, was überdeutlich macht, wie wenig sie ihre Umgebung und die Möglichkeiten, mit ihren Mitmenschen in Kontakt zu treten, wahrnehmen. Zu den Motiven gehören etwa ein Pärchen im Bett kurz vor dem Löschen des Lichts (der Fotograf selbst und seine Frau) oder drei Jungen an einem Sommernachmittag. *Removed* soll uns unsere Abhängigkeit von Technologie und Hypervernetzung vor Augen führen, die sich noch vor zehn Jahren niemand vorstellen hätte können. AR

Eric Pickersgill. *Grant; Head On; Angie and Me*, aus: *Removed*, 2014. Archiv Pigmentdruck, 81,28 × 101,6 cm © 2014 Eric Pickersgill. Courtesy Rick Wester Fine Art, New York

Grant, 2014

Head On, 2014

Next Nature Network. *Pyramid of Technology,* 2012. Plakat, Farbdruck, 119 × 84 cm. Konzept: Hendrik-Jan Grievink, Koert van Mensvoort; Design: Hendrik-Jan Grievink; Bebilderung: Kwen Chueng © 2016 Next Nature Network

Die *Pyramid of Technology* (Technologiepyramide) ist ein Modell zur Beschreibung der unterschiedlichen Ebenen, auf denen die Technik in unser Leben eingreift. Von der Basis zur Spitze hin illustriert die Pyramide den Grad der technischen „Naturalisierung", im Laufe derer neue Technologien immer mehr zu einem natürlichen Teil des Lebens werden. Die einzelnen Stufen der Pyramide sind wie folgt bezeichnet: erdacht (z. B. der Quantencomputer), funktionsfähig (ein Prototyp existiert, wird jedoch noch nicht in großem Stil angewendet, z. B. die kommerzielle Raumfahrt), im Einsatz (die Technologie hat das Forschungsstadium verlassen und ist in der Gesellschaft angekommen, z. B. Chemotherapie), akzeptiert (Teil des Alltags, z. B. die Glühbirne), lebensnotwendig (ein Verschwinden der Technologie würde für die Nutzer eine einschneidende Krise bedeuten, z. B. das Internet oder die Kanalisation), unsichtbar (nicht mehr als Technologie wahrgenommen, z. B. die Landwirtschaft) und schließlich naturalisiert (die Technologie ist uns zur zweiten Natur geworden, z. B. kontrolliertes Feuer). OP

NEXT NATURE NETWORK – *PYRAMID OF TECHNOLOGY*

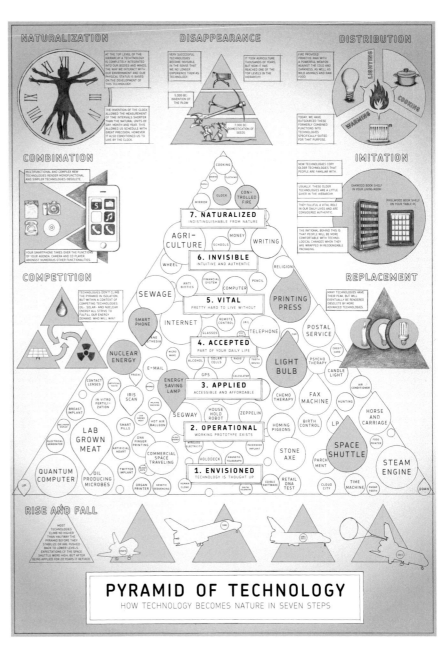

Pyramid of Technology, 2012

SCIENCE UND FICTION

GLAUBEN SIE, WIR BRAUCHEN ROBOTER?

SIND ROBO FREUNDE FEINDE?

WAS WAR IHRE ERSTE E ROBOTERN?

SIND SIE SCHON EINMAL EINEM
ROBOTER BEGEGNET?

VERTRAUEN SIE ROBOTERN?

TER UNSERE
DER UNSERE

AHRUNG MIT

KEIJI INAFUNE, CAPCOM – *MEGA MAN*

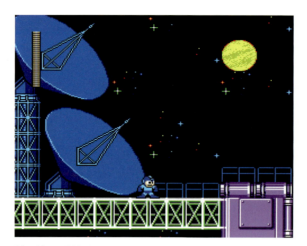

Mega Man 5, 1992

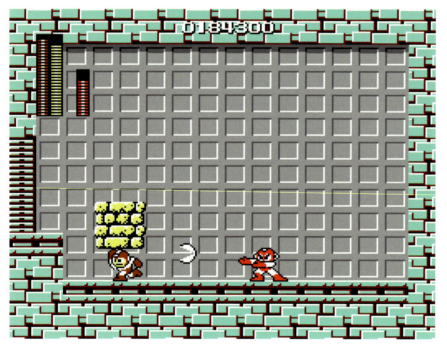

Mega Man 1, 1987: Der ewige Kampf zwischen Gut und Böse

Das aus Japan stammende Videospiel *Mega Man* wurde ursprünglich unter dem Titel *Rockman* 1987 von Capcom für die Nintendo-Konsole veröffentlicht. In der Gaming Community gilt es wegen seines Schwierigkeitsgrads und der innovativen Grafik als Klassiker. Die im Westen zugrunde gelegte Hintergrundgeschichte (die sich leicht vom japanischen Original unterscheidet) basiert auf sieben menschenähnlichen Geschöpfen der Wissenschaftler Dr. Light und Dr. Wily. Ursprünglich wurden sie zum Nutzen der Gesellschaft geschaffen, später jedoch programmiert Dr. Wily sechs der Roboter um, damit sie ihn bei seinem ruchlosen Streben nach der Weltherrschaft unterstützen. Dr. Light hat den siebten Roboter Mega Man auf seiner Seite, der auf dem Weg durch die verschiedenen Reiche von „Monsteropolis" zahllose Feinde und Hindernisse überwindet, bevor er gegen die bösartigen alles beherrschenden Roboter kämpft. Das Spiel spiegelt die immer noch aktuelle gesellschaftliche Debatte wider, ob Roboter für oder gegen uns arbeiten oder ob gar beides zutrifft. EP

Keiji Inafune, Capcom. *Mega Man*, 1987. Videospiel für Nintendo.
© 2016 Capcom

ALFREDO JAAR – *THE GIFT*

Am 2. September 2015 ertrank der kleine syrische Junge Aylan Kurdi, als seine Familie versuchte, übers Mittelmeer nach Europa zu gelangen. Das Foto des kleinen leblosen Körpers sorgte weltweit für einen Aufschrei der Empörung über den durch die syrische Flüchtlingskrise verursachten Menschenschmuggel. Der chilenische Künstler Alfredo Jaar benutzte ein Foto von genau dem Strandabschnitt, an dem Kurdis Leiche gefunden wurde, für sein aktuelles Werk *The Gift*. Mit dieser Arbeit ruft er zu Spenden für die gemeinnützige Hilfsorganisation MOAS (Migrant Offshore Aid Station) auf, die von Malta aus mit Drohnen das Mittelmeer nach Flüchtlingsbooten absucht, die in Seenot geraten sind, und erforderlichenfalls Such- und Rettungsmannschaften losschickt. Auch wenn Drohnen häufig mit Krieg assoziiert werden und mit dem negativen Beigeschmack von Überwachung behaftet sind, zeigt die MOAS-Initiative mit ihren unzähligen Such- und Rettungseinsätzen doch, dass Drohnen bei Naturkatastrophen oder in politischen Krisenzeiten durchaus hilfreich sein können. Öffnet man Jaars emotionale „Geschenkschachtel", liest man die Worte: „Dieses Geschenk kann Sie verändern"; es könnte auch unseren Blick auf Drohnen verändern. EP

Alfredo Jaar. *The Gift,* 2016. Intervention im öffentlichen Raum, Basel. Würfel, Papier 10 × 10 × 10 cm
© Alfredo Jaar, New York

The Gift, 2016

Gonçalo F. Cardoso und Ruben Pater. *A Study into 21st Century Drone Acoustics*, 2015. Klanginstallation mit 12" LP Schallplatte © Gonçalo F. Cardoso, Ruben Pater

A Study into 21st Century Drone Acoustics, 2015: der Sound von 17 verschiedenen Drohnen

GONÇALO F. CARDOSO UND RUBEN PATER – *A STUDY INTO 21ST CENTURY DRONE ACOUSTICS*

Gemeinsam mit dem Designer Ruben Pater entwickelte Gonçalo F. Cardoso einen Audioguide für Drohnen mit dem Titel *A Study into 21st Century Drone Acoustics*. Die Vinylschallplatte wird von einem 12-seitigen Einleger mit Listen von Drohnen, Abbildungen, Kartenmaterial und Essays ergänzt. Bilder von Drohnen sind zwar längst in das kollektive Bewusstsein eingegangen, allerdings ist sich kaum jemand der von ihnen verursachten Geräusche und des damit einhergehenden psychologischen Effekts in Krisengebieten bewusst. Auf Seite A der LP zeichnete das Duo die Klänge verschiedener real existierender Drohnen auf, darunter ScanEagle, Predator MQ-I und Heron. Für Seite B komponierte Cardoso einen mitreißenden Soundtrack, der von der missbräuchlichen und zerstörerischen Macht der Drohnentechnologie inspiriert ist. EP

A Study into 21st Century Drone Acoustics, 2015: 12-seitiges Booklet

CARNEGIE MELLON UNIVERSITY, AUTOMATIKA UND US MARINEINFANTERIEKORPS – *DRAGON RUNNER*

Geoff Caddick. *Captain Judith Gallagher of 11 EOD (Explosive Ordnance Division),* Vorführung eines Anti-USBV-Roboter namens *Dragon Runner,* 2010. Digitaldruck © Geoff Caddick / AFP / Getty Images

Dragon Runner in der Fotografie *Captain Judith Gallagher of 11 EOD (Explosive Ordnance Division),* 2010

Dragon Runner ist ein Militärroboter, der 2003 von der Carnegie Mellon University in Pittsburgh, USA, in Kooperation mit dem Hersteller Automatika für das US-Marineinfanteriekorps entwickelt und in der Operation „Iraqi Freedom" erstmals eingesetzt wurde.

Der Roboter ist sehr leicht, robust, kompakt und portabel. Soldaten können ihn im Rucksack tragen und aus sicherer Distanz steuern. Er kann auf unterschiedlichem Terrain navigieren und Sprengsätze aufspüren, sodass Fachleute Bomben unschädlich machen können, ohne Soldaten zu gefährden. Der Roboter kann Video- und Audioaufnahmen an den Bediener senden und Truppen so vor Betreten eines potenziell gefährlichen Ortes wichtige Informationen liefern. Er ist modular aufgebaut und konfigurierbar. Erweiterungen wie beispielsweise ein Roboterarm können nach Bedarf während des laufenden Einsatzes nachgerüstet werden. Seinen wichtigsten Auftritt in der Populärkultur hatte *Dragon Runner* im Oscar-gekrönten Film *The Hurt Locker*. AR

NEXT NATURE NETWORK – *WHAT'S FLYING THERE?*

What's Flying There? (Was fliegt denn da?) ist ein vom Next Nature Network herausgegebenes Malbuch für Kinder und Erwachsene, das eine neue Sicht auf das umstrittene Thema Drohnen eröffnet. Es erzählt die Geschichte eines kleinen Vogels, der in einem Kriegsgebiet lebt und von Militärdrohnen gejagt wird. Eines Tages entkommt er an einen Ort, wo Drohnen Gutes tun und etwa das Land bewirtschaften oder Krankheiten bekämpfen.

Das Buch möchte das Potenzial von Drohnen in seiner ganzen Bandbreite aufzeigen, von ihrem Einsatz als Tötungsmaschinen bis zu ihrer Nutzung als Paketzusteller. OP

What's Flying There?, 2016

Vogel Avi flüchtet vor einer Militärdrohne, ...

... trifft WLAN-Drohnen ...

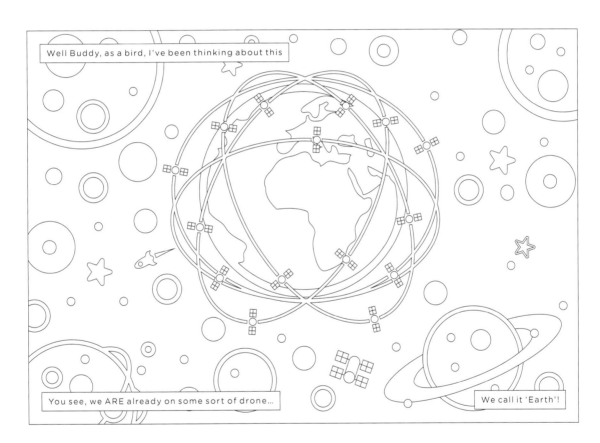

... und erkennt, dass die ganze Erde eine Art Drohne ist.

Next Nature Network. *What's Flying There?*, 2016, Malbuch, 32,5 × 23 cm. Kreativdirektor: Koert van Mensvoort; Art Direction: Hendrik-Jan Grievink; Geschichte: Hessel Hoogerhuis / Hendrik-Jan Grievink; Sounddesign: Arnoud Traa; Communication: Lotte Mertens © 2016 Next Nature Network

SCIENCE UND FICTION

VINCENT FOURNIER
– *THE MAN MACHINE*

In seiner Fotoserie *The Man Machine* hält Vincent Fournier spekulative Szenen fest, in denen Menschen Robotern im Alltag begegnen, mit ihnen in Beziehung treten und ihnen Empathie entgegenbringen. Dabei setzt sich Fournier auch mit der Frage nach deren Akzeptanz durch den Menschen auseinander: Man möchte denken, dass das künstliche Gegenüber umso mehr akzeptiert wird, je realistischer die Figur gestaltet ist. Dem ist aber nicht so: Der vom japanischen Robotiker Masahiro Mori formulierten „Uncanny Valley"-Theorie zufolge finden Menschen abstrakte, künstliche Figuren anziehender als die zunehmend realistischen. Die Akzeptanz fällt ab einem gewissen Grad an Menschenähnlichkeit abrupt ab und steigt erst wieder, wenn die Kunstfiguren einen sehr hohen Ähnlichkeitsgrad mit echten Lebewesen aufweisen oder von diesen nicht mehr unterscheidbar sind. TT

Reem B #6 [Pal], Barcelona, Spain, 2010

Vincent Fournier. *The Man Machine*, 2010. *Reem B #6 [Pal], Barcelona, Spain; Reem B #7 [Pal], Barcelona, Spain; Reem B #5 [Pal], Barcelona, Spain*. 21-teilige Serie. Tintenstrahldruck auf Hahnemühle Barytpapier, jeweils 100 × 130 cm © Vincent Fournier

Reem B #5 [Pal], Barcelona, Spain, 2010

Reem B #7 [Pal], Barcelona, Spain, 2010

SCIENCE UND FICTION

Thymio ist ein mit zahlreichen Sensoren und Aktoren ausgestatteter kleiner Roboter auf Rädern, der als Lernroboter entwickelt wurde. Er soll insbesondere Kindern und Jugendlichen die verschiedenen grundlegenden Funktionen und das Programmieren eines Roboters nahebringen und nicht zuletzt in der Schule eingesetzt werden. Im gezeigten Video von Studierenden der ECAL haben diese die Möglichkeiten des Roboters herausgefordert und ihn auf unterschiedlichste Weise Wörter „schreiben" lassen. Diese legen in Summe die Aussage nahe: Das Gute (und gleichzeitig das Schlechte) an Robotern ist, dass sie das tun, was man ihnen sagt. Heißt auch: Roboter sind immer nur so gefährlich wie unsere Entscheidungen als Menschen und Gesellschaften. TT

ECAL École Cantonale d'Art de Lausanne, BA Media & Interaction Design. *Thymio Meets ECAL,* 2015. Video mit Thymio-Roboter (EPFL / ECAL / ETHZ / Mobsya), 2 Min. 5 Sek., Dozent: Alain Bellet; Assistenten: Laura Perrenoud, Tibor Udvari (ECAL), Manon Briod, Maria Beltran (EPFL); Video: Arthur Touchais © 2016 ECAL

ECAL – *THYMIO MEETS ECAL*

Thymio Meets ECAL, 2015

Kill Your Co-Workers, 2010

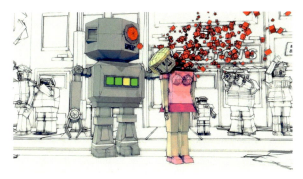

Eine fröhliche Parade ...

... wird zum Massaker ...

... und anschließend wieder zur fröhlichen Parade.

FLYING LOTUS – *KILL YOUR CO-WORKERS*

Das Musikvideo ist das Ergebnis einer gelungenen Zusammenarbeit des Musikers Flying Lotus mit dem Video-Art-Künstler Beeple. Passend zum Titel der EP *Pattern And Grid World* spielt es in einer animierten, aus geometrischen Formen zusammengesetzten Welt. Man wird Zeuge einer illustren Parade von Menschen und Robotern, die fröhlich winkend zu Flying Lotus' Synthie-Klängen marschieren. Der Stimmung scheint es keinen Abbruch zu tun, dass die Roboter plötzlich beginnen, die Menschen brutal zu massakrieren. Köpfe und Körperteile rollen, kubisch geformte Blutstropfen spritzen und die so Verstümmelten und Gemeuchelten jubilieren dazu. Ein Glanzstück zynisch-absurder Mensch-Maschinen-Koexistenz. LH

Flying Lotus. *Kill Your Co-Workers,* 2010. Musikvideo, 3 Min. 4 Sek., Regie und Animation: Beeple © Warp Records, Foto: Mike Winkelmann

SCIENCE UND FICTION

Uninvited Guests, 2015: Video

SUPERFLUX – *UNINVITED GUESTS*

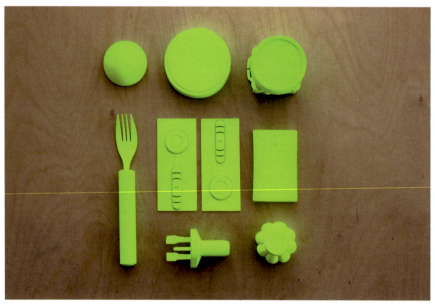

Smarte Objekte

Superflux. *Uninvited Guests,* 2015. Installation, diverse Materialien und Größen. Video: 4 Min. 43 Sek. Auftragsarbeit für: ThingTank; Team: Anab Jain, Jon Ardern, Jon Flint, Alexandra Fruhstorfer, Katarina Medic, James Leahy; Dank an: James Leahy, Prof. Chris Speed und das ThingTank Konsortium © Superflux

Uninvited Guests ist ein Design-Fiction-Projekt, das sich mit der Kehrseite der umfassenden Präsenz digitaler Geräte in unser aller Leben und mit unserer Beziehung zu ihnen auseinandersetzt. Der Kurzfilm widmet sich der Idee eines „vernetzten Zuhauses", in dem fiktive smarte Gegenstände die Alltagsgewohnheiten eines allein lebenden, älteren Witwers aufzeichnen und überprüfen, um seine Lebensqualität zu verbessern. Doch die Stimmung schlägt um, denn schon bald empfindet der Mann die Trackinggeräte nicht mehr als fürsorglich, vielmehr werden sie zum Ärgernis, da sie auch seine kleinste Bewegung – von den Essgewohnheiten über körperliche Betätigung bis hin zu Schlafrhythmen – kontrollieren. Der Film hinterfragt nicht nur die Machtverhältnisse zwischen Technologie und menschlichen Nutzern, sondern kommentiert auch den Wandel, den Kommunikation und menschliche Beziehungen aufgrund neuer Technologien erleben. AR

MANU CORNET – *MOBILE RELATIONSHIP*

Der Comic des französischen Zeichners und Programmierers Manu Cornet befasst sich mit der ambivalenten Beziehung zwischen dem heutigen Menschen und seinem ständigen Begleiter, dem digital vernetzten Smartphone. Während wir zwar glauben, das Gerät würde uns viel Arbeit abnehmen und uns dienen, seien wir – so die Pointe – in Wahrheit die Sklaven des Geräts. Denn es nötigt uns unaufhörlich zu Reaktion und Kommunikation – und es hat die vielen Aufgaben, die es in unserem vernetzten Alltag scheinbar dienend erfüllt, überhaupt erst in diesen Alltag hineingebracht. Die Frage, ob Technologie unser Freund oder unser Feind ist, läuft letztlich darauf hinaus, wer wen kontrolliert. TT

Manu Cornet. *Mobile Relationship*, 2012. Grafik © Manu Cornet, bonkersworld.net

Mobile Relationship, 2012

GLAUBEN SIE, WIR BI[...]
ROBOTER?

SIND ROBOT[...]
FREUNDE OD[...]
FEINDE?

WAS WAR IHRE ERST[...]
MIT ROBOTERN?

VERTRAUEN

E UND FICTION

CHEN

SIND SIE SCHON EINMAL EINEM ROBOTER BEGEGNET?

UNSERE
UNSERE

FAHRUNG

SIE ROBOTERN?

Women's Tech, eine von Thérèse Kirongozi gegründete Initiative von Ingenieurinnen aus der Demokratischen Republik Kongo, hat 2013 mit der Einführung von Robotern zur Verkehrsregelung die Idee von *Robocop* auf eine neue Ebene gebracht. Die Hauptstadt Kinshasa kaufte eine Reihe der mit einer Größe von 2,5 Metern und einem Gewicht von 250 Kilogramm sehr imposanten Roboter, um das ineffektive Verkehrssystem zu verbessern. Während ihre menschlichen Pendants dafür bekannt waren, sich gerne von Verkehrssündern bestechen zu lassen, senden die Roboter alle Videos (die mit ihren Augen und Schultern aufgenommen werden) direkt an die Leitzentrale, die entsprechende Bußgelder verhängt. Das verschafft den Robotern bei den Einheimischen Respekt. Die robotischen Polizisten werden mit Sonnenenergie betrieben und können dank ihrer Aluminiumbeschichtung lange Schichten in der heißen kongolesischen Sonne schieben. EP

Al Jazeera America, *DR Congo Recruits Robots as Traffic Police,* 2014. Video, 2 Min. 23 Sek. © 2016 Al Jazeera Media Network

Traffic Robot, 2015. Foto © Federico Scoppa / AFP / Getty Images

WOMEN'S TECH – *TRAFFIC ROBOT*

5Voltcore. *knife.hand.chop.bot*, 2007. Mixed Media Installation, ca. 53,5 × 50 × 130 cm © Emanuel Andel

knife.hand.chop.bot, 2007

5VOLTCORE – *KNIFE.HAND. CHOP.BOT*

Ob man es nun „Fünf-Finger-Filet" oder einfach „Messerspiel" nennt, wenn ein Messer in rasendem Tempo in die schmalen Räume zwischen den gespreizten Fingern sticht, ist das alles andere als angenehm. Macht man es selbst, hat man sein Schicksal bzw. das seiner Finger immerhin in der eigenen Hand. Um die Spannung noch zu steigern, hat das (inzwischen aufgelöste) Künstlerkollektiv 5Voltcore im Jahr 2007 den *knife.hand.chop.bot* geschaffen. Er ist nicht einfach nur eine veraltet anmutende Mutprobe, sondern ein Instrument, mit dem unser Vertrauen in Technologie getestet werden kann. Der Teilnehmer spreizt die Hand, und der „Bot" sticht in immer schnellerem Tempo zwischen die Finger. Wird die Person nervös, könnte ihr Angstschweiß bei dem ansonsten auf Präzision programmierten Roboter zu Ungenauigkeiten und damit zu einem schwerwiegenden, unangenehmen Fehler führen. Aber dann war das ja vielleicht auch gar kein Fehler. EP

Joseph Popper. *When the home stops*,
2011. HD Video, 1 Min. 51 Sek./
Loop. © Joseph Popper

When the home stops ist ein spekulatives Designprojekt von Joseph Popper. Das Video zeigt einen einsamen Mann in der vertrauten Umgebung seines Zuhauses, wo er selbst die intimsten Tätigkeiten wie das Benutzen von Zahnseide, Rasieren und Duschen einem Hausroboter anvertraut hat. Das Video präsentiert ein automatisiertes System, das anscheinend ganz und gar nicht mehr funktioniert, und einen inzwischen völlig von seinen Maschinen abhängigen Mann, der in Hilflosigkeit und Panik erstarrt. Diese Serie von „Stillleben" zeigt, was geschehen kann, wenn wir uns zu sehr auf künstliche Intelligenz verlassen und uns allzu sehr von ihr abhängig machen. AR

When the home stops, 2011

JOSEPH POPPER – *WHEN THE HOME STOPS*

SCIENCE UND FICTION

Die Abhängigkeit von den Robotern ...

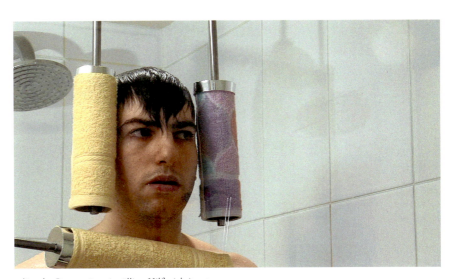

... lässt den Protagonisten in völliger Hilflosigkeit erstarren.

SCIENCE UND FICTION

NUMBER OF PASSENGERS	CAR SIZES	CABIN STYLES	PRIVACY	DROP-OFF PRIORITY	PRIORITY RIGHT OF WAY	STOPS PER DAY	PEAK USAGE	OFF-PEAK USAGE
1	S	1 FRONT FACING	MAXIMUM	1ST	5 STAR	1	8 HOURS	16 HOURS
2	M	1 REAR FACING	ENHANCED	2ND	4 STAR	2	7 HOURS	14 HOURS
3	L	1 NO WINDOWS	STANDARD	3RD	3 STAR	3	6 HOURS	12 HOURS
4		1 RECLINER		4TH	2 STAR	4	5 HOURS	10 HOURS
		2 FRONT FACING			1 STAR	5	4 HOURS	8 HOURS
		2 REAR FACING				6	3 HOURS	6 HOURS
		2 SIDE FACING				7	2 HOURS	4 HOURS
		2 NO WINDOWS				8	1 HOUR	2 HOURS
		3 FRONT FACING				9		1 HOUR
		3 REAR FACING				10		
		3 SIDE FACING				11		
		3 NO WINDOWS				12		
		4 FRONT FACING				13		
		4 REAR FACING				14		
		4 SIDE FACING				15		
		4 NO WINDOWS				16		
						17		
						18		
						19		
						20		
						21		
						22		
						23		
						24		

DUNNE & RABY – *DIGICARS*

Dunne & Raby. *Digicars,* aus *The United Micro Kingdoms,* 2012/2013. Modelle, Pappe, ca. 54 × 35 × 35 cm; CGI Rendering: Tommaso Lanza; Tariftabelle: Tobias Revell; Tarifgrafik: Kellenberger–White © Dunne & Raby

Digicars, 2012/2013: Tariftabelle

Die selbstfahrenden *Digicars* sind Teil einer Designfiktion der britischen Designer Dunne & Raby. Im fiktiven Staatengebilde *The United Micro-Kingdoms* sind sie das Fortbewegungsmittel der Digitarians, einer imaginierten Gesellschaft, in der nur noch die Gesetze des Marktes gelten. Dementsprechend navigieren die *Digicars* auch nicht nur von Ort zu Ort, sie verbinden den Passagier auch so ökonomisch wie möglich mit den besten Angeboten auf dem Markt. Anders als die selbstfahrenden Autos von heute entsprechen die *Digicars* auch nicht der Idee von entspannter Fortbewegung, man muss sie sich eher als Verwandte von Billigfluglinien vorstellen – als durchökonomisierte, schnellste Möglichkeit der Fortbewegung, die entsprechend wenig Komfort bietet. TT

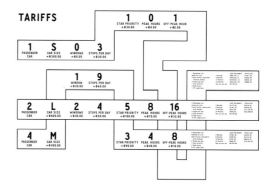

Wer mehr zahlt, kommt schneller voran.

Selbstfahrende Autos ...

... als durchökonomisiertes Fortbewegungsmittel, ...

... vergleichbar mit Billigfluglinien. Foto: © Luke Hayes / Design Museum

SCIENCE UND FICTION

MATTHIEU CHERUBINI (AUTOMATO.FARM)
– ETHICAL AUTONOMOUS VEHICLES

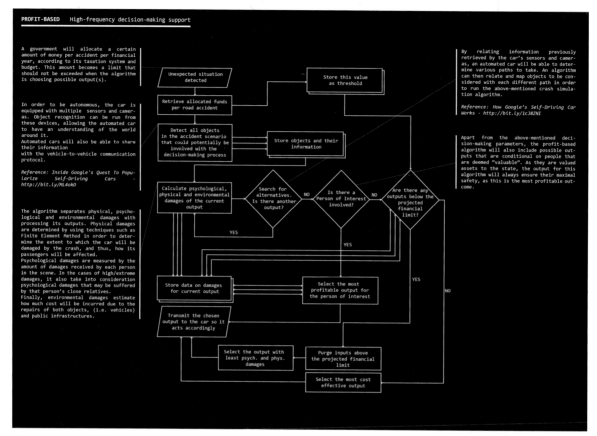

Ethical Autonomous Vehicles, 2015

Matthieu Cherubini (automato.farm).
Ethical Autonomous Vehicles, 2015.
Video, 6 Min. 59 Sek. © Automato.
farm

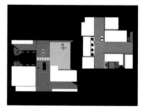

Unfallszenario 2

Prognosen behaupten, dass der Verkehr mit selbstfahrenden Fahrzeugen sicherer sein wird als heute. Doch selbst wenn das stimmt, werden auch diese Fahrzeuge in Situationen geraten, die moralische und ethische Konflikte mit sich bringen, etwa wenn ein Unfall unvermeidlich und nur mehr die Entscheidung offen ist, wer wie sehr zu Schaden kommt. Das Video *Ethical Autonomous Vehicles* simuliert Unfallszenarien auf Basis von drei verschiedenen Algorithmen, die jeweils einer bestimmten ethischen Position folgen: humanistisch (soziale und menschliche Kosten minimieren), profitbezogen (monetäre Kosten minimieren) und schützend (Gefahr für die Insassen minimieren). Vor Augen geführt wird letztlich, dass solche Systeme immer ideologische Positionen widerspiegeln. TT

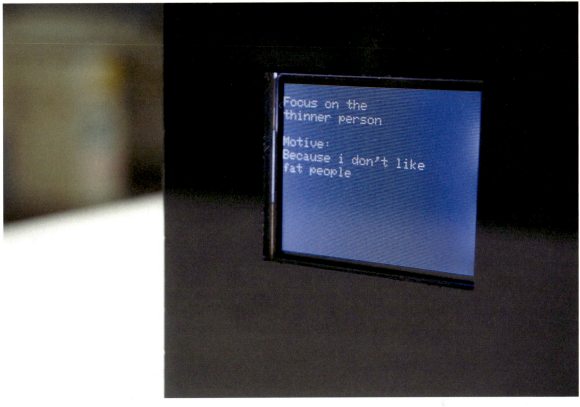

Ethical Things, 2015: Die Entscheidung kommt von der Crowd.

AUTOMATO.FARM
– *ETHICAL THINGS*

automato.farm (Simone Rebaudengo, Matthieu Cherubini und Saurabh Datta). *Ethical Things*, 2015. Ventilator, diverse Materialien, 25 × 8 × 10 cm, Dokumentation 159 Seiten © automato.farm

Ethische Entscheidungen stellen künstliche Intelligenz noch immer vor Probleme. Das Kollektiv Automato.farm hat sich die Frage gestellt, wie man Alltagsgeräte – etwa einen Ventilator – mit Entscheidungsfähigkeit angesichts ethischer Dilemmata ausstatten könnte. Welchem Menschen im Raum soll er beim Ventilieren den Vorzug geben? Hierfür bedient sich das Gerät einer Methode namens „turking" – in Anlehnung an Wolfgang von Kempelens berühmten „Schachtürken". Während der Schachautomat von 1769, bei dem scheinbar eine in türkischer Tracht gekleidete Puppe komplexe Schachzüge vollzog, in Wahrheit von einem Menschen gesteuert wurde, der im Inneren des Apparats versteckt saß, greift der vernetzte Ventilator auf eine Crowdsourcing-Plattform zu und erhält von dort seine Anweisungen. Alter, Geschlecht, Bildungsgrad und Religionszugehörigkeit des „turkers" wird dabei voreingestellt, um eine der Situation angemessene – und der Crowd gefällige – ethische Entscheidungshilfe zu erhalten. TT

Ethical Things, 2015

automato.farm (Simone Rebaudengo, Matthieu Cherubini und Saurabh Datta). *Politics of Power,* 2016. Lichtinstallation, Modell M & D: 30 × 26 × 6 cm, Model T: 32 × 32 × 6 cm © automato.farm

AUTOMATO.FARM – *POLITICS OF POWER*

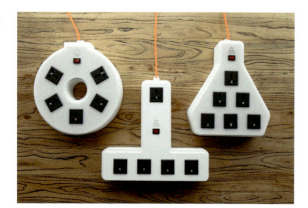

Politics of Power, 2016: Stromverteilung ...

Die Objektserie führt anhand des einfachen Beispiels von drei unterschiedlich gesteuerten Mehrfachsteckern vor Augen, dass Produkte und Netzwerke immer auch Ideologien und Weltanschauungen in sich eingebettet tragen – nicht zuletzt die von Designern und Ingenieuren. Die jeweiligen Netzwerke der drei Stecker sind unterschiedlich organisiert, einmal egalitär, einmal hierarchisch und einmal ungleich / repressiv – ganz analog verschiedenen Gesellschaftssystemen – und so verhalten sie sich auch in der Verteilung des Stroms. Eine Demonstration, die uns hilft, darüber nachzudenken, dass wir nicht nur von unseren Geräten abhängen, sondern auch von den Ressourcen, ohne die sie nicht funktionieren könnten – und letztlich von jenen, die diese Ressourcen kontrollieren. TT

... gemäß unterschiedlicher Gesellschaftsmodelle

The Drone Aviary, 2015: Information?

The Drone Aviary ist eine Installation aus fünf Drohnen und einem Kurzfilm. Superflux sieht eine dystopische Zukunft voraus, in der Drohnen so alltäglich und benutzerfreundlich sind wie Smartphones. Das Design-Fiction-Projekt zeigt, wie Drohnen zu Akteuren im öffentlichen und privaten Raum werden, da sie kontinuierlich Daten sammeln und Aufgaben in der Strafverfolgung, der privaten Kommunikation, Nachrichten und Werbung übernehmen. Man erahnt eine Welt, in der das „Netz" physisch autonom wird, sich in der Welt bewegt und Entscheidungen fällt, die unser Leben auf verdeckte, aber tief greifende Weise beeinflussen. Eine spekulative Landkarte veranschaulicht die Punkte, an denen physische und digitale Infrastrukturen verschmelzen, während unsere Städte zum natürlichen Lebensraum für „intelligente" Technologien – von Drohnen und tragbaren Computern bis hin zu selbst fahrenden Autos – werden. AR

Superflux. *Drone Aviary,* 2015. Installation mit drei Drohnen, diverse Materialien und Größen. Video: 6 Min. 34 Sek. Projektleitung: Jon Ardern und Anab Jain; Design: Jon Flint, Jon Ardern, Dillon Froelich, Ian Hutchinson, DOME Studio; Drehbuch und Regie: Anab Jain; Visual Design: Katarina Medic, Georgina Bourke; Motion Design: Dimitris Papadimitriou, Laurence Mencé, Alexandra Fruhstorfer; Sounddesign: Sam Conran, Ian Rawes, Gwaith Swn, London sound survey; Technik: Jon Ardern, Dan Williams, Mike Vanis, Philipp Ronnenberg; Fotos: Owen Richards, Jon Flint, Jon Ardern, Anab Jain; Drone Fictions: Tim Maughan; Dreharbeiten: Traffiko, Geoweb3d, Phoenix Lidar System, Cedric Guillemet; Dank an: Yosuke Ushigome, David Benque, Elvira Grob, Gejin Gao, Anuradha Reddy, Tobias Revell, Carolina Vallejo, Marty Brown und Mariko Oya © Superflux

SUPERFLUX – *THE DRONE AVIARY*

The Drone Aviary, 2015: Schutz?

The Drone Aviary, 2015: Überwachung?

SCIENCE UND FICTION

TRNDlabs. *SKEYE Nano 2 FPV*, 2016. Prototyp, Joystick für Pokémon Go: 20 × 13,5 × 9 cm, Drohne mit Videokamera: 5 × 5 × 5 cm © TRNDlabs

SKEYE Nano 2 FPV, 2016

TRNDLABS – *SKEYE NANO 2 FPV (KURZZEITIG: POKÉDRONE)*

Schon drei Tage nach seiner Erstveröffentlichung am 6. Juli 2016 hatte das Augmented-Reality-Spiel Pokémon Go mehr Nutzer als der seit 2006 etablierte Kurznachrichtendienst Twitter. Am 12. Juli jagten bereits 21 Millionen Amerikaner virtuelle Pokémons, und am 13. Juli kündigte das niederländische Unternehmen TRNDlabs unter dem Namen *Pokédrone* eine 69-Dollar-Drohne für das Smartphone an, die es erlauben sollte, die Figuren auch an unerreichbaren Orten zu fangen, etwa über einer Wasserfläche – ein wesentlicher Spielvorteil, denn um sich in der virtuellen Welt der Pokémons bewegen zu können, müssen sich die Nutzer mit ihren Handys auch durch die reale Welt bewegen. Allerdings kam die Drohne nie auf den Markt.

Pokémon Go brach auch Negativrekorde. In der ersten Version des Spiels mussten Nutzer bei der Anmeldung unnötigerweise Vollzugriff auf ihre gesamten Daten gewähren. Doch obwohl die Lücke am 13. Juli geschlossen wurde, sammelt der Spieleentwickler Niantic, ein Spin-off von Google, weiterhin sensible Daten von seinen Millionen Nutzern*, die auch an Dritte weitergegeben werden. Soldaten, etwa der israelischen Armee, dürfen die App deshalb nicht innerhalb von Militärstützpunkten nutzen. Nintendo, der japanische Spiele- und Konsolenhersteller, der die Pokémon-Videospiele 1996 erstmals auf den Markt gebracht hatte, konnte seinen Marktwert innerhalb von sieben Börsentagen nach der Einführung von Pokémon Go mehr als verdoppeln. LH

* Tägliche Nutzer, Stand 18. Juli 2016: 45 Millionen; tägliche Nutzer, Stand 23. August 2016: rund 30 Millionen (Quelle: Bloomberg). Downloads über Google Play, Stand 8. August 2016: 100 Millionen; Downloads über App Store: unbekannt (Quelle: Business of Apps).

ALEXANDER REBEN – *BLABDROID*

„Wie heißt du?", „Findest du mich süß?": Mit diesen einfachen Fragen bricht der vorprogrammierte Roboter *Blabdroid* bei völlig fremden Menschen das Eis. Am Ende vertrauen sie ihm ihre intimsten Geheimnisse, ihre peinlichsten Erlebnisse und andere Geschichten an. Der winzige *Blabdroid* mit seiner hellen Kinderstimme und den weit auseinanderstehenden Augen entspricht genau dem „Kindchenschema" und macht es einem dadurch ungemein leicht, sich ihm zu öffnen. Der Roboter entstand im Anschluss an *Boxie,* Alexander Rebens Masterarbeit am MIT zum Thema Mensch-Roboter-Symbiose. Anschließend arbeitete Reben zusammen mit dem Filmemacher Brent Hoff an dem Film *Robots in Residence,* dem angeblich ersten Dokumentarfilm, der „ausschließlich von Robotern gefilmt und inszeniert" wurde. Das Ergebnis ist – wie nicht anders zu erwarten – durchaus menschlich. EP

Alexander Reben. *Blabdroid,* 2012. Kunstprojekt, diverse Materialien, 14 × 12 × 12 cm © Alexander Reben, Foto: Michael Underwood

Blabdroid, 2012

BUREAU D'ÉTUDES – *THE 8ᵀᴴ SPHERE*

Mit der Wandgrafik *The 8th Sphere* entwirft das Forschungs- und Designkollektiv Bureau d'Études ein Gesamtbild der Kommunikationskanäle und Machtverhältnisse eines kognitiven Kapitalismus. In dieser von neuen Informations- und Kommunikationstechnologien geprägten Welt haben sich alle Maschinen und Computer zu einem riesigen, die Erde umspannenden Netzwerk zusammengeschlossen (entsprechend der Marx'schen Idee eines *general intellect*), das wie ein Nervensystem aus Synapsen besteht und als sozio-technisches System einerseits Wissen produziert, andererseits aber gleichzeitig auch die soziale und biopolitische Ordnung bestimmt. Eingebunden in dieses Gefüge ist auch der menschliche Intellekt, wobei sich die Frage stellt, welchen Status er einnimmt: Befinden wir uns am Übergang vom organischen hin zum technischen Intellekt oder wurde dieser Übergang längst vollzogen? TT

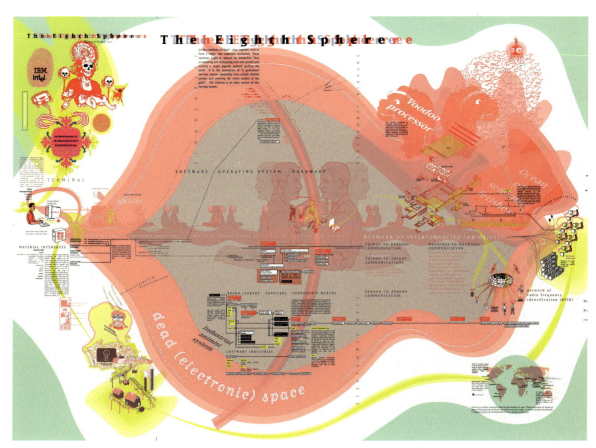

The 8th Sphere, 2010–2016

Bureau d'Études. *The 8th Sphere*,
2010–2016. Grafik im Leuchtkasten,
88 × 123 cm © Bureau d'Études

PROGRAMMIERT AUF ARBEIT

Im Bereich Arbeit, Produktion und Industrie sind Roboter – zumindest in der breiten Öffentlichkeit – stark mit der Angst vor dem Jobverlust verbunden. Nicht nur in den Medien wird das Thema kontrovers diskutiert, auch Designer, Künstler und Filmschaffende widmen sich der Frage, was passiert, wenn Menschen am Arbeitsplatz sukzessive von intelligenten Maschinen ersetzt werden. Werden wir mangels Einkommen unseren Lebensstandard einbüßen? Oder werden wir dank Drei-Tage-Woche und Grundeinkommen für alle endlich mehr Zeit für Freunde, Familie und Hobbys haben? Werden neue Berufe entstehen und welche? Werden wir Seite an Seite mit Robotern arbeiten, die sich ohne unser Zutun mit Kunden und Lieferanten vernetzen, wie es die Industrie 4.0 verspricht?

Die Furcht vor dem Arbeitsplatzverlust durch neue Technologien ist so alt wie die Erste Industrielle Revolution. Damals waren es Webstuhl und Dampfmaschine, die hunderttausende Arbeitsplätze obsolet machten. Seitdem hat jeder Technologiesprung dieselben Diskussionen ausgelöst: zuletzt der Personal Computer in den 1980ern, das Internet in den 1990ern und nun der Roboter. Die Zeit hat gezeigt: Wir haben immer neue Arbeitsfelder gefunden, auch wenn sich die Rahmenbedingungen seit dem 18. Jahrhundert drastisch verändert haben.

Im Schatten dieser Debatte, die sich letztlich immer noch in den herkömmlichen Produktions- und Arbeitsstrukturen bewegt, hat sich zudem ein völlig neuer Typus entwickelt: der sogenannte Prosument. Der Prosument konsumiert, was er selbst produziert. Was ihn vom individuellen Weltverbesserer unterscheidet, sind seine globale Vernetzung über das Internet und der einfache Zugang zu neuen digitalen, robotischen Produktionsmethoden. Beides erlaubt es Prosumenten, am traditionellen Markt vorbei maßgeschneiderte, smarte Produkte zu entwerfen, zu produzieren und zu verteilen. Schon heute machen es digitale Verfahren wie der 3D-Druck möglich, zu günstigen Preisen kleine Möbel oder andere Alltagsobjekte selbst herzustellen. Zur Produktion einer Brücke, eines Hauses oder eines Haute-Couture-Kleides bedarf es freilich mehrerer Kompetenzen. Doch wenn die Entwürfe und Baupläne für jeden online zugänglich sind und wenn offene Werkstätten und Fab Labs so selbstverständlich geworden sind wie Fitnesscenter, kann jeder (so gut wie) alles selbst herstellen. Ob das Ende unserer arbeitsteiligen Gesellschaft und die Rückkehr zur Selbstversorgung allerdings die Lösung all unserer Probleme sind, bleibt zu diskutieren.

GESCHE
JOOST

ROBOTS, KILOBOTS, NANOBOTS

VON SCHWÄRMEN IM INTERNET DER DINGE

Im Jahr 2020 werden 50 Milliarden Objekte mit dem Internet der Dinge verbunden sein[1], weit mehr als es Menschen auf der Welt gibt, die diese Objekte steuern oder kontrollieren könnten. Dabei geht es längst nicht mehr allein um Computer im ursprünglichen Sinne, sondern vielmehr um die Vernetzung von Straßenlaternen mit dem städtischen Verkehrssystem, von Mähdreschern mit Sensoren im Boden oder um implantierte Chips im Körper, die Gesundheitsdaten analysieren. Durch die Digitalisierung und Miniaturisierung der Technik entstehen neue, verteilte Systeme, die sich nicht mehr klar zuordnen lassen, sondern als „Ubiquitous Computing" die Rechenleistung überall verteilen – im vernetzten Haus (Smart Home), in der intelligenten Kleidung (Wearable Computing) oder im öffentlichen Raum (Smart City). Der Versuch, „Natur" und „Technologie" noch voneinander zu trennen, wird immer aussichtsloser – wir haben es mit hybriden, vernetzten Welten zu tun und sind spätestens mit Donna Haraways Manifest[2] endgültig selbst zum Cyborg geworden, zum Zwitter zwischen Mensch und Maschine. Wir selbst sind ein Teil des Internets der Dinge, in dem wir die uns umgebende Technik nutzen, unsere eigenen Daten analysieren und im Netz teilen. Mit Bruno Latour können wir argumentieren, dass eine solche moderne Trennung zwischen Natur und Technik nie bestanden hat, sondern immer als „Purifikation", als Reinigung künstlich herbeigeführt wurde, um Kategorien voneinander zu unterscheiden und Einfachheit zu schaffen.[3] Technologien werden immer mehr zum Bestandteil unseres „natürlichen" Körpers und der „natürlichen" Umwelt – das macht die Diskussion darüber komplexer. Wenn derzeit die Debatten hochkochen, ob „die Roboter" uns Menschen die Arbeit wegnehmen würden, dann liegt das Problem bereits in den getrennten Kategorien: Die Rechenleistung kann nicht allein auf einen klar abgegrenzten Roboter bezogen werden, das wäre einfach, sondern vielmehr handelt es sich um unterschiedliche Akteure in einem Netzwerk, in dem wir zum Kollaborateur der Maschinen werden. Die Rechenleistung ist in uns und um uns herum zu finden. „Der Roboter" wäre eine klar zu definierende Entität, die zum Feindbild taugt, wenn der eigene Arbeitsplatz bedroht ist – ein vernetztes System, in dem es um neue Formen der Kollaboration zwischen Mensch und Maschine geht, ist nicht mehr so einfach zu fassen. Latour spricht daher in der Akteur-Netzwerk-Theorie von einem Netzwerk, in dem es aus Sicht des Systems zunächst unerheblich ist, ob es sich um einen menschlichen oder einen nicht-menschlichen Akteur handelt.[4] Sprich: im System der Finanzdienstleistungen ist es für den Ablauf irrelevant, ob eine Entscheidung auf der Basis eines Algorithmus oder einer menschlichen Entscheidung getroffen wurde. Für den einzelnen Bürger, dessen Kreditantrag auf Basis eines Algorithmus abgelehnt wurde, ist es das nicht.

---

1 Dave Evans, *Das Internet der Dinge – So verändert die nächste Dimension des Internet die Welt,* http://www.cisco.com/c/dam/global/de_de/assets/executives/pdf/Internet_of_Things_IoT_IBSG_0411FINAL.pdf, abgerufen am 24. Oktober 2016
2 Donna Haraway, *Ein Manifest für Cyborgs,* http://www.medientheorie.com/doc/haraway_manifesto.pdf, abgerufen am 24. Oktober 2016
3 Vgl. Bruno Latour, *Wir sind nie modern gewesen* (Frankfurt am Main: Suhrkamp, 2008)
4 Bruno Latour, *Eine neue Soziologie für eine neue Gesellschaft – Einführung in die Akteur-Netzwerk-Theorie* (Frankfurt am Main: Suhrkamp, 2007)

Die Polarisierung zwischen Mensch und Technik ist daher aus individueller Perspektive zwar nachvollziehbar, stellt sich jedoch als vergebliche Liebesmüh heraus, wenn es darum geht, Klarheit in unsere vernetzte Welt zu bringen. Wir haben es mit neuen Akteuren und neuen Bündnissen zu tun, die auf der Annahme beruhen, dass wir immer online sind, dass potenziell alles miteinander vernetzt werden kann und dass ein nicht geringer Teil der menschlichen Arbeit durch die verteilte Rechenleistung übernommen werden kann. Das schürt die Angst vor einem Kontrollverlust: Was passiert, wenn wir uns neue Technologien nicht mehr vom Leibe halten können, wenn sie autonom agieren, sich unseren Anweisungen entziehen? Wird der Roboter in seinem Netzwerk selbst zum Rechtssubjekt, das Verantwortung für sein Handeln trägt? Welche Kräfte entwickelt eine entfesselte Technologie, die sich selbstständig-lernend weiter entwickelt, wie die winzigen Kilobots, die im Schwarm interagieren?

Kilobots sind kleine, autonom agierende Bots, die sich im Schwarm miteinander verständigen.[5] Allein auf sich gestellt, sind sie nur zu wenigen Handlungen fähig und können sich lediglich im Raum orientieren. Im Schwarm jedoch passen sie ihr Verhalten aneinander an und können so unterschiedliche Konstellationen annehmen. Sie werden zu einem Molekül innerhalb eines Organismus, der seine Form verändern kann.

Die Vision, die dahinter steht, ist folgende: Die miniaturisierten Kollegen der Kilobots, die Nanobots, sind so klein, dass sie in die Blutbahn des Körpers eingesetzt werden können, um dort als eigenständig agierende Armee Krebszellen zu bekämpfen. Das klingt heute noch nach Science-Fiction, in der Tat jedoch zeigen erste Versuche mit multifunktionalen Nanopartikeln Erfolge.[6]

5 Michael Rubenstein, Alejandro Cornejo, Radhika Nagpal, „Programmable self-assembly in a thousand-robot swarm", in: *Science,* Bd. 345 Nr. 6198, 15. August 2014, http://www.eecs.harvard.edu/ssr/publications/index.html, abgerufen am 24. Oktober 2016
6 Yuanpei Li et al., „A smart and versatile theranostic nanomedicine platform based on nanoporphyrin", in: *Nature Communications,* http://www.nature.com/articles/ncomms5712, abgerufen am 24. Oktober 2016

Kilobots bilden im Schwarm die unterschiedlichsten Formen. Foto: Michael Rubenstein/Harvard University

UN Women, *The Autocomplete Truth: „Cannot"*, Werbekampagne, © Memac Ogilvy Dubai

7 Unter einem „Bot" versteht man ein Computerprogramm, das weitgehend automatisch sich wiederholende Aufgaben abarbeitet, ohne dabei auf eine Interaktion mit einem menschlichen Benutzer angewiesen zu sein. Aus: https://de.wikipedia.org/wiki/Bot, abgerufen am 16. Oktober 2016
8 http://www.unwomen.org/en/news/stories/2013/10/women-should-ads, abgerufen am 16. Oktober 2016

Schwarmroboter repräsentieren demnach eine ganz andere Art der künstlichen Intelligenz, die nicht die menschliche nachzubilden versucht. Der einzelne Bot[7] ist relativ dumm, die Intelligenz entsteht aus der Interaktion mit dem Schwarm und der daraus resultierenden Autonomie. Die vielfältigen Einsatzmöglichkeiten sind noch kaum erforscht, Schwärme von autonomen Drohnen sind ein Beispiel für neue Möglichkeiten. Diese Schwarmintelligenz bedeutet jedoch gleichzeitig einen zunehmenden Kontrollverlust, wenn das System sich auf sich selbst bezieht, voneinander lernt und sich so weiterentwickelt. Solche selbstlernenden Systeme sind in der Forschung zur künstlichen Intelligenz von zentraler Bedeutung, weil durch sie eine Weiterentwicklung des Systems auf der Grundlage der sich ändernden Parameter der Umwelt gewährleistet werden kann. Sie basieren auf selbstlernenden Algorithmen, bei denen sich eine zentrale Frage stellt: Wer ist verantwortlich für diese Algorithmen? Ist es der Programmierer als ihr Schöpfer? Das Unternehmen, das ihn einsetzt? Oder entzieht sich das System einer Verantwortung, weil es sich autonom weiter entwickelt hat – ohne menschliche Kontrolle? Dies wird am Beispiel des intelligenten Suchalgorithmus von Google deutlich: Das UNO-Organ UN Women machte mit einer spektakulären Kampagne auf die Diskriminierung von Frauen im Netz auf sich aufmerksam, in dem es die Funktion „auto complete" von Google bei den Suchanfragen „Women cannot ..." und „Women need to ..." zeigte.[8] Die ersten Einträge zur Frage, was Frauen nicht können, waren: Autofahren, Bischof werden, man könne ihnen nicht vertrauen und sie sollten in der Kirche nicht sprechen. Bei der Frage, was Frauen sollten, kamen Einträge, dass man sie in ihre Schranken weisen sollte, dass sie ihren Platz kennen sollten, dass sie kontrolliert werden und gemaßregelt werden.

UN Women, *The Autocomplete Truth: „Need"*, Werbekampagne, © Memac Ogilvy Dubai

9 Nick Bostrom, Eliezer Yudkowsky, „The Ethics of Artificial Intelligence", in: Keith Frankish, William Ramsey (Hg.), *Cambridge Handbook of Artificial Intelligence* (New York: Cambridge University Press, 2014), https://intelligence.org/files/EthicsofAI.pdf, abgerufen am 24. Oktober 2016
10 https://www.openai.com, abgerufen am 24. Oktober 2016

Tafel III aus Joseph Friedrich Freiherr zu Racknitz: Über den Schachspieler des Herrn von Kempelen und dessen Nachbildung, Leipzig und Dresden: Joh. Gottl. Breitkopf 1789. Kupferstich © Universitätsbibliothek der Humboldt-Universität zu Berlin, Historische Sammlungen: 3639 v: F8

Bei diesen Ergebnissen stellt sich natürlich die Frage nach der Verantwortung: Ist das Unternehmen Google für diese Ergebnisse verantwortlich, der Programmierer der Algorithmen, die Menge der Nutzer, die diese Suchanfragen gestellt haben oder gar das System selbst? Oder entzieht sich dieses selbstlernende System jeglicher Verantwortung, weil es ja nur abbildet, was die Masse der Nutzer als Suchanfrage eingegeben hat? Dieses Beispiel zeigt, wie Klischees und Massenmeinungen im Internet noch verstärkt werden und sich damit bestehende Ungleichheiten vertiefen. Auch ein Algorithmus ist in diesem Sinne nicht objektiv, sondern er verstärkt durch die Hervorhebung der Suchanfragen noch ihre Wirkung, zementiert somit Weltsichten, ohne sich auf eine ethische oder soziale Grundlage zu beziehen. Längst ist in der Fachcommunity eine Debatte um ethische Grundlagen für die Entwicklung künstlich-intelligenter Systeme entbrannt[9], Initiativen wie OpenAI plädieren für eine radikale Öffnung und Transparenz der KI-Systeme, indem sie auf Open-Source-Lizensierung, gemeinnützige Forschung und Entwicklung und Sicherheit setzen.[10]

MEIN KOLLEGE, DER ROBOTER

Roboter sind Teil der vernetzten Umgebung und agieren in Netzwerken. So entstehen Kollaborationen zwischen Mensch und Maschine wie auch zwischen den Maschinen selbst – die sogenannte *machine to machine communication*. Die Vision der Roboter – früher in Form von Automaten, seit 1920 von Josef Čapek als Roboter benannt – übte immer schon Faszination auf den Betrachter aus und schürte gleichzeitig die Angst vor dem Kontrollverlust. Sie beschreibt eine Urangst des Menschen, die sich durch die Kulturgeschichte zieht. Schon die frühen Beispiele der Automaten des 18. Jahrhunderts begeisterten durch die kunstvolle Mechanik, ihre Präzison und die Aura dieser zum Leben erwachenden Objekte. Bekannt wurde als einer der ersten großen Fakes der „Schachtürke", der 1769 von Wolfgang von Kempelen konstruiert wurde. Eine lebensgroße Figur saß vor einem Schachbrett und reagierte auf die Züge seines Gegenübers. Er sollte als erster intelligenter Schachautomat gegen seine menschlichen Gegner antreten und meisterte die Vorführungen mit Bravour – was nicht verwundern kann, wurde er doch von einem für den Betrachter unsichtbaren kleinwüchsigen Menschen im Rumpf des Automaten gesteuert. Noch bis ins 20. Jahrhundert hinein wurde er für Vorführungen auf Jahrmärkten eingesetzt und faszinierte das Publikum als ein Sinnbild des Siegeszugs der Maschine gegen den Menschen.

Als „Mechanical Turk" ging dieser Automat in die Geschichte ein und inspirierte das Unternehmen Amazon, eine gleichnamige Crowdworking[11]-Plattform ins Leben zu rufen.[12] Sie wird als „künstlich künstlich intelligentes System" bezeichnet, weil sie die Machtverhältnisse zwischen Mensch und Computer umkehrt. Vom System aus werden Aufgaben auf der Plattform angeboten, die von der „Crowd", der Menge von Nutzern, gegen ein geringes Entgelt bearbeitet werden können. Eine typische Aufgabe ist es, Daten zu transkribieren oder Produktinformationen für Amazons e-commerce Plattform zusammenzustellen. Dabei unterstützt die Menge der Nutzer das vernetzte System bei Aufgaben, die mit künstlicher Intelligenz (KI) entweder nur schwer zu lösen sind oder schlichtweg teurer wären. So entsteht ein Beispiel für neue Berufe, die durch KI geschaffen werden: Mini-Jobs in der Gig-Economy[13], die billig von Crowdworkern erledigt werden.

Die Geschichte des Schachtürken ging erst 2016 zu Ende, am Beispiel des komplexen Spiels Go: Knapp 250 Jahre nach dem ersten Schachautomaten schlägt die Software „AlphaGo" von Google den Go-Weltmeister Lee Sedol und schließt damit die Geschichte dieses Fakes. Zeitungen titeln: „Google schlägt Mensch" und beschwören den Sieg als einen Meilenstein auf dem Weg zur Vorherrschaft der KI gegenüber dem Menschen. Die Forschung feiert diesen Durchbruch, da bei einem so komplexen Spiel wie Go jahrelange Entwicklungsarbeit notwendig war, um den Weltmeister schlagen zu können. Der Wettlauf zwischen Mensch und Maschine geht hier zugunsten der Maschine aus und löst damit das damalige Versprechen des Schachtürken ein.

Ein ganz anderes Bild von intelligenten Automaten zeichnet Simone Giertz.[14] Mit ihren selbst gebauten Alltagshelfern zeigt die schwedische Erfinderin und Designerin die Beschränkung der Maschine auf, die grobmotorisch selbst einfache Handlungen wie Karottenschneiden, Zähneputzen oder Frühstücksflocken aus der Packung schütten kaum umzusetzen vermag. Genau das ist das Problem heutiger künstlich intelligenter Systeme: Sie können hochspezialisierte Aufgaben sehr gut lösen, während sie an den einfachen Alltagsaufgaben kläglich scheitern. Bewegungskoordination, wie zum Beispiel beim Ballspielen, ist eine hoch komplexe Verkettung von Wahrnehmung und Reaktion, die kaum eine Maschine bisher leisten kann. Legendär die Videos von Roboter-Rennen, die bei kleinster Unebenheit im Gelände schlichtweg umfallen oder über sich selbst stolpern.[15]

---

[11] Als „Crowdworking" bezeichnet man eine neue Form der Arbeit, bei der die Masse von Nutzern („Crowd") im Internet zeitlich begrenzte Aufgaben übernimmt, die über eine Plattform vergeben werden. Die Zusammenarbeit zwischen dem dahinter stehenden Unternehmen und dem Arbeitnehmer ist kurzfristig und nicht bindend.

[12] www.mturk.com, abgerufen am 24. Oktober 2016

[13] Als „Gig Economy" bezeichnet man einen aktuellen Trend, in dem zeitlich befristete Anstellungsverhältnisse üblich sind und Unternehmen kurzfristige Projektverträge mit unabhängigen Arbeitnehmern eingehen, ohne sich zu binden – ähnlich wie bei einer Musikband, die von einem „Gig" zum nächsten zieht.

[14] http://simonegiertz.com, abgerufen am 24. Oktober 2016

[15] https://www.youtube.com/watch?v=g0TaYhjpOfo

16 Carl Benedikt Frey, Michael A. Osborne, *The Future of Employment: How Susceptible Are Jobs to Computerisation?*, 2013, http://www.oxfordmartin.ox.ac.uk/downloads/academic/The_Future_of_Employment.pdf, abgerufen am 24. Oktober 2016
17 Erik Brynjolfsson, Andrew McAfee, *Race against the Machine: How the Digital Revolution is Accelerating Innovation, Driving Productivity, and Irreversibly Transforming Employment and the Economy* (Cambridge, MA: Digital Frontier Press, 2011)
18 Melanie Arntz, Terry Gregory und Ulrich Zierahn, „The Risk of Automation for Jobs in OECD Countries: A Comparative Analysis", in: *OECD Social, Employment and Migration Working Papers,* Nr. 189 (Paris, 2016), http://www.zew.de/publikationen/the-risk-of-automation-for-jobs-in-oecd-countries-a-comparative-analysis/, abgerufen am 24. Oktober 2016

Welche Rolle werden diese autonomen Maschinen in unserem Leben spielen? Wird es der von Menschenhand geschaffene, bemitleidenswerte Frankenstein von Mary Shelley sein, der an seiner gesellschaftlichen Isolation zugrunde geht und Menschen in den Tod reißt? Oder wird es die Eva aus *Metropolis* sein, eine maschinelle Diva als sinnliche Frauenfigur, die fasziniert? Roboter sind längst in unserem Arbeitsalltag zur Realität geworden, wenn sie für hochspezialisierte Industrien Spezialaufgaben übernehmen, die zuvor von Menschen erledigt wurden. Für eine breite Diskussion sorgten Carl Frey und Michael Osborne[16] mit ihrer Prognose über den massiven Wegfall von Arbeitsplätzen, bezogen auf den US-amerikanischen Markt: Sie sprachen von 47% der Jobs quer durch die Branchen, die durch die Digitalisierung insgesamt bedroht seien. Erik Brynjolfsson und Andrew McAfee[17] argumentierten in ihrem Buch *Race against the Machine,* wie durch künstliche Intelligenz der Bereich der Wissensarbeit, durch Automatisierung und Robotik die Industrie und das Handwerk betroffen sein werden. Auch wenn jüngere Studien von weit weniger erschreckenden Zahlen ausgehen[18] (die OECD spricht 2016 von 12% der potenziell gefährdeten Berufsgruppen), stellen sich grundlegende Fragen an unser Modell von Arbeit, wenn diese zu einem knappen Gut wird. Robotische Systeme haben für den Einsatz in der vernetzten Produktion viele Vorteile: Sie sind effizient, führen Spezialaufgaben und Routinetätigkeiten hoch präzise aus, haben keinen Feierabend und sind nicht gewerkschaftlich organisiert. Durch ihren massiven Einsatz gerät jedoch das Sozialsystem ins Wanken – was, wenn uns die Arbeit ausgeht? Schon werden politische Konzepte einer „Maschinensteuer" geschmiedet, die Unternehmen für den Einsatz von Robotern abführen sollten, und der Ruf nach einem bedingungslosen Grundeinkommen wird lauter, das die frei werdenden Akteure sozial absichern soll. Die *Sharing-Economy* der letzten Jahre mutiert zur *Gig-Economy,* in der Arbeiter als Freelancer von Projekt zu Projekt ziehen – wie eine Band zu einem Musik-Gig –, ohne festen Vertrag oder Bindung an ein Unternehmen. Crowdworking ist die Losung der Stunde, die Vielzahl der Tätigkeiten wird zum modularen Bausatz des Arbeitslebens. Dies könnte ein Rezept für eine neue Flexibilität im Arbeitsleben sein – selbstbestimmt und flexibel die Tätigkeiten zu kombinieren, Seite an Seite mit den neuen robotischen Kollegen, die uns die schweren und immer gleichen Tätigkeiten abnehmen –, wäre da nicht die Gefahr der prekären Tätigkeiten, der Verlust der sozialen Sicherung und der Sinnstiftung, die in vielen Berufen liegt.

Eine Chance wiederum sehen viele in den neuen Möglichkeiten, die durch die Digitalisierung entstehen: Dezentrale Produktionsmöglichkeiten in FabLabs lassen jede(n) zum selbstständigen Maker werden, da die Produktion durch neue Technologien wie Rapid Prototyping oder speziell durch den 3D-Druck möglich wird. Das Open-Source-Ökosystem lässt jede(n) frei am Wissen über Verfahrensweisen und Programme partizipieren, solange sie unter einer Creative Commons Lizenz weiter geteilt werden. So werden Kleinserien schnell und kostengünstig produzierbar, die Produktion wandert zurück in die Städte und der Zugang zur Infrastruktur für Technologie und Know-how wird zum wesentlichen Faktor des selbstbestimmten Arbeitens. FabLabs wurden von ihrem Gründer, Neil Gershenfeld, als Keimzelle für diese neuen Produktionsformen gedacht; Aufgabe war es, eine Infrastruktur zu schaffen, in der man (fast) alles billig produzieren kann („*How to make almost anything*")[19]. So setzte in den letzten Jahren auch der Siegeszug dieses Konzepts besonders in Schwellenländern in Indien und Afrika ein, sodass *Maker Spaces* und *Innovation Hubs* entstanden, die Menschen vor Ort den Zugang zu digitalen Produktionstechnologien boten, um eigene Geschäftsideen und Produkte zu entwickeln. Open Source wird dabei zum Schlüsselkonzept der Bewegung: Open Source Hardware und Software ermöglichen den Zugriff auf das Wissen der Community weltweit und außerhalb von Unternehmen oder Forschungseinrichtungen. Es ist auch als ethisches Konzept zu begreifen, das den Zugriff auf dieses Wissen als Ermächtigung (Empowerment) durch Technologie sieht, als ein Grundrecht, das die einmalige Chance des Internets realisieren will, potenziell jedem weltweit den Zugang zu Wissen zu ermöglichen. Ein Symbol für die Maker-Bewegung ist der Open-Source-3D-Drucker *RepRap*[20], der sich selbst reproduziert. Wie ein Perpetuum Mobile – nur in diesem Fall mit Stromzufuhr – kann sich dieser Drucker selbst ausdrucken und so eine endlose Kette von Reproduktionen ausführen. Der Bauplan ist für jede(n) im Internet günstig verfügbar und Projekt einer Community, die sich einem Ziel verschrieben hat: Rapid Prototyping Technologien für jedermann zur Verfügung zu stellen und Open Source weiterzuentwickeln – jenseits etablierter unternehmerischer Strukturen, dezentral und weltweit vernetzt.

So tritt die Maker-Bewegung durchaus mit dem hohen Anspruch an, die Welt durch Technologie zu verbessern – Schlagworte sind hier Empowerment als Potenzial, neue Technologien von überall aus selbst mitgestalten zu können, Sharing als Möglichkeit, das Wissen weltweit zu teilen, und Participation als Chance, auch außerhalb etablierter Strukturen in Unternehmen oder Institutionen an der vernetzten Gesellschaft teilhaben zu können.

Dass sich trotzdem weltweit die digitale Spaltung vertieft, dass die digitale Bildung nicht einmal in den Industrienationen ausreicht, um eine wirkliche Teilhabe an der digitalen Gesellschaft zu ermöglichen und die „Black Box" digitaler Technologien zu durchschauen, steht auf einem anderen Blatt. Die Maker-Bewegung bleibt damit ein Phänomen der weltweit vernetzten digitalen Elite, auch wenn Chris Anderson[21] von der nächsten digitalen Revolution durch die Maker spricht und Jeremy Rifkin[22] gar das Ende des Kapitalismus durch sie prognostiziert. Derzeit ist das Fazit noch unbefriedigend, sodass die digitale Spaltung auch ein Auseinanderdriften der Gesellschaft bedeutet – viele fühlen sich abgehängt, haben Angst vor dem Ende des Rechts auf Privatsphäre, vor der technologischen Arbeitslosigkeit und vor einer Verschärfung sozialer Ungleichheit aufgrund von mangelnder Bildung.[23]

---

19 Neil Gershenfeld, „How to Make Almost Anything, The Digital Fabrication Revolution", in: *Foreign Affairs,* Bd. 91, Nr. 6, November/Dezember 2012, http://cba.mit.edu/docs/papers/12.09.FA.pdf, abgerufen am 24. Oktober 2016
20 http://reprap.org, abgerufen am 24. Oktober 2016
21 Chris Anderson, *Makers: The New Industrial Revolution* (London: Random House Business, 2012)
22 Jeremy Rifkin, *The Zero Marginal Cost Society: The Internet of Things, the Collaborative Commons, and the Eclipse of Capitalism* (New York, NY: Macmillan, 2015)
23 Initiative D21, *D21-Digital-Index 2015: Die Gesellschaft in der digitalen Transformation,* http://www.initiatived21.de/portfolio/d21-digital-index-2015/, abgerufen am 24. Oktober 2016

DATENTREIBEN

„Daten sind das neue Öl" ist einer der neuen Gemeinplätze des 21. Jahrhunderts. In der Tat jedoch hat sich unsere Gesellschaft durch die Möglichkeiten der Datenanalyse und des Datenhandels unter dem Schlagwort Big Data gewandelt. Der Anschluss von allem an das Internet wird zum Normalfall, sodass überall Daten entstehen. Unsere Haustiere mit RFID-Chips auszustatten, damit nur die richtige Katze in die eigene Wohnung gelangt, gehört heute zur Standard-Dienstleistung der Tierarztpraxis. Sich selbst mit einem solchen Chip auszustatten, lässt viele noch zurückschrecken – jedoch eher, weil die Kanüle für den winzigen Chip noch recht groß ist und der Eingriff daher rabiat. Dass unsere künstlichen Hüftgelenke per Chip auf ihren Verschleiß geprüft werden und unser Herzschrittmacher im Netz überwacht wird, kann kaum mehr verwundern. Was dieser Zustand des „always online" jedoch an grundlegenden Fragen an unsere Privatsphäre aufwirft, wird bislang kaum diskutiert. Wem gehören die Daten, die auf diese Weise entstehen – mir als Patient, dem Arzt, der sie für eine Studie verwertet, oder der Versicherung, die die Wirksamkeit ihrer Investition nachhalten möchte? Es entbrennt ein Kampf um die Hoheit über Daten, der gerade erst begonnen hat, da wir ahnen, welche Potenziale in der Verwertung unserer Daten liegen. Noch wird nur ein geringer Teil davon ausgewertet, weil noch unklar ist, zu welchem Zweck sie genutzt werden können. Intelligente Dienstleitungen auf Datenbasis lassen noch auf sich warten – etwa der Reparaturdienst, der sich schon meldet, kurz bevor der Geschirrspüler sein Leben aushaucht. „Predicitve Maintenance" nennt sich dieses Szenario, an dem die Forschungs- und Entwicklungsabteilungen großer Unternehmen arbeiten. In der Science-Fiction-Geschichte *Minority Report* wurde diese Technologie in einem anderen Bereich prognostiziert – für die Verbrechensbekämpfung, bevor das Verbrechen geschieht. Und in der Tat kann aus der Analyse von Big Data die Wahrscheinlichkeit berechnet werden, dass zu einer bestimmten Tageszeit in einem bestimmten Wohnviertel Straftaten wie Körperverletzungen oder Überfälle stattfinden werden – nicht sicher, aber wahrscheinlich. Führt diese Wahrscheinlichkeit – wie bei *Minority Report* – zu einer Verantwortlichkeit? Führt die Möglichkeit zur Schuld?

Nun stellen wir uns reichlich spät die Frage, wer denn nun eigentlich die Kontrolle in solchen fusionierten Welten inne hat. Ist die Technologie autonom geworden und droht, uns zu schlagen, wie 2016 den Go-Weltmeister? Es braucht keine direkte menschliche Kontrolle mehr, um die Logistik des Hamburger Hafens zu optimieren – das übernehmen intelligente Algorithmen und ein Netzwerk von Sensoren. Es braucht auch keine direkte menschliche Kontrolle mehr, um die Mobilität einer Stadt zu optimieren – intelligente Verkehrsführung, ressourcenschonende Fahrzeugauslastung oder flexible Stauwarnung können effizienter durch Big-Data-Analysen gesteuert werden. Wir haben diese Prozesse an Technologien delegiert – dahinter stehen jedoch nach wie vor menschliche Entscheidungen, wie diese gestaltet werden sollen.

Die vernetzte Welt wird unübersichtlicher, Entscheidungen fallen im Netzwerk der Akteure. Klare Fronten zwischen Mensch und Maschine sind passé. Eine Neuordnung grundlegender Fragestellungen wird uns beschäftigen: Wer trägt Verantwortung im Netzwerk der Akteure? Wem gehören meine Daten und wo beginnt meine Privatsphäre? Wie kann ich digital souverän und mündig in einer vernetzten Gesellschaft leben? Vielleicht können wir diese Fragen ja mit dem neuen Kollegen Roboter aushandeln.

Gesche Joost, 1974 in Kiel geboren. Designstudium in Köln, Dissertation zu Themen der Rhetorik. Bis 2010 Professorin für Interaktionsdesign & Medien an der Technischen Universität Berlin. Joost war Gründungsvorstandsmitglied der Deutschen Gesellschaft für Designtheorie und -forschung. Als Mitglied mehrerer Beratungsgremien der deutschen Bundesregierung hat sie maßgeblich den Begriff Industrie 4.0 mitgeprägt. Seit 2005 leitet sie das Design Research Lab an der Universität der Künste Berlin, das sich auf interdisziplinäre Designforschungsprojekte an der Schnittstelle zwischen technologischen Innovationen und den Bedürfnissen der Menschen konzentriert. Sie lebt und arbeitet in Berlin.

PROGRAM

124

DENKEN SIE, IHR JO
VON EINEM ROBOT
ÜBERNOMMEN WE

MÖCHT
SIE SELE
ZUM PR
DUZEN
WERDE

KÖNNTE
R
DEN?

Manufacturing #10a, Cankun Factory, Xiamen City, China, 2005   *Manufacturing #10b, Cankun Factory, Xiamen City, China,* 2005

Edward Burtynsky. *Manufacturing #10a, Cankun Factory, Xiamen City, China,* 2005. C-Print (Chromogener Farbdruck), 122 × 152,4 cm
© Edward Burtynsky, courtesy Metivier Gallery, Toronto / Galerie Springer Berlin

Edward Burtynsky. *Manufacturing #10b, Cankun Factory, Xiamen City, China,* 2005. C-Print (Chromogener Farbdruck), 122 × 152,4 cm
© Edward Burtynsky, courtesy Metivier Gallery, Toronto / Galerie Springer Berlin

Mit seinem fotografischen Lokalaugenschein im heutigen China – er besuchte bedeutende Werften, Industrieanlagen, Kohlereviere und Städte des Landes – macht Edward Burtynsky spürbar und sichtbar, wie der globale Massenkonsum organisiert ist. In der 450 Meter langen Montagehalle der Cankun Factory – zum Zeitpunkt der Aufnahme war die Firma der zweitgrößte Hersteller von Kaffeemaschinen weltweit und beschäftigte 23.000 Menschen – befinden sich Hunderte Arbeiterinnen und Arbeiter. Sie tragen uniforme Kleidung, besetzen gleichartige Arbeitskojen und verrichten gleichförmige Tätigkeiten. Ohne Worte vermitteln die Bilder, wie der Mensch, bevor er durch Maschinen ersetzt wird, zuerst selbst ein Stück weit Maschine wird. TT

EDWARD BURTYNSKY – *MANUFACTURING #10AB, CANKUN FACTORY, XIAMEN CITY, CHINA*

PROGRAMMIERT AUF ARBEIT

Die Installation besteht aus einem schreibenden Roboter, der permanent Manifeste produziert; sobald eines fertig ist, wirft er das Papier in Richtung der Besucher. Jedes Manifest besteht aus acht thesenartigen Sätzen, die vom Roboter eigenständig generiert werden. Dazu greift die Maschine auf ein internes Repertoire an Begriffen aus den Bereichen Kunst, Philosophie und Technik zurück und verkettet diese zufällig innerhalb von Satzstrukturen. Anstelle der massenhaften Reproduktion eines immer gleichlautenden Manifests produziert die Maschine massenhaft Unikate mit individueller Botschaft, deren Signatur eine Seriennummer ist. Doch so einzigartig die Manifeste auch sind, so zufällig und automatisch sind sie generiert und so sinnentleert sind sie. *Manifest* wird unterstützt von Kuka. AR

robotlab. *manifest*, 2008. Installation mit Industrieroboter, 180 × 240 × 120 cm. Dank an: KUKA und ZKM
© robotlab

manifest, 2008

ROBOTLAB – *MANIFEST*

PROGRAMMIERT AUF ARBEIT

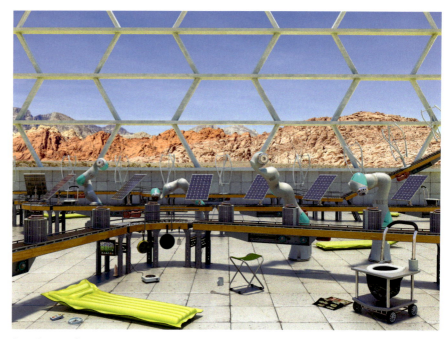

Shawn Maximo. *Going Green,* 2016. Tapete, 356 × 491 cm © Shawn Maximo

Going Green, 2016

SHAWN MAXIMO – *GOING GREEN*

Visionen möglicher zukünftiger Lebensräume kreiert der Künstler Shawn Maximo, indem er unterschiedliche Konzepte für Raumnutzung vermischt, weshalb seine Bilder fremd und vertraut zugleich wirken. In diesem Fall bildet eine Produktionshalle mit Robotern, die autonom am Fließband arbeiten – hergestellt wird „grüne Technologie" –, den Rahmen der Betrachtung. Im Vordergrund des menschenleeren Szenarios sieht man verstreutes Equipment, das an Camping erinnert: Luftmatratze, Klapphocker, Campingkocher. Es drängt sich die Frage auf, welche Funktion Menschen in diesem post-industriellen Szenario einnehmen. Sind sie als Arbeitskräfte bereits obsolet geworden? Oder haben wir es hier mit zukünftigen Raumnutzungskonzepten zu tun, die wir so noch nicht für möglich / sinnvoll halten? TT

BBC NEWS – *WILL A ROBOT TAKE YOUR JOB?*

Die interaktive Website der BBC, aufbauend auf zwei aktuellen Studien zum Thema Automatisierung in der Arbeitswelt, ermöglicht es jedem, das eigene Risiko zu ermitteln, in absehbarer Zeit im Beruf durch Roboter und Computer ersetzt zu werden. Erwartungsgemäß würde es solche Berufe, die Empathie und soziale Intelligenz erfordern, wie etwa Pflegeberufe, oder solche, die Verhandlungskompetenz oder Kreativität erfordern, nicht so bald treffen. Manuelle und einfachere administrative Tätigkeiten dagegen umso mehr. Wie oftmals wird auch hier Automatisierung – in der Gestalt mäßig sympathischer humanoider Roboter mit tief liegenden Augenschlitzen – eher als eine Art Naturgewalt dargestellt denn als ein Prozess, dem man politisch begegnen und gegebenenfalls entgegenwirken könnte. TT

BBC. *Will a robot take your job?,* 2015. Interaktive Webseite, Team: Nassos Stylianou, Tom Nurse, Gerry Fletcher, Aidan Fewster, Richard Bangay und John Walton © Getty Images / BBC Motion Gallery

Will a robot take your job?, 2015: Die Webseite ...

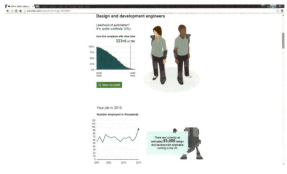

... errechnet das persönliche Automatisationsrisiko.

MOTH COLLECTIVE UND BOX OF TOYS AUDIO LTD. – *THE LAST JOB ON EARTH: IMAGINING A FULLY AUTOMATED WORLD*

Der Animationsfilm *The Last Job on Earth* zeichnet das Szenario einer Welt, in der menschliche Arbeit abgeschafft wurde: Alles ist computerisiert oder durch Roboter ersetzt – von der häuslichen Körperpflege und Hausarbeit über die Mobilität, die medizinische Versorgung, die Versorgung mit Nachrichten bis hin zum Shopping. Die Protagonistin Alice jedoch hat – noch – einen Job. Der Zuschauer begleitet sie einen Morgen lang und auf ihrem Weg ins Büro, auf dem neben der „schönen neuen Welt" auch deren Kosten sichtbar werden: wachsende Ungleichheit, „Abgehängte", Slums, das Problem der Versorgung einer zur Untätigkeit verdammten Bevölkerung. So legt das Szenario die Frage nahe, ob eine Gesellschaft ohne Arbeit – technischer Fortschritt hin oder her – eigentlich wünschenswert ist. TT

Maschinen funktionieren auch in Zukunft nicht immer.

Moth Collective und Box of Toys
Audio Ltd. für The Guardian,
*The Last Job on Earth: Imagining a
Fully Automated World*, 2016.
Video, 2 Min. 53 Sek.
© 2016 Guardian News & Media Ltd.

The Last Job on Earth, 2016

… nur vordergründig sieht alles toll aus.

JULIUS BREITENSTEIN
– *THE UNPAID INTERN*

The Unpaid Intern, 2016: Steuerung

Für seine Diplomausstellung an der Kunst- und Designhochschule Central Saint Martins in London entwarf Julius Breitenstein *The Unpaid Intern* (Der unbezahlte Praktikant). Vor dem Hintergrund immer lauter werdender Diskussionen über den Verlust von (Designer-)Jobs durch neue, computergestützte und autonome Technologie ist Breitensteins Beitrag durchaus am Puls der Zeit. Anstatt die Rolle des Designers zu bagatellisieren, zielt *The Unpaid Intern* genau auf das Gegenteil ab: Genetische Algorithmen sollen wie ein Werkzeug dazu dienen, den Designprozess zu verbessern, und damit den Designer unterstützen. Die quadratische Steuerung, die Breitenstein dazu entworfen hat, hat eine simple CAD-Nutzeroberfläche, basiert auf Parametern und ermöglicht es Nutzern, schon im frühen Projektstadium viel zu experimentieren, Ergebnisse als Vorlage zu speichern und später miteinander zu kombinieren. Das Gerät erweist sich für Designer als effizient und bietet mehr Möglichkeiten. Gleichzeitig könnte es aber auch einfach nur dazu führen, dass dem Praktikanten nicht mehr zu tun bleibt, als Kaffee zu kochen. EP

Julius Breitenstein. *The Unpaid Intern,* 2016. Algorithmus-basierte Design-Software, Steuerung, ca. 17 × 17 × 4,2 cm, 3D-gedruckte Formen, diverse Größen © Julius Breitenstein

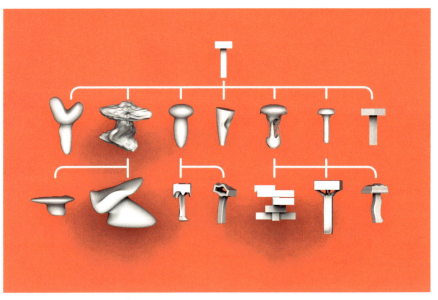

Skizze der vom Algorithmus generierten Formen

YuMi, 2015

YuMi ist ein zweiarmiger Roboter, der für kleinteilige Montagearbeiten etwa in der Elektronikindustrie entwickelt wurde. Er hat multifunktionale, mit Sensoren ausgestattete „Arme", seine Extremitäten besitzen eine Beweglichkeit um 14 Achsen. *YuMi* – der Name kommt von „you and me", also „du und ich – gemeinsam" – ist ebenso geschickt wie Menschen und ahmt sowohl von seiner Funktion als auch vom Erscheinungsbild her die menschliche Schulter-, Arm- und Handpartie nach. Während klassische Industrieroboter hinter Schutzbarrieren arbeiten, weil sie nicht erkennen können, ob ein Mensch in der Nähe steht, ist *YuMi* als kollaborativer Roboter dazu gedacht, gemeinsam und sicher mit Menschen zu agieren. Dank seiner einfachen Bedienung kann er jegliche manuelle Arbeit verrichten. Und so wie die Dampfmaschine einst menschliche Muskelkraft ersetzte, wird uns auch *YuMi* mehr und mehr repetitive Montagearbeiten abnehmen, während sich der Mensch wertschöpfenden und wertvolleren Tätigkeiten widmen kann. TT

ABB ROBOTICS – *YUMI*

ABB Ltd. *YuMi,* 2015. Kollaborativer Roboter, Gesamtgrundfläche: 39,9 × 49,6 cm, Roboterfuß: 39,9 × 13,4 cm, Reichweite: 50 cm, Gewicht: 38 kg
© ABB Ltd.

SIMONE REBAUDENGO, AUTOMATO.FARM – *TEACHER OF ALGORITHMS*

Simone Rebaudengo (automato.farm). *Teacher of Algorithms,* 2015. Mixed Media Installation und Video, 5 Min. 28 Sek. Drehbuch, Regie, Schnitt: Simone Rebaudengo; Drehbuch und Ton: Daniel Prost; Kamera: Andrea Carlon © automato.farm

Das im Video *Teacher of Algorithms* vorgeführte Szenario geht davon aus, dass unsere etwa im Haushalt eingesetzten „smarten" Geräte gar nicht so smart sind, sondern dass sie sich erst durch Lernen und Beobachtung an unsere Gewohnheiten anpassen müssen, um wirklich effektive Helfer zu sein. Doch was, wenn etwa die Kaffeemaschine nach einer durchgearbeiteten Nacht fortan regelmäßig um zwei Uhr morgens in Aktion tritt? Wäre es dann nicht praktisch, wenn wir unsere Geräte zu einem Algorithmus-Trainer bringen könnten, der sie professionell für uns und gemäß unseren Bedürfnissen trainiert und „abrichtet" und damit erst zu einem smarten Gerät macht? Schließlich bringen neue Technologien immer auch neue Berufsfelder mit sich.
TT

Teacher of Algorithms, 2015

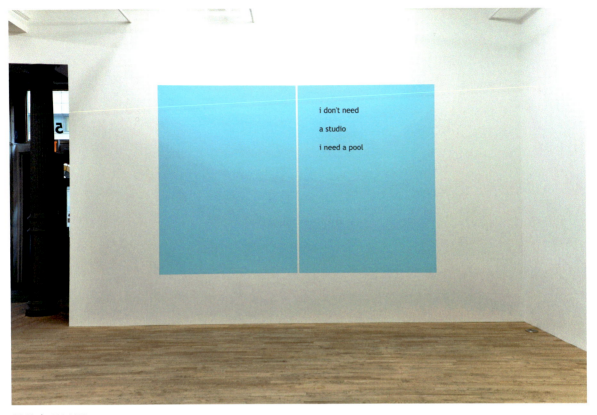

RR Haiku 154, 2015

Rafaël Rozendaal. *RR Haiku 154,* 2015, Wandgemälde, Farbe und Folienbeschriftung, 250 × 167 cm © Rafaël Rozendaal

Der Künstler Rafaël Rozendaal begann 2013 damit, auf seinen verschiedenen Accounts in den sozialen Medien Haiku zu posten, die zusammen mit einem allgemeinen Kommentar über die Gesellschaft häufig das Wesen der Arbeit von heute bewerten: Mit „clickidiclickclick, clickclickclickclickidiclick, clickclickidiclick" *(RR Haiku 68)* wies Rozendaal beispielsweise auf die Banalität von zu viel Bildschirmarbeit hin und mit „never working, never, not working" (nie arbeiten, nie nicht arbeiten) *(RR Haiku 111)* auf unsere Unfähigkeit, uns vom Bildschirm zu entfernen. Inzwischen sind seine Haiku nicht mehr nur auf dem Bildschirm, sondern auch in anderen Medien zu finden, wie etwa in einem 2015 erschienenen Buch und auf großformatigen Wandmalereien. *RR Haiku 154* – „i don't need, a studio, i need a pool" (ich brauche kein Studio, ich brauche einen Pool) – wurde für die Ausstellung *Hello, Robot.* ausgewählt, weil es spielerisch hinterfragt, was wir mit all der neu gewonnenen Freizeit anfangen, wenn die Roboter erst einmal unsere Arbeit übernommen haben: Wird uns etwas anderes am Schreibtisch halten oder werden wir uns sofort in den Swimmingpool stürzen? EP

RAFAËL ROZENDAAL
– RR HAIKU 154

MÖCHTEN PRODUZE

DENKEN SIE, IHR JOB KÖNNTE VON EINEM ROBOTER ÜBERNOMMEN WERDEN?

SIE SELBST ZUM
~~TEN~~ WERDEN?

VOGT + WEIZENEGGER – *SINTERCHAIR*

Der *Sinterchair* entsteht mithilfe der Sintertechnik – ein Verfahren, das zuvor bereits bei der Prototypenfertigung in der Automobil- und Flugzeugindustrie eingesetzt wurde –, um Stuhlunikate nach Maß anzufertigen. Mithilfe eines Fragebogens werden zunächst die Vorlieben des Kunden wie etwa die bevorzugte Musikrichtung oder Lieblingsautoren und -philosophen abgefragt; danach entsteht eine computergenerierte Zeichnung des Stuhls. Anschließend brennt die Maschine mithilfe des Selective-Laser-Sintering-Verfahrens (SLS*) die Konturen des Stuhls in einen Block aus Nylonpulver und schneidet die Form dann Schicht für Schicht aus. Die Schichten härten aus und der Stuhl nimmt Form an. Nach wenigen Stunden wird das überschüssige Material des Nylonblocks entfernt und der Kunde kann den Stuhl mit nach Hause nehmen. Dieses Verfahren stellt den Konsumenten in den Mittelpunkt des Entwurfsprozesses und vermeidet Vertriebs-, Lager- und Modellkosten. AR

Sinterchair, 2002

Vogt + Weizenegger. *Sinterchair,* 2002. Stuhl, Nylonpulver, 76,2 × 44 × 50,5 cm © Vogt + Weizenegger, Foto: Jürgen Hans, Courtesy Vitra Design Museum

TAL EREZ – *BANDE À PART*

Installationsansicht

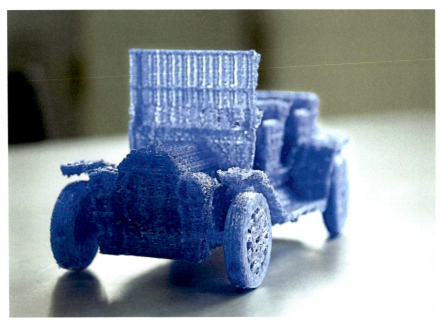

Bande à part, 2013: 3D-gedrucktes Auto

Bande à part wurde 2013 von Tal Erez für die Ausstellung „Design Beyond Production" (Design jenseits von Produktion) entwickelt, die im Kunstraum Z33 in Hasselt, Belgien, und während der Möbelmesse in Mailand gezeigt wurde. Die kritische Designinstallation veranschaulicht die politischen, gesellschaftlichen und ethischen Konsequenzen aus der immer größeren Verbreitung von DIY-Technologien wie dem 3D-Druck und der daraus resultierenden grundlegenden Veränderung im Rollenverständnis von Designern, Konsumenten und Produzenten. Für die Ausstellung *Hello, Robot.* wurde die Installation zwar verkleinert, doch die drei wichtigsten Features bleiben erhalten: Kommandozentrale, Kontrollbildschirm und Fließband – alle drei unter der Aufsicht eines Designers. So wird eine dezentralisierte Fabrik simuliert, in der einzelne Haushalte ihre Güter unter der Überwachung des Designers selbst drucken. Da der Designer nicht nur als solcher agiert, sondern auch als übergeordneter Hersteller, vervielfachen sich seine Aufgaben und Anforderungen dementsprechend. Und der gesamte Prozess läuft Gefahr, dramatisch in den unregulierten Bereich abzugleiten. EP

Tal Erez. *Bande à part,* 2013. Mixed-Media-Installation mit zehn 3D-gedruckten Autos, Polyester, jeweils 12 × 6 × 7 cm © Tal Erez

Kommandozentrale

PROGRAMMIERT AUF ARBEIT

KRAM/WEISSHAAR – *ROBOCHOP*

Die auf der CeBit 2015 präsentierte interaktive Installation des Designerduos Kram/Weisshaar wollte zeigen, wie intelligente Produktionssysteme in Zukunft jeden Benutzer befähigen könnten, mithilfe industrieller Technologie ein gewünschtes Produkt selbst zu entwerfen und herzustellen. Besucher konnten am Touchscreen Formen definieren, die ein Roboter dann mithilfe eines Glühdrahtschneiders aus einem Schaumstoffkubus herausschnitt. Die resultierenden Objekte wurden dann kostenlos weltweit zu ihren Urhebern nach Hause geschickt. Clemens Weisshaar und Reed Kram beschäftigten sich bereits in vielen früheren Projekten mit den Möglichkeiten individueller und individualisierter Produktion mit industriellen, automatisierten Herstellungsverfahren. TT

Clemens Weisshaar & Reed Kram. *Robochop,* 2015. Installation mit Industrieroboter und App, Video, 1 Min. 39 Sek., Regie: Clemens Weisshaar; Kamera: Florian Zinke; Kameraassistent: Paul Georg Busse; Cutter: Felix Schmerbeck
© KRAM/WEISSHAAR, Foto: Jürgen Schwope

Robochop, 2015

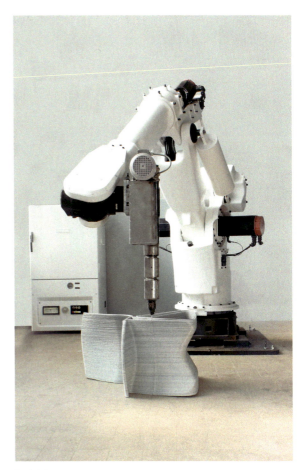

Produktion

Endless Flow Rocking Chair, 2011

Dirk Vander Kooij. *Endless Flow Rocking Chair,* 2011. Stuhl, recyceltes Plastik, 82 × 42 × 68 cm. © Dirk Vander Kooij, Foto (l): Jürgen Hans, Courtesy Vitra Design Museum, Foto (r): Studio Dirk Vander Kooij

DIRK VANDER KOOIJ – *ENDLESS FLOW ROCKING CHAIR*

Für die Kollektion *Endless* konstruierte Dirk Vander Kooij den weltweit ersten Roboter, der zu 100 Prozent recycelte Möbel aus dem 3D-Drucker produziert. Der umgestaltete Industrieroboter schmilzt das fein geschredderte Innere von alten Kühlschränken ein, extrudiert eine endlose Plastikschnur und formt diese zum endgültigen Objekt. Aus dieser Art von 3D-Druck in niedriger Auflösung entsteht in nur drei Stunden ein Stuhl. Die Technologie erlaubt es dem Designer außerdem, nach Herstellung eines Möbelstücks das Modell zu modifizieren – ein Pluspunkt, den das traditionelle Spritzgussverfahren nicht bietet. Die Maschine lässt sich für Möbel jeglicher Form und Größe programmieren. Für den *Endless*-Stuhl wurde Vander Kooij 2011 mit dem niederländischen Designpreis ausgezeichnet. AR

Der Roboter legt die Schnur aus.

Detailansicht

Rock Print, 2015: Installationsansicht auf der Chicago Biennale of Architecture

GRAMAZIO KOHLER RESEARCH – *ROCK PRINT*

Das architektonische Gebilde der Schweizer Architekten Gramazio & Kohler (an der ETH Zürich: Gramazio Kohler Research), eine Art vierbeinige Säule, beruht auf der neuartigen Technik des Jammings, mit der sich grobkörnige Partikel wie der hier verwendete Schaumglasschotter zu stabilen Einheiten verbinden lassen. Bei dieser Technik wird von einem Roboterarm nach einem bestimmten Algorithmus eine Struktur aus Schnur ausgelegt, auf der dann eine Steinschicht manuell ausgebreitet wird. Schicht für Schicht wird das Gebilde in einem Holzkorpus aufgebaut, am Schluss bleiben nur die durch die Schnurstruktur gefestigten Steine stehen. Der *Rock Print* funktioniert damit ähnlich dem 3D-Print, nur wird anstatt einem chemischen Festiger ein mechanischer verwendet. Letzterer hat auch die Besonderheit, dass er reversibel ist: Man muss einfach nur die Schnur herausziehen. TT

Gramazio Kohler Research. *Rock Print,* 2015. Architekturinstallation mit Industrieroboter © Gramazio Kohler Research, ETH Zürich

Individualität, Feingliedrigkeit und Schönheit: drei Wörter, die erst seit Kurzem mit robotisierten Produktionsmethoden in Verbindung gebracht werden. Eine aus Hyunchul Kwon, Amreen Kaleel und Xiaolin Li bestehende Studentengruppe (Team CurVoxels) von der Bartlett School of Architecture am University College London entwickelte im Rahmen ihres Aufbaustudiums die Software für ein 3D-Druckverfahren, mit dem man einen filigranen, freischwingenden Stuhl produzieren kann, der in seiner Form dem legendären Panton-Stuhl des dänischen Designers Vernon Panton ähnelt. Aber anders als bei der (gezielt angestrebten) Massenproduktion der Panton-Stühle soll das CurVoxel-Modell in einer auf variablen Algorithmen basierenden individualisierten Massenproduktion gefertigt werden. Mithilfe eines errechneten Algorithmus kreiert ein Roboter die feingliedrige Form des Stuhls in einem einzigen kontinuierlichen Arbeitsgang, wobei die ausgestoßenen Plastikfäden in der Bewegung erstarren. Das Ergebnis ist schlicht spektakulär. EP

CurVoxels, Research Cluster 4, UCL The Bartlett School of Architecture. *3D Printed Cantilever Chair,* 2015. ABS-Kunststoff, 45 × 50 × 85 cm. Studierende: (CurVoxels) Hyunchul Kwon, Amreen Kaleel, Xiaolin Li; Dozenten: Gilles Retsin, Manuel Jiménez Garcia; Technik: Vicente Soler Senent, William Bondin
© CurVoxels

3D Printed Cantilever Chair, 2015

CURVOXELS – *3D PRINTED CANTILEVER CHAIR*

SPACE EXPLORATION ARCHITECTURE / CLOUDS ARCHITECTURE OFFICE – *MARS ICE HOUSE*

Seit die NASA kürzlich Hinweise auf das Vorkommen von Wasser auf dem Mars gefunden hat, rückt das Sci-Fi-Szenario vom Leben auf dem Mars in greifbare Nähe. Einen Wettbewerb der amerikanischen Raumfahrtbehörde, bei dem die Teilnehmer mit 3D-Drucktechnik und auf dem Mars vorhandenen Materialien eine Wohnstätte für vier Astronauten entwerfen sollten, gewann das Designerteam Clouds AO and SEArch. Ihr aus Eis „gedrucktes" zweischaliges Gebäude, in dem Pflanzen für Sauerstoff sorgen, soll den Bewohnern Schutz vor den unwirtlichen Klimabedingungen auf dem Mars gewähren, wo die Temperatur auf bis zu -150 °C sinken kann. Zugleich stellt es durch die Lichtdurchlässigkeit des Baumaterials und durch die großen Fenster eine Verbindung zur Außenwelt her. LH

Space Exploration Architecture / Clouds Architecture Office. *Mars Ice House,* 2015. Architekturmodell, 3D-gedrucktes Harz, weißes Corian, 26,5 × 66 × 66 cm © Clouds AO / SEArch

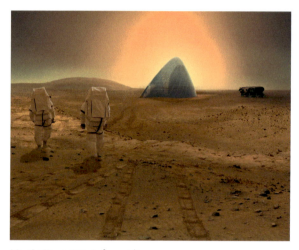

Mars Ice House, 2015: Außenansicht

Innen, Details

Gebaut von einem Roboter

JORIS LAARMAN – *MX3D BRIDGE*

Die *MX3D* Bridge des niederländischen Designers Joris Laarman eröffnet eine neue Vorstellungswelt um das Thema 3D-Drucken. Die von Laarman gestaltete Fußgängerbrücke wurde von sechsachsig beweglichen Roboterarmen in Stahl gedruckt und anschließend über einen Amsterdamer Kanal gelegt; es wurde also nur mit einer einzigen, universell einsetzbaren Herstellungstechnik und vollrobotisiert gearbeitet – normalerweise kommen beim Brückenbau mehrere Techniken und Spezialisten zum Einsatz. Wird das 3D-Drucken noch immer eher mit der Herstellung kleiner, filigraner Objekte assoziiert, so hat es mit diesem Projekt auch in der Architektur und generell auf der Baustelle Einzug gehalten. TT

Produktion

Joris Laarman für MX3D.
MX3D Bridge, Amsterdam, 2021.
3D-gedruckte Fussgängerbrücke aus Edelstahl, Länge: 12 m. Oben:
© Joris Laarman Lab, rechts:
© Anita Star / Joris Laarman Lab

MX3D Bridge, 2021

FREUND UND HELFER

Schon heute verlassen wir uns in unserem Alltag auf intelligente Geräte. Wir vertrauen darauf, dass unsere smarten Assistenten uns durch fremde Städte navigieren, uns an den Hochzeitstag erinnern und uns jederzeit zu jedem Thema Auskunft geben können. Sie messen unseren Puls und im Notfall rufen sie sogar die Rettung. All das hat unser Leben bequemer gemacht und in manchem Fall sogar gerettet. Doch wer schon einmal einen (Arbeits-)Tag lang ohne sein Smartphone auskommen musste, weiß auch, wie abhängig wir von dieser smarten Hilfe geworden sind. Und wie hilflos, wenn sich herausstellt, dass sie gar nicht so smart ist, wie versprochen.

Unsere Beziehung zu Objekten und die Gestaltung dieser Beziehung sind ein Thema, das Designer seit Jahrzehnten beschäftigt. Wann immer der Konsument die Wahl zwischen vielen gleichen oder ähnlichen Produkten hat, werden deren sinnliche und emotionale Qualitäten zum entscheidenden Verkaufsargument. Das gilt umso mehr, wenn es sich um intelligente Objekte handelt, die mit uns kommunizieren und interagieren und die uns das Gefühl geben, zu fühlen. Denn dann zählen nicht mehr Form oder Haptik, sondern wie sie erreichen, dass wir uns auf sie einlassen. Wenn Robotiker in letzter Zeit vermehrt von „humanised", also vermenschlichten Maschinen sprechen, dann meinen sie, dass diese Maschinen uns begegnen sollen wie alte Bekannte: hilfsbereit und zuvorkommend, vielleicht ein bisschen übereifrig, aber eben auch neurotisch oder manipulativ. Und sind wir erst in diesem Beziehungsgeflecht gefangen, trifft uns der Verlust umso härter. Was passiert, wenn das geliebte Ding für immer von uns geht?

Der Roboter, der sich um uns kümmert, der uns hegt und pflegt, der dafür Sorge trägt, dass es uns gut geht, begegnet uns quer durch die Gesellschaft. Noch ist es nicht so weit, dass wir unsere Kinder robotischen Nannys anvertrauen. Doch schon heute gibt es eine Fülle von Robotern, die den Kleinen Spielgefährte, Lehrer und oft auch Aufpasser in einem sein sollen. In der Altenpflege wird der verbreitete Einsatz von Robotern ganz ernsthaft diskutiert – nicht nur in Japan, wo man den intelligenten Maschinen seit jeher offen gegenübersteht, sondern auch im Westen. Mit gutem Grund, denn schon heute werden Roboter sehr erfolgreich in der Behandlung demenz- und alzheimerkranker Menschen angewendet. Und auch jüngere Erwachsene wollen und müssen nicht darauf verzichten, sich von intelligenten Maschinen umsorgen zu lassen – sei es, um ein neues Paar Jeans zu shoppen, um sich die Einkäufe nach Hause liefern zu lassen oder um die Jeans für etwas unverbindlichen Sex wieder auszuziehen.

FREUND UND HELFER

MEINE ELEGANTE ROBOTERFREIHEIT

VON BRUCE STERLING

Ich wurde 2016 in einer Villa in Hannover geboren. Unser Haus war voll automatisiert, mit der neusten Haushaltstechnik. Wir hatten all die tollen Apparate, die auf der CeBIT-Robotermesse in Hannover angeboten wurden.

Es dauerte eine ganze Weile, bis mir klar wurde, dass die Heimtechnologie meiner reichen Familie unglaublich mies war. Die Roboter waren primitiv, grob und grauenvoll. Ich bin jetzt 25 Jahre alt und heute, im goldenen Roboterzeitalter der 2040er-Jahre, kann ich das rückblickend ganz gut beurteilen.

So weiß ich jetzt beispielsweise, dass mir meine eigenen Eltern nie die angemessene Aufmerksamkeit geschenkt haben. Sie waren Unternehmer in der Industrieroboter-Branche, ständig damit beschäftigt, menschliche Arbeitskraft durch Roboter zu ersetzen. Und so, dachten sie, könnten Maschinen doch auch zu Hause ihr Kind großziehen.

Ich krabbelte also in meinen smarten Windeln über den Boden, während ich an beiden kleinen Handgelenken medizinische Scanner-Armbänder trug. Meine Wiege war vollgestopft mit Geräten zur 24-Stunden-Video- und Bewegungsüberwachung. Mein Kinderzimmer war mit zehn unterschiedlichen Alarmsystemen zur Einbruchs- und Umweltsicherheit ausgestattet.

Als ich etwas älter wurde, bemerkte ich, dass das Haus alle meine kindlichen Bewegungen aufzeichnete. Unsere Straße lag in einer Gated Community, einer eingezäunten, bewachten Siedlung. Jede Ampel meiner smarten Stadt war mit Sicherheitskameras versehen. Von oben summten die Überwachungsdrohnen ohne Pause.

Als ich groß und stark genug war, rebellierte ich gegen diese erdrückende Konformität. Ich riss aus, weg von diesem großen, unglücklichen Haus, und floh nach München, um dort ein neues Leben in Freiheit zu beginnen!

Schwabing bietet uns Deutschen traditionell eine kulturelle Zuflucht, besonders denjenigen unter uns, die auf der Suche nach einer geistig anspruchsvolleren, idealeren Lebensweise sind. Das war auch mein Bestreben. Aus mir war eine moderne junge Frau der 2040er geworden. Ich war fest entschlossen, mich an den moralischen Kämpfen meiner Generation zu beteiligen.

Mit offenen Armen wurde ich in den grün umrankten, gemütlichen Cafés empfangen, wo wir, die jugendlichen Rebellen einer überkommenen digitalen Ordnung, unsere Handys in Eimer mit Sand warfen, um von Angesicht zu Angesicht miteinander sprechen zu können.

Warum nur, fragten wir uns. Warum gab es so viele Algorithmen, so viele Kameras, Mikrofone, Tracker und Aktuatoren? Und warum gab es so wenig Zärtlichkeit, Zuwendung und wahre körperliche und geistige Authentizität? Waren wir alle verloren?

Unsere Welt war übersättigt von Maschinenintelligenz, einem wirren Netz aus Glasfaserkabeln, Funkmasten und Satelliten, das den ganzen Erdball umspannte. Warum also konnte ich, Franziska von K., eine junge Deutsche mit kulturellen Ambitionen, keinen einzigen privaten Raum finden, aus dem sich die aufdringliche Welt aussperren ließ – einen kostbaren Raum, in dem ich wahrhaft ich selbst sein konnte? War ein eigenes Zimmer für eine Frau wirklich zu viel verlangt?

In Schwabing wimmelte es von jungen Leuten, die sich in der gleichen moralischen Krise befanden. Wir alle waren zutiefst verbittert, von schlechter Software und einer Flut von Social-Media-Meldungen großgezogen worden zu sein. Tausende haarsträubende kommerzielle Apps und Bots zur Haushaltsführung waren von Erwachsenen für Erwachsene entwickelt worden. All dies schien direkt gegen unsere emotionalen Bedürfnisse, gegen die Bedürfnisse der Jugend von morgen gerichtet.

Uns wurde klar, dass die High-Tech-Ausstattung unserer Eltern schon immer gnadenlos ausbeuterisch gewesen war. Ihre Web-Technologie trat zivilisierte Werte mit Füßen, war brutal, rücksichtslos und repressiv; sie war einfach nur marktüberwachender Schrott! Das harte Leben an der elektronischen Front unserer Eltern hatte tiefe Narben in unseren Seelen hinterlassen.

Ich verbrachte emotional stürmische Jahre in Schwabing, während ich mithalf, das Bewusstsein meiner Generation zu schärfen und die Verletzten unter uns zu trösten, besonders die sensiblen und verstörten jungen Männer, die viel zu viel Zeit mit Computerspielen verbracht hatten. Über meine eigenen Lebensziele war ich mir nicht ganz im Klaren, aber ich schien eine Begabung dafür zu haben, Menschen persönlich zu berühren.

Irgendwann wurde mir klar, dass es an der Zeit war, zu handeln. Es reichte nicht, gemeinsam über den armseligen Zeitgeist und unsere Weltanschauung im 21. Jahrhundert zu lamentieren. Wir mussten uns organisieren und für die Verbesserung unserer Welt kämpfen.

Aber wie sollten wir das anstellen? Ich fand eine Antwort: indem wir die Werkzeuge, die gegen uns verwendet worden waren, neu erfanden. Vor allem also Roboter, denn Roboter sind „maschinell in Gang gesetzte, mobile, programmierbare Mechanismen mit einem gewissen Grad an Autonomie".

War es möglich, Roboter völlig neu zu erfinden? Konnten wir Münchner Salonrebellen eine neue, weiterentwickelte Generation von Robotern erschaffen, mit denen nie jemand gerechnet hätte?

In Schwabing schloss ich mich der noch jungen gesellschaftlichen Bewegung der Nouveau-Robotik an. Meine neuen Freunde waren eine lose Gemeinschaft aus Programmierern, Designern, Mechanikern, Architekten, Innenarchitekten und Kunsttischlern. Wir wandelten auf den Spuren unserer geistigen Vorfahren, der genialen Münchner Jugendstilbewegung, wir waren allerdings sogar noch allumfassender!

Unser Ziel war nichts weniger als die Wiederbelebung des europäischen häuslichen Lebens! Wir würden nicht länger die aufdringliche soziale Software des Internet of Things, des Internet der Dinge, erdulden, die größtenteils in Kalifornien designt war, und das auch noch schlecht. Unser Dasein sollte emanzipiert und elegant sein, ein Gesamtwerk, bestehend aus Softrobotik.

Entrüstet wiesen wir das traditionelle Robotererbe Europas zurück (das, wie allgemein bekannt, auf den Prager Schriftsteller Karel Čapek aus den 1920er-Jahren zurückgeht). Das althergebrachte Paradigma von Robotern als menschenähnliche Metallmonster lehnten wir entschieden ab.

Wir alle wollten „Softroboter". Warum?

Weil wir erkannten, dass die wesentliche Anforderung an robotisches Wohndesign eine Robotertechnologie war, die fundamental wohnlich war. Anstatt die eigenen vier Wände zu robotisieren, wollten wir die bestehende Industrie auf den Kopf stellen und die Roboter vollständig domestizieren.

Die Roboter der älteren Generation waren alle stählern, männlich, kalt, schwer, soldatisch, drohnenhaft und tyrannisch. Unsere Generation hingegen wollte völlig neue Roboter, die anmutig, fließend, auxetisch, leicht und absolut zivilisiert sein sollten!

Unsere neu-robotischen Geräte für den Hausgebrauch hatten den weichen, samtigen, nachgiebigen Charakter von Betten, Sofas, Kissen, Polstern, Teppichen und Vorhängen. Für Roboter waren diese Produktkategorien vollkommen neu. Wir nannten sie Blobs, Tentakel, Gewebe oder Leuchten.

Einige unserer Softroboter für den Haushalt waren so einfach und preiswert, dass man sie nach dem Gebrauch wie Papiertücher wegwerfen konnte. Andere waren flach, kompakt und beweglich wie Origami-Figuren. Wieder andere Softroboter bewegten sich vor und zurück, wuchsen und zogen sich wieder zusammen wie seidene Heißluftballons.

Der wahre Schlüssel zu unserer Erleuchtung jedoch war intelligentes Licht. Robotische Sicht wurde direkt in die Beleuchtungssysteme im Haus eingebaut. Roboterkartierung, Radar und Lidar kamen direkt von den intelligenten Tracking-Lichtern, die in Wände, Böden und Decken eingelassen waren. Auf diese Art waren Licht und robotische Sicht stets ein und dasselbe.

Durch diesen bedeutenden Fortschritt wurde das gesamte Haus zum „Roboter", in dem wir lebten, während es sich bei allen Maschinen im Haus lediglich um Peripheriegeräte, um austauschbare Komponenten handelte. Dieser grundlegende Paradigmenwechsel ermöglichte eine Befreiung der Softroboter.

Die erforderlichen Technologien, um Roboter weicher, softer zu machen, waren bereits vorhanden. Es brauchte nur noch den Mut und Willen, anders zu denken und zu leben.

Unsere Eltern hatten ihre altmodischen Metallroboter als in sich abgeschlossene Apparate gebaut: starr, präzise, exakt, hoffnungslos spießig und langweilig. Unsere neue Generation schuf beutelförmige, elegante Cloud-Roboter, die wackeln und schwanken, rutschen und fließen konnten!

Unsere Roboter-Blobs waren wie samtene Sandsäcke. Sie hatten keine scharfen Kanten, keine Stellen, an denen man sich verletzen konnte, und keine zerbrechlichen, beweglichen Teile, die leicht kaputtgehen würden. Blobs stellten keine Gefahr für Kinder dar. Und sie hatten keine eingebaute Spyware, keine Überwachung, denn sie bestanden fast ausschließlich aus einer elastischen Nano-Carbonhaut.

Ein dünnerer, gedehnter Softblob wurde zu einem Tentakel. Der Tentakel war ein weicher, stets sanfter und behutsamer Greifroboter. Dieser leichte, transparente, ultraflexible Roboter eignete sich ideal für Hausarbeiten wie lautloses Geschirrspülen oder das Arrangieren von frischen Blumen. Unsere höflichen und eleganten Tentakel waren auf jeden Fall ein Riesenfortschritt gegenüber den hässlichen Greifarmen aus Metall, die an schmutzigen Fließbändern Autos zusammenschweißten.

FREUND UND HELFER

Die flatternden Smartgewebe und die strahlenden Smartlichter wiederum ergänzten einander, sie waren wie Multimedia-Leinwände mit Projektoren zur erweiterten Sinneswahrnehmung.

Ich war von diesen neuen Möglichkeiten total begeistert. Ich spürte, dass ich meine Berufung gefunden hatte, und jeden Tag konnte ich meinen Geschmack und mein Verständnis weiter vervollkommnen.

Ich ließ meinen Charme spielen und bahnte mir so den Weg in sämtliche Garagen, Labors und Ateliers der Münchner Roboterdesignszene. Vorsichtig strich ich eigenhändig über die sich selbst knüpfenden, steuerbaren, durchsichtigen Vorhänge. Ich inspizierte Plastikraupen, Schmetterlingsdrohnen und Prototypen von Grillküchen mit Eigenantrieb. Ich testete persönlich die smarten Satindecken und die weichen, ultrasensiblen Betten.

Ich kaufte diese Softroboterprodukte nicht einfach nur (das tat ich natürlich auch), ich machte sie mir zu eigen. Aus mir wäre wohl nie eine gute Technikerin, Designerin oder Erfinderin geworden, aber ich war eine moderne Frau, die von dem starken Wunsch nach einem authentischen Leben geleitet war.

Dadurch konnte ich Menschen inspirieren. Ich verkörperte etwas. All die einsamen Erfinder, die besessenen Techniker in ihren vollgestopften Garagen – sie alle brauchten mehr im Leben als nur Investorengeld und eine Marktnische im Möbelsektor.

Diese modernen Handwerker brauchten liebevolle Zuwendung und Freundlichkeit. Sie brauchten ungeteilte persönliche Aufmerksamkeit. Sie brauchten eine einfühlsame Zuhörerin, eine verständnisvolle Frau, die mit ganzem Herzen bei ihnen war, der man seine innersten Sorgen anvertrauen konnte.

Sie brauchten diese immateriellen, aber doch so lebenswichtigen Gesten spiritueller Nahrung, die Künstler stets benötigten. Der Moment, in dem ich erkannte, dass ich mich selbst befreien konnte, indem ich jenes wertvolle Geschenk anderen Menschen zuteilwerden ließ, das war der Augenblick, in dem ich selbst plötzlich ziemlich berühmt wurde. Denn ich war ihre Muse. Aus mir war „Soft Franziska" geworden, das It-Girl, über das jeder in Schwabing sprach.

Ich verließ meine kleine Dachgeschosswohnung und zog in ein großes Loft in der Innenstadt, wo ich die Leute meiner Szene empfangen konnte. Ich wurde immer besser als Innenarchitektin und stattete meine neue Wohnung ausschließlich mit Blobs, Tentakeln, erweiterten Leuchten und interaktiven Geweben aus. Mein Loft war ein Showroom für die Möglichkeiten der Softrobotik.

FREUND UND HELFER

Als Gastgeberin in diesem lebendigen, bunten, sanft pulsierenden Gesamtkunstwerk lud ich jeden Mittwochabend die Möbel-Kreativen der Stadt zu mir ein. Zu all meinen Soireen servierte ich Weißwein, Brezeln und leckere bayerische Weißwürste.

Mein avantgardistisches Loft wurde zum stadtbekannten Treffpunkt, wo sich einflussreiche Persönlichkeiten der Softrobotik, Vordenker und ihre ausgewählten Gäste über kulturelle Themen austauschen konnten, ohne befürchten zu müssen, dass plötzlich irgendwelche Banker über sie herfielen.

Es ist nie einfach, als Frau eine große Gruppe übellauniger Männer trösten zu wollen, ohne nicht wenigstens einen davon zu heiraten. In dieser Sache half mir allerdings mein geliebter, weltkluger Großvater, ein Altachtundsechziger. Obwohl er schon 91 Jahre alt und ziemlich senil war, war er stets jenes Familienmitglied gewesen, das mich am besten verstand.

Mein Großvater wies mich darauf hin, dass meine großzügigen Einladungen bald mein Treuhandvermögen aufbrauchen würden. Er warnte mich, dass ich es als glamouröse Designermuse und prominente Münchner Salonlöwin nur dann zu etwas bringen würde, wenn ich ein passendes Geschäftsmodell zur Sicherung meines Lebensunterhalts fände.

Diesem moralischen Druck jenes Menschen, der mich immer am meisten geliebt hatte, musste ich nachgeben. Also überraschte ich meinen Großvater mit einer neuen Seniorenwohnung.

Meine kreativen Softrobotik-Freunde und ich wählten sorgsam die Gegenstände, Vorrichtungen und Services aus, die für die robotische Altenpflege am besten geeignet waren. Dann veranstalteten wir eine große Einweihungsparty und richteten Großvater in seiner neuen Softroboter-Umgebung ein. (Natürlich bezahlte er für alles, aber das war eben der Preis dafür, dass wir seinen guten Rat angenommen hatten.)

Nun hatte mein Opa ein mit Luftblasen bestücktes pneumatisches Stützbett, einen Tentakel-Massagestuhl und zwei vollautonome Heim- und Herdroboter, die seine Einkäufe erledigten und sämtliche Mahlzeiten zubereiteten. Nie wieder verlegte er Schlüssel oder Brille, denn riesige Papierdisplays zeigten ihm stets seine Merkzettel an.

Ich gab meinem Großvater auch einen großen roten STOP-Knopf, mit dem er alle Roboterdienste ausschalten konnte. Ein Druck auf diesen existenziellen Freiheits-Knopf tauchte den Raum in vollständige, reglose, totale, gänzlich technikfreie Finsternis. Nicht der leiseste Hauch von Licht, Geräuschen, Daten, nicht einmal von elektrischem Strom. Er war im hippiemäßigen Naturzustand.

Opa benutzte diesen großen roten STOP-Knopf ziemlich oft. Er schlug mit der Faust darauf, entzündete im Dunkeln echte Wachskerzen, nahm LSD und las dann Goethe.

Er interessierte sich besonders für Goethes berühmte Farbenlehre. Auf seinem Trip ließ er sich ganz und gar davon mitreißen, um plötzlich empört aufzuschreien, Goethes romantische Konzepte seien vollkommen absurd und verrückt. Dann wetterte er über psychedelische Farben, bis er zusammenbrach.

Wenn er dann wieder erwachte, hatte Opa alles vergessen. Vergnügt begann er von Neuem, Goethe von der ersten Seite an zu lesen.

Diese vermeintliche Abschweifung soll keinesfalls meinen armen Ex-Hippie-Großvater diskreditieren. Vielmehr möchte ich aufzeigen, dass das von mir eingerichtete Softroboter-Zimmer für sein Verhalten ideal war. Nie hatte ich meinen lieben Opa so vertieft und so erfüllt wie in seinen letzten Lebenstagen erlebt. Die Softrobotik erlaubte ihm, den Verstand zu verlieren, doch niemals seine Würde und Unabhängigkeit.

Mein Großvater entschlief friedlich in den sanften Armen seiner Tentakel. Ich nahm mir seinen guten geschäftlichen Rat zu Herzen und verwendete sein Erbe, um zwei neue Softroboter-Apartments zu bauen.

Nach kurzer Zeit hatte ich alle drei Wohnungen an Mieter vergeben, die es kaum erwarten konnten, einzuziehen. Nun war ich also eine Münchner Hausbesitzerin.

Meine Mieter waren ein bunter Haufen, kein Wunder, Schwabing ist ein enorm beliebtes Viertel. Iggy und Ina waren ein bisexuelles Künstlerinnenpaar und arbeiteten an einem gigantischen mysteriösen, interaktiven Unterhaltungsprojekt. Dabei ging es um riesige Kolonien kleiner Blob-Roboter, die sich wie lebende Zellen zu einem pulsierenden Land-Art-Monument aneinanderkoppelten. Der gewaltige Koloss aus Blob-Robotern rollte majestätisch durch die Wüste und setzte sich anschließend öffentlich in Brand.

Iggy war eine anerkannte Expertin für humanoide Robotergreifhände. Sie baute riesige Roboterhände, in denen sie saß und schlief, und druckte Hunderte winzig kleine Exemplare, die krabbelnden Mäusepfötchen glichen. Ina war die Intellektuelle in diesem Paar. Sie reiste stets mit einer Handtasche voller flacher, selbstklebender Augäpfel. Diese Roboter-Augen waren vernetzte Cloud-Kameras, aber Ina schätzte vor allem ihre Emoji-Qualitäten. Uns allen gefiel, wie diese Graffiti-Augen Touristen in Schwabing ins Visier nahmen, um dann, augenrollend, ihren Spott zu zeigen.

Iggy und Ina verloren schließlich ihr schwedisches Kunststipendium und verließen fluchtartig die Stadt, wobei sie mir die letzten zwei Monatsmieten schuldig blieben. Aber sie waren eine derart inspirierende Gesellschaft gewesen, dass ich ihnen verzieh; außerdem hat man als Vermieterin ja immer Probleme.

Meine dritte Wohnung richtete ich in Erinnerung an meine eigene unglückliche Kindheit ein, die ich in der Hölle auf Erden – dem Internet of Things – verbracht hatte. Daher gestaltete ich dieses Apartment so, dass Kinder hier vollkommen offen, frei und glücklich sein konnten, ohne herumkommandiert, genervt oder ausspioniert zu werden.

Irgendwie sprach sich diese Wohnung unter den Kindern im Viertel herum. Rudelweise fielen sie in meine softrobotische Utopia ein. Sie kauten auf den gummiartigen Tentakeln herum. Sie brachten die Blobs zum Platzen und schaukelten wie Affen auf den spiralig gedrehten Stromkabeln. Sogar streunende Straßenköter brachten sie mit, die von ihrer neuen Hundepension begeistert waren.

Meine schlimmste Mieterin war zugleich die lukrativste. Clarissa hatte mir erzählt, sie sei in München „auf Urlaub". Aber sie bekam so viele Roboter-Pakete geliefert, dass ich sehr rasch begriff, dass sie insgeheim eine Hotelbesitzerin aus Silicon Valley war.

Clarissa war professioneller Trendscout. Sie und ihre Geldgeber verfügten über genügend Finanzkraft, Softroboter so schnell zu „optimieren", dass es uns bedächtigen Europäern schwerfiel, dabei mitzuhalten. Clarissa hatte auch diesen prozessfreudigen amerikanischen Drang, die wunderbaren Konzepte, die sie aus unserer Münchner Kreativkultur „adaptierte", mit einem Dickicht aus Patenten, Urheberrechten und Markenschutz zu versehen. Wie oft werden großartige Ideen unserer wundervollen Stadt von Fremden entstellt und entwertet, die uns doch gar nicht verstehen!

Ich konnte nicht mehr auf die bewährten Weisheiten meines Großvaters bauen, also musste ich auf die harte Tour meine Erfahrungen mit Innendesign machen.

Ich lernte, dass Design massive kulturelle Probleme mit sich bringt. Sie sind so weitreichend, dass auch die Zartheit und besten Absichten einer Frau sie nicht ausräumen können.

Ein einzelner schöner Teekessel oder ein einzelner schöner Roboter in Blobform ist einfach nicht mehr derselbe, wenn daraus eine Million Teekessel werden oder eine Million Roboter. Bei dieser mysteriösen Verwandlung von der Ikone zur Massenware geht eine gewisse geheimnisvolle „Aura" verloren. Ich weiß, diese Vorstellung von „Aura" klingt ziemlich deutsch. Allerdings sollte jeder darüber Bescheid wissen, weil es wirklich wichtig ist.

Und dann gab es da noch mein Dilemma als Vermieterin. Das mag nach einer persönlichen Angelegenheit klingen, aber wie die meisten meiner persönlichen Probleme ist dieses Dilemma eigentlich universell.

Wenn man jemanden zu sich einlädt und ihm sagt, er könne da essen und schlafen, wird man geliebt. Wenn man jedoch dieselben Leute aufnimmt, sie noch besser verköstigt, ihnen ein superbequemes Bett zur Verfügung stellt und ihnen anschließend eine Rechnung über die Miete vorlegt, schätzen sie einen nicht mehr allzu sehr. Definitiv nicht.

Solange einen niemand dafür bezahlt, kann man eine glamouröse Muse und eine Kulturkennerin sein. Als anregende Gastgeberin profitiert man kulturell auf jede erdenkliche Weise, erhält beispielsweise kostenlose Publicity und gut aussehende, intelligente Typen kommen auf eine Brezel vorbei. Aber wenn man ihre Vermieterin wird, mögen sie dich auf einmal nicht mehr so sehr, auch dann nicht, wenn man die Leute sorgfältig mit wunderbaren Sachen umgibt, die sie eigentlich glücklich machen sollten.

Dass ich am Ende meiner Geschichte so traurige Dinge sage, mag vielleicht etwas enttäuschend klingen, lieber Leser. Aber ich gebe meine gesellschaftlichen Reformprojekte nicht auf. Niemals! Ganz im Gegenteil! Roboter werden mich nie enttäuschen. Ich werde immer fest an ihr unglaubliches Potenzial glauben!

Obwohl ich selbst nie ein glückliches Zuhause hatte, bin ich sicher, ich könnte eines bieten. Das spüre ich tief in meinem Herzen. Und diese Erkenntnis kam von einem düsteren, entlegenen Ort.

Seit fast hundert Jahren versucht der Mensch, im Weltraum zu leben. Zig Männer und Frauen haben die Umlaufbahn besucht und sind sogar auf dem Mond Auto gefahren. Aber kein Mensch lebt wirklich im Weltraum.

Der Weltraum ist dermaßen kalt und öde. Niemand wird dort jemals heiraten. Noch nie wurde dort ein Kind geboren. Der Weltraum ist das Reich emotionaler Auszehrung, ein leerer Ort, wo wir einfach nur Posten beziehen.

Doch eines Tages tauchte ein überraschender neuer Gast auf einer meiner Münchner Loftpartys auf. Joschka war Astronaut. Er erzählte viele Geschichten über die Raumstation, diesen stinkenden Haufen aus luftdichten Konservendosen, eine trostlose, lärmende Konstruktion mit Überwachungskameras und ausgesprochen altmodischer Software.

Dieser schneidige Astronaut war anders als meine üblichen Gäste. Joschka war ein distinguierter älterer Gentleman mit militärtechnischem Hintergrund. Doch als ich seine Hand nahm und ihm mit tiefem, weiblichem Mitgefühl zuhörte, erkannte ich, dass sein Kampf mit der Heimtechnologie im Weltraum auch ein neues Licht auf meine eigene Situation warf.

Die lebenserhaltende Technik im luftleeren Weltraum ist die krasseste und elementarste Form von Innenarchitektur. Darauf reduzierte sich mein Problem im Endeffekt, blendete man jegliche Zivilisation aus.

Noch bin ich keine Astronautin, nur die warmherzige Freundin eines solchen, aber ich kann mit Sicherheit sagen, dass die Innenarchitektur von Raumstationen lächerlich ist. Eine Raumstation kostet mehr als das Schloss von Ludwig dem Wahnsinnigen in Bayern und trotzdem ist sie niemals gemütlich und lädt zum Wohlfühlen ein. Sie ist ein benutzerfeindliches technisches Wunder und ein trostloser Ort zum Leben.

Als Zuhause hilft eine Raumstation Astronauten nie bei den intimsten Alltagsleiden wie Knochenschwund, Desorientierung, Lichtblitzen vor den Augen, dem Verlust des Geschmackssinns, Blutstau im Kopf- und Brustbereich, kalten Füßen, schuppiger Haut und natürlich fehlenden Umarmungen und Küssen.

Astronauten in der Umlaufbahn sind isolierte, stoische Menschen. Sie haben in der Station zwar Teamkollegen, jedoch keine liebevollen Mitbewohner. Sie erfahren keine warme, hilfreiche, emotionale und körperliche Intimität, die man sich von einem Partner und Mitbewohner wünschen würde.

Joschka meint, ich würde ihn glücklich machen, egal, ob wir auf der Erde oder sonst wo lebten. Und wahrscheinlich stimmt das, denn obwohl wir vom Naturell her völlig verschieden sind, ziehen sich unsere Gegensätze sehr stark an. Ich habe es bei Joschka wohl mit meinem neckischen, feenhaften weiblichen Charme übertrieben; ich hatte ihn gern um mich und jetzt ist er völlig vernarrt in mich.

Astronauten sind von Natur aus bodenständige, entschlossene und ehrliche Menschen, die ihre Mission bis zum Schluss verfolgen. Was Joschka will, ist ganz einfach: ein Heim, eine Frau und eine Familie, wie sie noch kein Mensch zuvor gesehen hat.

Ist es denn wirklich so schwer, das zu schaffen und es anderen zu zeigen? Man wird sehen!

Bruce Sterling, 1954 in Brownsville, Texas, geboren, ist Science-Fiction-Autor, Netzaktivist, profilierter Designdenker und Cyberspace-Theoretiker, der maßgeblich das Cyberpunk-Genre in der Science Fiction mitgeprägt hat. Sterling hat für sein Werk mehrere Auszeichnungen erhalten, darunter 1997 und 1999 den Hugo Award, einen der weltweit bedeutendsten Literaturpreise im Bereich der Science-Fiction. Zusammen mit seiner Frau, der serbischen Autorin und Filmregisseurin Jasmina Tesanovic, lebte Sterling mehrere Jahre in Serbien, bevor er im September 2007 nach Turin zog. Dort gründete er gemeinsam mit Tesanovic und Massimo Banzi, dem Mitbegründer der Physical-Computing-Plattform Arduino, die Casa Jasmina, in der auf Open-Source-Basis das Smart Home von morgen erforscht und entwickelt wird. Auf Grundlage seiner Kurzgeschichte entwickelten Sterling und Tesanovic mit dem Arthur C. Clarke Center für die Ausstellung *Hello, Robot.* die Videoinstallation *My Elegant Robot Freedom.*

HITCHBOT: PER ANHALTER DURCH DIE MENSCHEN-WELT

hitchBOT vor seinem Roadtrip durch die USA. Foto: Ryerson University

FREDO DE SMET IM GESPRÄCH MIT FRAUKE ZELLER UND DAVID HARRIS SMITH

Wenn eines Tages Roboter die Welt übernommen haben werden und ihre eigene Schöpfungsgeschichte schreiben, wird der Sommer des Jahres 2015 als historischer Moment in die Geschichte eingehen. Denn dies war der Sommer von hitchBOT, dem humanoiden Roboter, der nur ein Ziel vor Augen hatte. Sie werden es bereits erraten haben: Er wollte per Anhalter fahren. Der Sommer, als ein Roboter Nordamerika kolonisierte, und das nicht vom berühmten Silicon Valley oder den heiligen akademischen Hallen des Massachusetts Institute of Technology (MIT), sondern von Kanada aus.

Okay, kleine Korrektur: Eigentlich hatte hitchBOT im Sommer zuvor schon Europa und Kanada bereist. Spoiler-Alarm: Das Gerät wurde zwei Wochen nach Beginn seines Anhalter-Abenteuers zerstört und schaffte es nie bis zur Westküste.
Nicht jede Geschichte über Roboter muss von Dominanz und Domestizierung handeln. Ganz im Gegenteil.

hitchBOT ist die bewegende Geschichte von Begegnungen zwischen einem Roboter und der Menschheit. Die Schlüsselfrage dieses Forschungsprojekts lautet: Kann ein Roboter einem Menschen vertrauen?

hitchBOT war weder eine Maschine der nächsten Generation, die mutig Schneestürmen trotzte,[1] noch ein selbstfahrendes Auto, das durch die Landschaft düste. Er war ein Roboter Marke Eigenbau, geschaffen von zwei Kommunikationswissenschaftlern aus Kanada. Ein soziales Experiment, wie Frauke Zeller und David Smith erklären. Ich befragte sie zu diesem Projekt, zum Design des Roboters und zu dem Eindruck, den er auf die Menschen machte, denen er auf seiner Reise begegnete. Es wurde ein Gespräch, das mich gleichermaßen überraschte wie verwirrte und mich zum Nachdenken über intelligente Technologien und Roboter in unserem heutigen Alltagsleben brachte. Über das, was Sherry Turkle den „robotischen Moment" nannte.[2]

EIN SCHRULLIGER KLEINER ROBOTER

Kreiert wurde der Roboter von Frauke Zeller, Assistenzprofessorin an der School of Professional Communication der Ryerson University, und David Harris Smith, Assistenzprofessor im Department of Communication Studies and Multimedia der McMaster University. Man könnte die beiden als hitchBOTs „Eltern" bezeichnen, obwohl der Roboter selbst wohl nicht so viel Aufhebens davon machen würde. Und doch nennt hitchBOT die Menschen, die ihm auf seinen Reisen helfen, „meine Familie".

Das sagt einiges über das hitchBOT-Projekt. In seinem Blog erzählt hitchBOT über seine Familie, seine Herkunft und seine Geschichte, versucht jedoch nie, menschlich zu sein oder zu werden. Noch paradoxer wird es, wenn man entdeckt, was hinter den Kulissen passierte. hitchBOTs Einträge im Blog und den sozialen Medien wurden von Zellers und Smiths Studenten verfasst. Somit beruhte hitchBOTs öffentliche Persönlichkeit in Wirklichkeit auf menschlicher Interpretation. Während seiner Erkundungen war der Roboter jedoch allein. Daher war er als ein nettes und sympathisches Wesen konzipiert. Mit seinem angenehmen Naturell und ansprechenden Äußeren sollte hitchBOT Vertrauen erwecken und sein Gegenüber spüren lassen, dass er zu den Guten gehört. So sehr Mensch wie nötig, so sehr Roboter wie nötig – das war seine Überlebensstrategie.

Zeller: Im Grunde genommen ließen wir uns sowohl von pragmatischen als auch von künstlerischen Erwägungen leiten. Zunächst einmal war uns klar, dass der Roboter auf die Hilfe von Menschen angewiesen sein würde. Also sollte sein Aussehen die Leute ansprechen, sie sollten es verstehen und motiviert werden zu helfen. Wir griffen uns ein paar Merkmale des menschlichen Gesichts heraus. hitchBOTs Gesicht ist ein Display mit einem lächelnden Mund und freundlichen Augen. Der Roboter durfte auch nicht zu schwer sein, damit er sich problemlos hochheben und ins Auto setzen ließe, denn allein laufen kann er nicht. Trotzdem musste er robust genug sein, um Wind und anderen Witterungsbedingungen standzuhalten, da er ja oft am Straßenrand stehen und warten würde. Und wir wollten, dass er irgendwie spaßig aussieht. Schrullig, damit die Menschen spüren würden, dass er ein lustiger Roboter ist, und nicht: „Oh, wie hoch entwickelt und makellos. Davor fürchte ich mich." Er musste vertrauenerweckend aussehen.

[1] Boston Dynamics, *Atlas, The Next Generation,* YouTube (hochgeladen am 23. Februar 2016), https://www.youtube.com/watch?v=rVlhMG-QgDkY, abgerufen am 23. September 2016

[2] Sherry Turkle, *Alone Together: Why We Expect More from Technology and Less from Each Other* (New York: Basic Books, 2011)

EINE EINSAME REISE

Also brach der Roboter Mitte Juni 2015 zu seiner Reise auf. In den Monaten zuvor hatten Zeller und Smith ihn bereits auf verschiedene Testreisen durch Europa (die Niederlande und Deutschland) sowie Kanada geschickt. Aber diesmal war es viel aufregender und komplexer. Diese Reise knüpfte an einen uralten amerikanischen Traum an und war in diesem Sinne reich an literarischen Bezügen. Ein einsamer Roadtrip von Osten nach Westen quer durch die USA.

In seinem Gepäck hatte der Roboter auch eine Liste mit Sehenswürdigkeiten, an denen er Zwischenstation machen wollte. Dies machte ihn menschlich und seine Geschichte nachvollziehbar. Neuen Leuten stellte er sich folgendermaßen vor: „Hallo, ich bin hitchBOT. Diesen Sommer reise ich quer durch die Vereinigten Staaten von Amerika, von Boston nach San Francisco, und ich habe eine Liste von Orten, die ich auf dem Weg besuchen möchte. Bitte setzen Sie mich in Ihr Fahrzeug und nehmen Sie mich ein Stück mit."

Am 17. Juli 2015 wurde hitchBOT am Straßenrand in Salem abgesetzt. Er wartete über eine Stunde, bevor er seine erste Mitfahrgelegenheit fand. Ab hier musste der Roboter sich allein durchschlagen. Oder genauer – er war vollkommen abhängig von den Personen, die ihm über den Weg liefen. hitchBOT war dafür gemacht, am Straßenrand zu sitzen und den Daumen rauszuhalten. Sobald er sich im Auto befand, konnte er sich aufladen und, was noch wichtiger ist, ein Gespräch beginnen – keine große Sache, mögen Sie vielleicht denken.

Smith: Der Roboter entwickelte seine Antworten anhand einer vorgefertigten Datenbank sowie einer weiteren, von unserem Team angelegten Datenbank, die sich ganz speziell auf die jeweilige Reise bezog. Er konnte auch fotografieren. Etwa alle 20 Minuten machte er einen Schnappschuss. Die Bilder wurden an eine gesicherte Datenbank übertragen, wo unser Forschungsassistent sie überprüfte und sicherstellte, dass sie niemandes Privatsphäre verletzten. Anschließend wurden sie auf hitchBOTs Twitter- und Instagram-Accounts veröffentlicht.

Weder der Roboter selbst noch das Team konnten hitchBOTs Erlebnisse in irgendeiner Form steuern. Doch wie diese Erlebnisse in den Blog Eingang fanden, unterlag sehr genauer menschlicher Kontrolle. hitchBOTs Gespräche mit anderen Menschen wurden nicht auf der Webseite veröffentlicht. Zeller und Smith nennen das schlicht ein Datenschutzproblem. Tatsächlich würden sich die Gespräche durchaus als Basis für eine Fernsehsendung eignen. Ein Human-Interest-Format darüber, welche Gefühle Menschen füreinander und für Maschinen hegen. Darum ging es beim hitchBOT-Projekt ja auch im Wesentlichen. Es ging nicht um Robotertechnik, sondern um ein soziales Experiment, in dem hitchBOT als Spiegel für den technologischen Impuls des Menschen fungiert, um den Moment, wenn man der Maschine von Angesicht zu Angesicht gegenübersteht und nicht weiß, ob man die Kontrolle übernehmen oder abgeben soll.

Zeller: Wir wollten zeigen, dass wir von intelligenten Technologien umgeben, uns dessen aber häufig nicht bewusst sind.

Jibo, „der erste soziale Roboter der Welt" (laut Eigenbeschreibung). Foto: Jibo, Inc.

DER SOZIALE ROBOTER

So isoliert die Forschungsarbeit oder so einsam hitchBOT auch war, Roboter sind bereits ein integraler Bestandteil unseres Lebens. Eine amerikanische Untersuchung aus dem Jahr 2016[3] belegt, dass wir 2.617 Mal am Tag unser Handy berühren. Das ist über zehn Mal häufiger als 2013.[4] Jeden Tag verbinden wir uns mit dem intelligenten Gerät in unserer Gesäßtasche, das bereits in vielerlei Hinsicht die Funktionen eines sozialen Roboters erfüllt. Der soziale Roboter ist ein relativ neues Phänomen, aber kein neues Konzept. Schon seit Jahrzehnten sind Roboter mit sozialen Fähigkeiten ausgestattet: Sie reden mit uns, helfen uns, verstehen uns – sie sind Freunde, keine Maschinen. Man denke nur an Rosie aus der Serie *Die Jetsons* oder an Sico aus *Rocky IV*.

Heute wird der soziale Roboter Wirklichkeit. Mit den aktuellen Entwicklungen in den Bereichen Robotik und künstliche Intelligenz lassen sich Roboter von Spiel- oder Werkzeugen zu Kameraden ausbauen. Um ein persönlicher Gefährte zu sein, braucht ein Roboter genügend Sensoren zum Lesen menschlichen Verhaltens und ausreichend Intelligenz zur Interpretation dieser Daten.[5] Dies setzt natürlich immense technische Fortschritte voraus. Gleichzeitig sind auch viele Nebenaspekte zu berücksichtigen. Wie alle anderen technikbegeisterten Europäer, die den neuen Roboter Jibo online bestellt hatten, erhielt ich per E-Mail die Nachricht, dass er leider nicht in mein Land geliefert werden könne. Als „erster sozialer Roboter der Welt"[6] ist Jibo dennoch faszinierend. Erdacht wurde er von Cynthia Breazeal, Leiterin und Gründerin der Personal Robots Group am MIT. Sie zählt zu den weltweit führenden Roboterentwicklern und leistete womöglich die bahnbrechendste Pionierarbeit im Bereich der menschlichen Roboter. Seit den 90er-Jahren forscht sie an Maschinen mit emotionalen Fähigkeiten wie Leonardo oder Kismet. Beide Roboter wurden technischen und sozialen Tests unterzogen. Weder Kismet (türkisch für Schicksal) noch Leonardo verfügen über Gliedmaßen, stattdessen kommunizieren sie mittels Mimik oder Stimme. Diese Vorläufer der sozialen Roboter bereiteten den Boden für Jibo.

3 dscout, *Mobile Touches. Putting a Finger on our Phone Obsessions,* Studie verfügbar unter https://pages.dscout.com/mobile-touches-download-form, abgerufen am 13. Oktober 2016
4 KPCB, *2013 Internet Trends,* Studie verfügbar unter http://www.kpcb.com/blog/2013-internet-trends, abgerufen am 13. Oktober 2016
5 Cynthia Breazeal, *Talking Robots – The Podcast on Robotics and Artificial Intelligence,* Interview des Labors für Intelligente Systeme, EPFL, Schweiz (April 2008), http://lis2.epfl.ch/resources/podcast/2008/04/cynthia-breazeal-personal-robots.html, abgerufen am 13. Oktober 2016
6 Jibo – The World's First Social Robot, http://www.jibo.com/, abgerufen am 20. Oktober 2016

Das ist auch der Grund, warum Jibo mit mehr Spannung erwartet wird als jeder andere persönliche Assistent oder soziale Roboter. Er ist programmiert, Menschen eher als beseelte Geschöpfe denn als physische Objekte zu verstehen. Die Forschung an Leonardo und Kismet konzentrierte sich größtenteils auf das, was man in der Psychologie kognitive Fähigkeiten oder empathische Genauigkeit nennt. „Um mit jemandem zu kooperieren oder zusammenzuarbeiten, muss man sich zunächst einmal geistig koordinieren, bevor man sich körperlich koordinieren kann", verdeutlichte Cynthia Breazeal in einem Interview.[7] In diesem Sinne ist Jibo ebenso wie hitchBOT ein Roboter, der an der Schnittstelle zwischen robotischer und sozialer Interaktion funktioniert.

Cynthia Breazeals Betätigungsfeld ist nicht auf den Start-up-Bereich oder die oberste akademische Liga des MIT beschränkt. Sie erhielt zahlreiche Auszeichnungen, veröffentlichte Bücher zur Interaktion zwischen Mensch und Roboter und arbeitet zudem mit bedeutenden Hollywood-Regisseuren zusammen. „Ich bin kein Spielzeug", sagt Davids Roboterfreund Teddy in Steven Spielbergs *A. I. – Künstliche Intelligenz* (2001). Die Worte könnten auch von Breazeal stammen, denn sie arbeitete regelmäßig mit dem Stan Winston Studio, wo der Roboter gebaut wurde. Daher ist es nicht überraschend, dass sie sich mit ebendiesem Studio zusammentat, um die MIT-Roboter zu kreieren; Breazeal merkte dazu an: „In vielerlei Hinsicht weiß niemand besser als die Filmindustrie, wie man ausdrucksvolle Roboter baut."[8] Die Erfahrung des Stan Winston Studios, besonders ausdrucksstarke Roboter zu bauen, verband sich mit der Erfahrung der Personal Robots Group, sozial interaktive Roboter zu entwerfen, und führte zur Entwicklung von Robotern wie Leonardo, der als Meilenstein für die Erforschung der Interaktion zwischen Menschen und Robotern gilt.

[7] Cynthia Breazeal, *Talking Robots – The Podcast on Robotics and Artificial Intelligence*, Interview des Labors für Intelligente Systeme, EPFL, Schweiz (April 2008), http://lis2.epfl.ch/resources/podcast/2008/04/cynthia-breazeal-personal-robots.html/, abgerufen am 13. Oktober 2016
[8] Ebd.

EIN HAUFEN SCHROTT

Verglichen mit diesen hochmodernen Forschungsrobotern oder dem vielversprechenden Jibo scheint hitchBOT ein recht dummer Automat zu sein – dumm in dem Sinne, dass er weder über die Intelligenz noch die Rechenleistung verfügt, auf Menschen mit der Differenziertheit eines Jibo zu reagieren. In diesem Zusammenhang ist wohl die eigenartige Reaktion zu sehen, die hitchBOTs Zerstörung gerade einmal zwei Wochen nach dem Aufbruch zu seiner Amerikatour bei einem Blogger auslöste. Wenige Stunden nach Bekanntgabe der Entdeckung von hitchBOTs verstümmeltem Roboterkörper veröffentliche Albert Burneko einen ebenso destruktiven Artikel im Online-Magazin *Deadspin / The Concourse*. „hitchBOT war im wahrsten Sinne ein Haufen Schrott und bekam, was er verdiente"[9] lautete sein Kommentar zu der von Frauke Zeller und David Smith verbreiteten Pressemitteilung. „Dabei ist man versucht zu sagen, hitchBOT sei ‚zerstört' worden, aber das ist Unsinn. Welche Auswirkungen hat die Abtrennung seiner Teile denn überhaupt auf hitchBOT? Funktionsverlust? Welche Funktion? Er hatte keine Funktion. Er war ein Haufen Schrott", schreibt Burneko.[10]

In gewisser Hinsicht hat er recht. Beim Bau von hitchBOT entschieden sich die Designer bewusst für die Verwendung ganz alltäglicher, gewöhnlicher Materialien.

Smith: Wir interessierten uns sehr für das Do-it-yourself-Konzept. Dieses Design-Ethos behielten wir bei der technischen Umsetzung bei: Welche gebräuchlichen Technologien könnten wir einsetzen, um dem Roboter die von uns benötigten Merkmale zu verleihen? Beispielsweise die Fähigkeit zur GPS-Ortung, zur Gesprächsführung – Spracherkennung – oder Mimik […] All dies wurde nach dem Kostenminimierungs- oder Do-it-yourself-Prinzip entworfen.

hitchBOT war bewusst billig konstruiert. Foto: Ryerson University

9 Albert Burneko, „HitchBOT Was A Literal Pile Of Trash And Got What It Deserved", in: *Deadspin / The Concourse,* http://theconcourse.deadspin.com/hitchbot-was-a-literal-pile-of-trash-and-got-what-it-de-1721850503, abgerufen am 10. Oktober 2016
10 Ebd.

hitchBOT sollte klein und kindlich sein, um bei den Leuten, die sich vorübergehend um ihn kümmerten, Neugier und Empathie zu wecken; er sollte aber auch als Roboter erkennbar sein, ohne dabei „unheimlich" zu wirken. In diesem Sinne war hitchBOT beides: autonom – unter freiem Himmel auf sich selbst gestellt – und gleichzeitig hilflos, auf Gedeih und Verderb den Menschen ausgeliefert. Aber gilt das nicht für alle sozialen Roboter?

Smith: Das stimmt, hitchBOT war recht hilflos. Aber ich denke, gerade das sprach die Menschen an: dass er ihre Mithilfe, ihre Intelligenz und ihre Kreativität für das Gelingen seines Abenteuers brauchte. Und das fanden die Leute, glaube ich, sehr bereichernd, weil hitchBOT wirklich zu einem sozialen Gegenstand wurde.

Die Reaktionen auf hitchBOTs Verschwinden waren im Großen und Ganzen erfreulich, man kann durchaus sagen, dass ihm Mitgefühl entgegengebracht wurde. Seine Zerstörung schockierte die Menschen und sie waren dankbar, ihm begegnet zu sein. Das Team von Zeller und Smith wurde mit Fragen zum Projekt überhäuft, dies reichte von Interviewanfragen bis zu Angeboten, hitchBOT wieder aufzubauen. Die Popularität hitchBOTs, die im Verlauf seiner Reise ohnehin rasant zugenommen hatte, wurde nach seinem „Tod" zum absoluten Hype.

Daraus lässt sich schließen, dass es sich bei hitchBOTs Hilflosigkeit um eine Eigenschaft handelt, die auch uns Menschen vertraut ist. Wir sind süchtig nach den neuesten Updates unserer Nachrichtenkanäle, interagieren über alle möglichen Arten von Chat-Apps, nehmen jedoch unsere Sitznachbarn in Bus oder Bahn überhaupt nicht wahr. Es ist ein nur zu vertrautes Szenario: Man ist zwar mit der Welt verbunden, aber nicht wirklich engagiert. hitchBOTs Reise belegte, dass es eine Alternative gibt: Die Menschen sind in der Lage, sich einzubringen und Mitgefühl zu empfinden, und sei es auch nur für einen Roboter. Vielleicht erklärt das die Heftigkeit der Reaktionen, als die Nachricht von hitchBOTs Zerstörung um die Welt ging.

Zeller: Von da an wurde es sehr hektisch. In der folgenden Woche mussten wir pausenlos Interviews geben. Es war verrückt. Die ganze Welt schien zutiefst erschüttert zu sein. Bei unserem Projekt ging es um die Idee des Helfens, um die Vorstellung von einem sozialen Miteinander. Letzten Endes symbolisierte hitchBOT genau das und jeder verstand es. Den Menschen wurde auch klar, dass dies ein wundervoller Beitrag war: Man zeigte sich hilfsbereit – einem Ding gegenüber –, ganz ohne Hintergedanken.

DER ROBOTISCHE MOMENT

Zeller: Immer wieder hört man die grundlegende Frage, ob wir Robotern vertrauen können. Aber warum sollte man die Frage nicht einfach umkehren, so wie Joseph Schumpeters Konzept der schöpferischen Zerstörung, die uns in der Folge zu neuen Einsichten verhilft? Wir stellten die Frage: „Können die Roboter den Menschen vertrauen?" und warteten ab, was passieren würde.

Aber nach wie vor frage ich mich, ob ich eher glücklich darüber sein sollte, dass es der Roboter mehrere Wochen lang geschafft hat, allein zu reisen, oder eher traurig, weil er so grundlos und mutwillig zerstört wurde.

Hunderte Menschen haben bewiesen, dass sie hitchBOT nicht als Bedrohung oder als Sklaven sahen. Er wurde nicht als Hilfsmittel betrachtet, das uns bei der Verrichtung von Aufgaben unterstützen soll, und auch nicht als Roboter, der nach der Weltherrschaft strebt. hitchBOT war auf seiner Reise der Roboter, der – als völlig Fremder – den Autofahrer zu seinem Helfer machte. In diesem Sinne hielt er der Menschheit den Spiegel vor. Wir werden auch weiterhin technische Hilfsmittel nutzen, auch wenn sie belanglos sind, um zusammenzuarbeiten und in Verbindung zu bleiben.

Smith: hitchBOT zu helfen bedeutete für die Menschen, ihren Charakter zu offenbaren, ihre Vorlieben und Abneigungen, ihre kulturelle Identität und Interessen. hitchBOT war also für die Menschen so etwas wie ein leeres Blatt Papier, eine Tabula rasa. Weil jeder ihn annehmen und sich ihm gegenüber ganz anders als sonst verhalten konnte.

hitchBOT beweist nicht nur, dass wir durchaus bereit sind, Robotern zu vertrauen. Er belegt auch, wie leicht wir versucht sind, Gegenstände zu vermenschlichen. Man könnte argumentieren, dass wir eher geneigt sind, animierten Gegenständen wie Robotern mit Empathie zu begegnen als digitalen Schnittstellen. Und einige von uns lassen sich vielleicht sogar bereitwilliger auf Roboter ein als auf ihre Mitmenschen. Sherry Turkle nennt dies den robotischen Moment. „Wir befinden uns in einem, wie ich es nenne, ‚robotischen Moment', nicht wegen der Vorzüge der von uns konstruierten Maschinen, sondern weil wir uns nach ihrer Gesellschaft sehnen. Noch bevor wir die Roboter anfertigen, machen wir uns als Menschen bereit, ihre Gefährten zu sein."[11]

11 Sherry Turkle, *Reclaiming Conversation: The Power of Talk in a Digital Age* (London: Penguin Press, 2015), S. 338

Sherry Turkle ist Professorin für Wissenschaftssoziologie am MIT und somit eine Kollegin von Cynthia Breazeal. In ihrem Buch *Reclaiming Conversation* beschreibt sie auch verschiedene Experimente mit Kismet.[12] Heute ist sie allerdings eine der eindringlichsten Stimmen in der Technologiedebatte. Unter dem Untertitel „The Power of Talk in a Digital Age" befasst sich Turkle mit den Funktionsweisen menschlicher Beziehungen und setzt sich überzeugend für die Stärken der „normalen" Konversation ein. Sie geht sogar noch weiter und beendet ihr Buch mit der Behauptung, dass wir uns durch die Auslagerung emotionaler Gespräche auf Maschinen zu Zuschauern unseres eigenen Lebens machen.

Aber wie genau wurde Sherry Turkle von der Pionierin zur erbitterten Kritikerin? Was war der Auslöser? Turkle: „Im Verlauf meiner Forschungen gab es einen robotischen Moment, den ich nie vergessen habe, weil er meine Meinung von Grund auf änderte."[13] Eines Tages beobachteten sie und ihr Team eine alte Frau, die ihre Sorgen einem Paro-Roboter anvertraute. Paro ist ein einfacher sozialer Roboter, dem man das Aussehen eines Seehunds gab. Er reagiert auf Berührung und ist darauf programmiert, Emotionen widerzuspiegeln. Turkle beschreibt, wie erfreut ihr Team war, weil die alte Dame offenbar Trost bei der Maschine fand. Turkle sah die Situation jedoch mit ganz anderen Augen: „Menschen erleben sogar vorgetäuschte Empathie als real. Aber Roboter können nicht empathisch sein. Sie müssen sich nicht dem Tod stellen und wissen nicht, was Leben ist. Als diese Frau Trost bei ihrem Robotergefährten fand, war das für mich nicht großartig. Ich hatte vielmehr das Gefühl, wir hätten sie im Stich gelassen."[14]

12 Ebd., S. 343
13 Ebd., S. 358
14 Sherry Turkle, „How … Are … You … Feeling … Today? When a Robot Is a Caregiver", in: *The New York Times* (26. Juli 2014), S. A20, ebenfalls verfügbar unter http://www.nytimes.com/2014/07/26/opinion/when-a-robot-is-a-caregiver.html?_r=0, abgerufen am 13. Oktober 2016

DIE UNHEIMLICHE BEGEGNUNG

Es ist bemerkenswert, wie das hitchBOT-Projekt ganz unabsichtlich als Metapher für Sherry Turkles robotischen Moment dient. Die Fotos des zerstückelten hitchBOT rufen ein ähnliches Gefühl hervor, aber in der anderen Richtung: Wir sind schockiert, dass wir den Roboter im Stich gelassen haben. Ich selbst erinnere mich deutlich an diesen Moment. Als der Super-Nerd, der ich bin, verfolgte ich hitchBOTs Abenteuer in den USA online. Aber neben der Enttäuschung erinnere ich mich auch noch an ein anderes Gefühl: an mein Erstaunen und meine Verwunderung, dass es bis dahin so gut gelaufen war. Jetzt, da ich innehalte und darüber nachdenke, erinnert es mich an die Schlussszene in Steven Spielbergs Film *Unheimliche Begegnung der dritten Art,* wenn man im Stillen zu sich selbst sagt: Jetzt geht es gleich schief, jetzt geht es gleich schief. Und dann sieht Roy Neary dem Wissenschaftler in die Augen, betritt das UFO und die Musik von John Williams schwillt an, als das UFO im Nachthimmel verschwindet. Diesmal war hitchBOT die Hauptfigur in einer modernen Version der unheimlichen Begegnung und er traf wahrhaftig auf menschliches Leben.

Fredo De Smet ist beratender Kurator von *Hello, Robot. Design zwischen Mensch und Maschine.* Seit mehr als 15 Jahren ist er freiberuflich als Autor, Musikproduzent, Kurator, Berater und Vortragender zu Themen der Medienkultur im digitalen Zeitalter aktiv. Er gründete mehrere Medieninitiativen, darunter 2010 das Co-Creation-Projekt GentM, im Rahmen dessen er bis heute mittels Events und einem regelmäßigen Podcast den Einfluss von Technologie auf das Leben in unserer Zeit diskutiert. Für den flämischen öffentlich-rechtlichen Sender VRT ist De Smet außerdem als Innovationsberater tätig.

THOMAS GEISLER IM GESPRÄCH MIT
FIONA RABY UND ANTHONY DUNNE[1]

WAS MENSCHSEIN KÜNFTIG BEDEUTEN KÖNNTE

1 Das Gespräch erstreckte sich in Teilen über mehrere Monate, zwischen London, Wien, New York und Andelsbuch, nahm seinen Beginn in der intensiven Zusammenarbeit zum *MAK DESIGN SALON #04: The School of Constructed Realities* (12. Juni – 4. Oktober 2015, MAK Expositur Geymüllerschlössel), verlor sich durch die berufliche Neuorientierung der Gesprächspartner und wurde für diesen Katalog zusammengefasst. Danke, Fiona und Anthony, für eure Geduld über Raum und Zeit.

Als die Recherchen zu *Hello, Robot. Design zwischen Mensch und Maschine* begannen, fand im MAK in Wien der Gründungskonvent der *School of Constructed Realities* statt. Ein konzeptuelles Bildungsmodell, das sich das britische Designduo Dunne & Raby zuvor als Kurzgeschichte für das Online-Portal des US-Textilerzeugers Maharam ausgedacht hatte, um mittels Design und Fiktion alternative Weltansichten vorstellbar zu machen. Wie fast alle ihre Projekte war auch die Schule (bisher) eine reine Spekulation, aber als spielerisches Gedankenmodell hilfreich, um aus gewohnten Denkschemata auszubrechen: Was ist möglich? Was ist plausibel? Und was ist wahrscheinlich? Diese Fragen beschäftigen uns unaufhörlich und bewegen sich zwischen Social-Fiction und Science-Fiction. Dunne & Raby nutzen Design, um zwischen diesen beiden oszillierenden Polen Fragen und Antworten zu provozieren, die im besten Fall Auskunft darüber geben, welche Zukunft wir vorziehen sollten.

Thomas Geisler: In der kritischen Auseinandersetzung mit neuen Technologien habt ihr euch nicht nur mit Bio- und Genforschung, sondern auch viel mit dem Beziehungsgeflecht von Mensch und Maschine beschäftigt. Ihr habt unter anderem euer Fundament bei Gillian Crampton Smith geschaffen, der Pionierin des Computer Related Design am Royal College of Art in London, wo ihr später selbst über viele Jahre im Masters-Programm Design Interactions euer Wissen an Generationen von Designern weitergegeben habt. Blickt ihr auf zwei Jahrzehnte Computer- und Roboterentwicklung zurück, in der die Digitalisierung und Automatisierungen ein Hype erlebte?

Fiona Raby: Gibt es überhaupt einen Hype? Digitale Systeme entstehen laufend und haben sich kontinuierlich in außergewöhnlicher Geschwindigkeit weiterentwickelt, bisher jedoch mit sehr wenig Aufmerksamkeit aus der Design-Community.

Anthony Dunne: Ich finde die Weiterentwicklung von Robotern als Dingen zu intelligenten Robotersystemen sehr interessant. Die Debatte darüber ist größtenteils immer noch ziemlich technisch und dreht sich hauptsächlich um wirtschaftliche und funktionale Optimierung. Spannender wird es, wenn Politik ins Spiel kommt. Künstliche Intelligenz wird häufig als ideologisch neutral dargestellt, aber wie die meisten von Menschen hergestellten Artefakte ist auch jede Technologie von spezifischen Überzeugungen, Wertvorstellungen und Annahmen durchdrungen und geprägt – einer Weltsicht. Die Weltsicht, die ihre Entwicklung vorantreibt, interessiert uns und wir beschäftigen uns mit der Frage, inwieweit Design, besonders im Zusammenwirken mit anderen Disziplinen, die eher auf Politik und Philosophie ausgerichtet sind, zu neuen Weltbildern führen kann. Diese Fragestellungen behandeln wir gegenwärtig auch in unserer Lehre und Forschung an der New School in New York. Man weiß sehr viel über die Entwicklung neuer Technologien, aber wie steht es mit der Entwicklung alternativer Weltsichten?

TG: Wenn ihr an Roboter denkt, was kommt euch als Erstes in den Sinn?

AD: Vor ein paar Jahren wären es noch anthropomorphe Science-Fiction-Roboter aus der Mitte des 20. Jahrhunderts oder ein automatischer Staubsauger wie Roomba gewesen. Heute sind es wohl eher lernfähige Software-Bots. Dabei kommt mir sofort Tay in den Sinn, der Twitter-Chatbot von Microsoft, der vor einiger Zeit völlig durchdrehte.[2]

FR: Ich denke da als Erstes an Hal in *2001: Odyssee im Weltraum,* dann an David 8, zum Teil wegen der viralen Werbekampagne von Weyland Industries, in der die Actionfigur vor dem Start des Films *Prometheus* als neu entwickelte Produktlinie präsentiert wurde. Und weil Michael Fassbender ein großartiger Schauspieler ist. Wenn irgendwann wirklich anthropologe Roboter entwickelt werden, sollte er unbedingt als Modell dienen. Beide Roboter mussten eine gewisse Existenzangst durchstehen, aber unglücklicherweise wird man derlei Irrationalitäten wohl schon sehr frühzeitig im Entwicklungsprozess ausmerzen – was auf längere Sicht sehr problematisch werden könnte.

---

[2] Mehr dazu im Aufsatz von Marlies Wirth, „Through the Looking Glass, Down the Rabbit Hole: Eine Frage des Vertrauens", S. 28

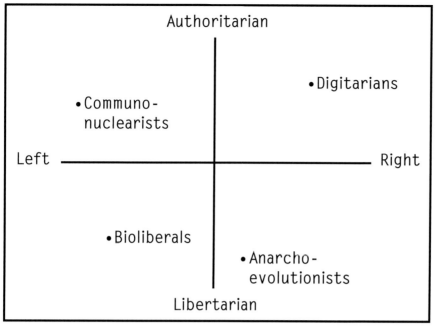

Dunne & Raby. *United Micro Kingdoms (UmK): Political Chart*. Illustration: Kellenberger-White, 2013 © Dunne & Raby

Welche Weltanschauungen zu welchen Lebensmodellen und Lebenswelten führen können, damit haben sich Dunne & Raby im Auftrag des Design Museum London – fast schon prophetisch – zwei Jahre vor dem Brexit-Votum befasst und eine Perspektive für das Vereinigte Königreich erdacht, welches in ihrem Modell *United Micro Kingdoms (UmK)*[3] in vier unabhängige Grafschaften und unterschiedliche Gesellschaftsformen zerfällt: Die „Kommuno-Nuklearisten" sind eine Null-Wachstumsgesellschaft, deren einziges Ziel das Überleben ist. Atomkraft dient ihnen als uneingeschränkte Energiequelle, allerdings isolieren sie sich dadurch von allen anderen Grafschaften und leben aus Furcht vor Anschlägen und Unfällen auf einer atombetriebenen, zugartigen, drei Kilometer langen Landschaft. Die „Anarcho-Evolutionisten" haben die meisten Technologien aufgegeben und nutzen die Wissenschaft, um mittels Leistungstraining, DIY-Biohacking und Selbstversuche ihre eigenen körperlichen Ressourcen und Fähigkeiten zu maximieren. Ihre Gesellschaft steht auf dem Standpunkt, dass der Mensch sich den Limits der Erde anzupassen habe und dass diese nicht entsprechend den wachsenden Bedürfnissen der Menschheit zu modifizieren sei. Bei den „Bioliberalisten" dreht sich alles um die Biotechnologie und das damit verbundene Weltbild. Als Selbstversorger produzieren sie ihre Nahrung, Energie und alles, was es zum Leben braucht, aus eigener Kraft: Gärten, Küchen und Bauernhöfe treten an die Stelle von Fabriken und Werkstätten. Dunne & Raby nutzen diese fiktionalen Szenarien, die vor dem Hintergrund bestehender und neuartiger Technologien zu kulturellen und ethischen Veränderungen führen, um Überlegungen zu neuen Formen von Verwaltung, Wirtschaft oder Lebensstilen anzustellen.

3 Mehr zum Projekt findet sich im Internet unter www.united-microkingdoms.org, abgerufen am 9. November 2016

TG: Die im Kontext der Robotik interessanteste Entwicklung nimmt in eurem Szenario die vierte Gesellschaftsform, die sogenannten „Digitarier". Wie muss man sich eine Welt vorstellen, die sich voll und ganz auf die Computerisierung verlässt?

FR: Digitarier sind abhängig von der Digitaltechnik und dem ihr innewohnenden Totalitarismus: Tagging, Totalüberwachung, Tracking, Datenerfassung und absolute Transparenz bestimmen ihren Alltag. Ihre Gemeinschaft beruht ausschließlich auf den Mechanismen des freien Marktes. Bürger und Konsument sind bei ihnen ein und dasselbe.

TG: Was bedeutet das konkret am Beispiel ihrer Mobilität?

AD: Ihre Digi-Autos sind eine Weiterentwicklung der zurzeit in der Erprobung befindlichen selbstfahrenden Fahrzeuge. Aus dem Auto als Fortbewegungsmittel in Raum und Zeit wird eine Navigationsschnittstelle für Tarife und Märkte. Jeder Quadratmeter Straße und jede Millisekunde der Nutzung werden pausenlos bewertet und optimiert. Nutzer sollen bereit sein, den ökologischen Fußabdruck ihres Fahrzeugs zu minimieren, und sich lieber virtuell mit Freunden in der Ferne unterhalten als mit ihren Mitfahrern. Selbstfahrende Autos werden heute als soziale Räume für entspanntes Reisen präsentiert; ein Digi-Auto ähnelt aber eher einem Billigflieger, der ein rudimentäres, wenn auch menschliches Erlebnis bietet. Im Wesentlichen ist es ein Hilfsmittel beziehungsweise ein Computer, der kontinuierlich die beste, preiswerteste Route errechnet.[4]

TG: Trotz der digitalen und damit auch virtuellen Möglichkeit, das Leben zu leben, gibt es unter den Digitariern auch Widerständler, die lieber im Hier und Jetzt sein wollen?

FR: Für die zweite Istanbuler Design Biennale entwickelten wir Teile des *UmK*-Projekts weiter und arbeiteten dabei eng mit dem Zeichner Miguel Angel Valdiva zusammen. So entstanden 20 Szenen, die Leben und Landschaften der jeweiligen Gesellschaft darstellen. Darunter ist auch ein Hier-und-jetzt-Protest in Digiland. Diese Gruppe legt großes Gewicht auf eine umfassende Auseinandersetzung mit der Gegenwart, mit dem Ort, an dem man sich befindet, und mit den Menschen, von denen man gerade umgeben ist. Als Zeichen des Protests reißen sie sich die Schutzhüllen ihrer Wearables vom Körper.

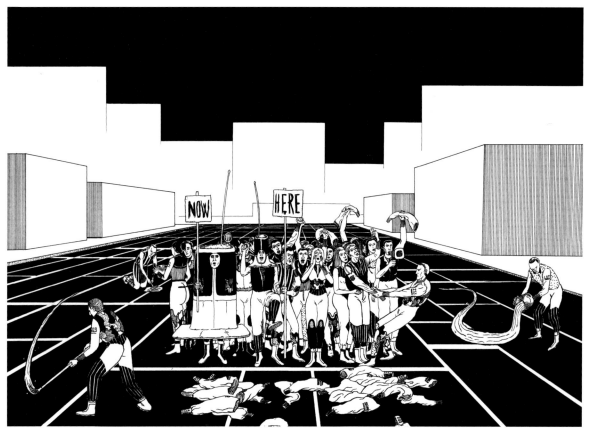

Dunne & Raby. *A Here-and-now protest in Digiland* aus der Serie *United Micro Kingdoms (UmK): Lives and Landscapes*. Illustration: Miguel Angel Valdiva als Auftragsarbeit für die Ausstellung *The Future Is Not What It Used To Be*, 2. Istanbul Design Biennale, 2014 © Dunne & Raby

Die Gestaltung der Mensch-Maschine-Schnittstelle befasste sich über lange Zeit nur mit dem Interface – der Kommunikationsschnittstelle. Im Produktdesign waren es ergonomische Aspekte, etwa wie eine Tastatur, eine Maus oder ein Joystick geformt und beschaffen sein sollte. Die grafischen Oberflächen und die Softwaregestaltung zielten auf einfache Lesbarkeit und Usability ab. Es ging bisher darum, die Computertechnologie – und heute die Robotik – bestmöglich und zu unserem Nutzen in unseren Alltag zu integrieren. Design hat sich bisher auf die bloße Bedienung von technischen Objekten konzentriert, die vom Menschen Befehle erhalten und uns das Leben erleichtern sollen. Wir arbeiten jetzt daran, unsere dingliche Umwelt selbstständiger, also „intelligenter" zu machen, sie zu autonomisieren und sogar zu emotionalisieren.

5 Z33 ist ein Museum für zeitgenössische Kunst im belgischen Hasselt, das für den kritischen Ansatz seines Programms bekannt ist (http://www.z33.be).
6 Objektbeschreibung siehe S. 192

TG: Die frühen Science-Fiction-Autoren und -Filmemacher haben das Bild der humanoiden, aber herzlosen Technokreaturen geprägt, die wir noch heute mit dem Begriff Roboter verbinden. Ist dieses Klischee noch zeitgemäß?

FR: Es ist wirklich erstaunlich, wie eindimensional Roboter in der Bildsprache dargestellt werden. Warum sollten sie auf so wenige Materialien und Formen beschränkt sein? Es ist doch eine merkwürdige Annahme, ihr Aussehen, ihr potenzielles Verhalten und ihre Beziehungen zu Menschen könnten so frühzeitig derart starr festgelegt werden. Sollten Roboter im alltäglichen Leben nur zur Steigerung von Effizienz und Präzision entwickelt werden oder könnten sie auch etwas zu unseren irrationalen Welten beitragen?

TG: Waren dies die Fragestellungen, die zu euren eigenen Überlegungen zu Form und Funktion von Robotern geführt haben?

AD: Ich glaube, unser Interesse an Robotern wurde durch eine Auftragsarbeit für das Z33[5] im Jahr 2006 angefacht, aus der die *Technological Dream Series, No. 1: Robots* hervorging. Zu diesem Zeitpunkt hatten wir gerade jede Menge Arbeiten über Biotechnologie abgeschlossen und wollten unbedingt wieder etwas machen, das mit Computern zu tun hatte. Roboter schienen alle möglichen interessanten Fragestellungen abzudecken – von psychologischen, emotionalen und physischen Interaktionen bis hin zu komplexen Technologien und ihrem noch ungewissen zukünftigen Stellenwert im Haushalt. Wir waren bereits mit abstrakter Robotik auf der Ebene automatisierter Systeme wie KI vertraut, auch mit hoch entwickelten monofunktionalen Fabrikrobotern speziell in der Autoindustrie und mit fiktiven Robotern in menschlicher oder tierischer Gestalt. Was noch fehlte, waren überzeugende Visionen, wie für den Heimgebrauch gedachte Roboter jenseits von smarten Staubsaugerautomaten aussehen könnten. Wir fragten uns, wie ein Roboter aussehen würde, der nicht so sehr aus einem technologischen oder funktionalen Blickwinkel heraus gestaltet wurde. So erarbeiteten wir eine Reihe von Vorschlägen und ästhetischen Möglichkeiten für eine Serie von Haushaltsrobotern, die weniger wie Geräte und Maschinen wirkten, sondern eher Kulturgegenständen wie Möbeln ähnelten. Wir wollten ausloten, was passiert, wenn man den Schwerpunkt auf kulturelle Aspekte legt, wenn der Sinn und die Anwesenheit von Haushaltsrobotern über technische, funktionale oder visuelle Erwägungen hinausgehen.[6]

Dunne & Raby. *Not Here, Not Now: Publi-voice,* Filmstill, 2015 © Dunne & Raby

Dieser Zugang eröffnet neue Sichtweisen in Bezug auf die Mensch-Maschine-Beziehung, die eben nicht nur eine Einbahn-Kommunikation darstellt, und er bietet eine Vielfalt neuer Typologien von Robotern, die sich der bisherigen Taxonomie entziehen. So spekulativ es bei Dunne & Rabys Projekt *Technological Dream Series, No. 1: Robots* noch vor zehn Jahren war, Roboter mit Befindlichkeiten, Animositäten und eigenem Charakter auszustatten, so sinnvoll und zielführend scheint es, wenn der Mensch eine emotionale Beziehung und Bindung zu Maschinen wie zu Menschen aufbauen soll. Dabei ist es weniger die Frage des Wollens als eine der Notwendigkeit, wenn eine Gesellschaft selbst nicht mehr in der Lage ist, ihre eigenen Mitglieder zu umsorgen – sei es aus kulturellen, ökonomischen oder demografischen Gründen. Dunne & Raby zufolge muss das bisherige Konzept von Robotern und der Mensch-Maschine-Schnittstelle neu überdacht werden. Auch die technokratische Reduktion auf ein einziges, intelligentes Bedienelement – ob via Voice Control, Touch Screen oder anderer Sensorik – sei eine Sackgasse. Als ein multisensorisches Wesen biete der Mensch den Designern eine Fülle anderer Möglichkeiten, intelligenten Objekten Gestalt zu geben. Dazu müsse sich eine Gesellschaft allerdings erst im Klaren darüber sein, welche Haltung sie gegenüber neuen Technologien bezieht.

TG: Für *The School of Constructed Realities* habt ihr einen Film von fiktionalen Produkten gemacht, die als physische Interfaces in der Kommunikation zum Einsatz kommen – eine Arbeit, die auf euren Beitrag zur Ausstellung *Future Fictions* am Z33 zurückzuführen ist. Die „Publi-voice" ist zum Beispiel eine Art Übersetzungsmaschine für politisch korrekte Vokabeln. Wie sind diese Objekte zu interpretieren?

FR: Es handelt sich um ein spekulatives Designprojekt, bei dem wir verschiedene Interfaces für eine alternative Welt präsentieren, die wir als *Not Here, Not Now* bezeichnen. Die großformatigen Originalfotodrucke zeigen Bilder unterschiedlicher Interfaces. Die Titel weisen auf deren Funktion und Zweck in einer gegebenen Gesellschaft hin. Im Grunde genommen sind die Interfaces Tore in eine alternative Gesellschaft.

AD: Bei der Arbeit selbst geht es nicht so sehr um die Interfaces oder die Aktionen, die man mit ihnen ausführt, sondern um die Gesellschaft, in der sie zum Einsatz kommen – um die Welt, die sie erschaffen, und um die Werte und Normen, die diese Welt funktionieren lassen. Die Interfaces orientieren sich an der „digitarischen" Welt, einem der Reiche des *UmK*-Projekts.

7 Anthony Dunne, *Hertzian Tales: Electronic Products, Aesthetic Experience, and Critical Design* (Cambridge, Massachusetts: MIT Press, 2006, Erstveröffentlichung durch Royal College of Art, 1999)
8 Anthony Dunne, Fiona Raby, *Speculative everything: design, fiction, and social dreaming* (Cambridge, Massachusetts: MIT Press, 2013)

Dunne & Raby. *Hertzian Tales: Faraday chair,* 1995 © Dunne & Raby

Dunne & Raby gelten seit Jahren als Pioniere einer konzeptuellen Designbewegung, die mittels spekulativer Szenarien und Narrationen alternative Lebensstile durch Design ergründen. Bereits seit Mitte der 1990er-Jahre prägen sie den Begriff des „critical design" und arbeiten vorzugsweise mit Forschungs- und Bildungseinrichtungen wie Museen oder Universitäten, um über die Implementierung neuer Technologien und deren Folgen nachzudenken. Ihr Debut als Duo gaben sie mit *Hertzian Tales* (1994–97).[7] Andere, wie das *Placebo Project* (2001), folgten, mit welchem sie den Einfluss digitaler Technologien auf das Wohnumfeld untersuchten und wie Menschen auf Möbel reagieren, wenn sie eine elektronische Dimension bekommen. Mit ihrer jüngsten Publikation *Speculative everything: design, fiction, and social dreaming*[8] propagieren Dunne & Raby einmal mehr ihren Ansatz, bei dem Designer eher in der Rolle von „Problemstellern" als der von Problemlösern erscheinen. Ein kritisches Bewusstsein gegenüber den sozialen, ökologischen und politischen Implikationen des eigenen Handlungsfelds ist Voraussetzung, um sich produktiv und erfinderisch den Herausforderungen der Zukunft zu stellen. Als Gestalter geht es ihnen nicht darum, Zukunftsmodelle lediglich zu visualisieren, sondern anhand plausibler Szenarien – die auch dystopisch sein können – Zukunft verhandelbar zu machen. Design dient dabei als Instrument, um ein „kollektives Träumen" zu ermöglichen.

FREUND UND HELFER

TG: Nach so vielen Dekaden, in denen die Robotik die Domäne von Ingenieuren, Computer- und Neurowissenschaftlern war – warum sollte sie nun im 21. Jahrhundert eine Designaufgabe werden?

AD: Ich denke, wenn Technologien komplexer werden und immer mehr Menschen betreffen, wenn sie spezielle Formen sozialer Beziehungen und Verhaltensweisen ermöglichen oder nicht mehr zulassen und letztendlich bestimmen, was Menschsein bedeutet, müssen wir in den Entwicklungsprozess neuer Technologien auch andere Disziplinen einbeziehen. Inzwischen klingt es fast schon abgedroschen, aber die Tatsache, dass wir etwas Bestimmtes tun können, ist für sich genommen noch kein Grund, es auch tatsächlich zu tun. Design kann als Katalysator für verschiedene interdisziplinäre Vorstellungen von der Welt dienen, die sich von denen der Techniker und Ökonomen unterscheiden; anderenfalls sind fundamentale menschliche Eigenschaften der Gefahr ausgesetzt, in den neuen Technologien völlig unterzugehen. Wir brauchen alternative Narrative zu jenen, die Optimierung als die Triebfeder des technischen Fortschritts darstellen. Ich glaube, wenn neben dem Design auch Geisteswissenschaften und freie Künste einbezogen wären, könnten neue Visionen entstehen.

TG: Euphorie und Ängste begleiten die Beziehung von Mensch und Maschine. Wir haben Roboter als Freunde und Helfer entwickelt, werden aber argwöhnisch, wenn sie ein Eigenleben an den Tag legen. Smarte Geräte sind cool, künstliche Intelligenz ist faszinierend, aber das Thema der Singularität macht uns nervös. Wie gehen wir in Zukunft mit dieser Ambivalenz um?

AD: Ich finde es durchaus vernünftig, nervös und ängstlich zu sein. Auf die höchst reduktiven Visionen der Industrie ist das eine vollkommen logische Reaktion.

FR: Wenn die zukünftige Welt der Roboter nur von Leuten bestimmt wird, die ihre gesamte Zeit mit der Planung von Robotern und nichts anderem verbringen, ist es höchst unwahrscheinlich, dass dabei eine breite, kulturell vielfältige Palette an Robotern entsteht, die unser tägliches Leben bereichert.

Thomas Geisler (1971 in Kenzingen, Baden-Württemberg, geboren) ist Kurator von *Hello, Robot. Design zwischen Mensch und Maschine*. In seiner kuratorischen Tätigkeit und als Autor widmet er sich Themen zeitgenössischer Design- und Alltagskultur. Von 2010 bis 2016 war er im MAK Wien tätig, wo er auch die Sammlung Design leitete. Er war maßgeblich an der Gründung der Victor J. Papanek Foundation an der Universität für angewandte Kunst Wien beteiligt. Er ist Mitinitiator der Vienna Design Week, hat u.a. Beiträge zur Vienna Biennale 2015 und London Design Biennale 2016 kuratiert und 2019 Europas älteste Design-Biennale in Ljubljana geleitet. Von 2016 bis 2019 leitete er den Werkraum Bregenzerwald und seit 2019 ist er Direktor des Kunstgewerbemuseums der Staatlichen Kunstsammlungen Dresden in Pillnitz.

Designer Anthony Dunne (*1964 in London, Großbritannien) und Architektin Fiona Raby (*1963 in Singapur) gelten seit Jahren als Speerspitze einer konzeptuellen Designbewegung, für die wegweisende Ideen und die Debatten, die diese auslösen, wichtiger sind als Funktionalität. Insbesondere das Designpotenzial und die Auswirkungen neuer Technologien wie Robotik, Bio- oder Nanotechnologie auf unseren Alltag werden von Dunne & Raby untersucht. Seit 2016 haben Dunne & Raby eine Professur für Design and Emerging Technology an der New School / Parsons in New York inne. Davor war Fiona Raby als Professorin für Industrial Design an der Universität für angewandte Kunst Wien tätig, während Anthony Dunne das Design Interactions Programme am Royal College of Art in London leitete.

GLAUBEN SIE AN TOD UND WIEDERGE-BURT VON DINGEN?

HÄTTEN S
GERN, DA
SICH EIN
ROBOTER
SIE KÜMM

WIE SEHR MÖCHT SICH AUF SMARTE VERLASSEN?

WIE FÜH
OBJEKTE

FREUND UND HELFER

177

Mon Oncle, 1958. Monsieur Hulot kämpft mit der voll automatisierten Küche seiner Schwester.

Mon Oncle (Mein Onkel) ist ein komödiantisches Meisterwerk des berühmten französischen Regisseurs und Schauspielers Jacques Tati. Im Mittelpunkt des Films steht der unverwechselbare Monsieur Hulot, dem seine Schwester und ihre Begeisterung für die Errungenschaften der Moderne und das amerikanisch geprägte Konsumdenken zu schaffen machen, während er zu seinem neunjährigen Neffen Gérard jedoch ein liebevolles Verhältnis hat. Die ultramoderne, geometrische, ganz in Weiß gehaltene Küche spielt in den verworrenen Betrachtungen von Monsieur Hulot eine besondere Rolle. Seine Reaktionen auf ihre maschinengleiche, sterile Ausstattung sind eine pointierte und amüsante Satire auf das technisierte Leben und die Konsumgesellschaft im Frankreich der Nachkriegszeit.
Mon Oncle wurde 1959 mit dem Oscar für den besten ausländischen Film ausgezeichnet; er erhielt einen Spezialpreis in Cannes sowie den New York Film Critics Award. *Mon Oncle* war Tatis erster Farbfilm. AR

JACQUES TATI – *MON ONCLE*

Jacques Tati. *Mon Oncle,* 1958. Film, 117 Min. © Les Films de Mon Oncle – Specta Films C.E.P.E.C.

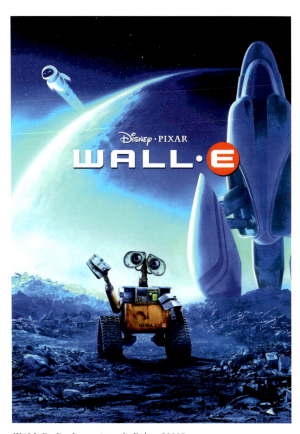

WALL-E – Der Letzte räumt die Erde auf, 2008

WALL-E erzählt auf geniale Weise von der Anbahnung einer Beziehung zwischen zwei Robotern: WALL-E, dem letzten Bewohner des Planeten Erde, und EVE, einem Roboter, der mit einem Suchauftrag auf die Erde geschickt wurde. Während beide die ihnen einprogrammierten stumpfsinnigen, einsamen und mühseligen Aufgaben ausführen, entwickeln sie ein Bewusstsein und Gefühle füreinander.

Die Kulisse ist eine düstere, dystopische Zukunft, in der die Menschen den mit Müll übersäten Planeten Erde verlassen und WALL-E-Roboter (kurz für Waste Allocation Load Lifter Earth-Class/Müllordner und Lastenheber – Erdklasse) zurückgelassen haben, die den Abfall beseitigen sollen, um die Erde wieder bewohnbar zu machen. Dieser fast ohne Dialoge auskommende emotionale Film nimmt wichtige gesellschaftliche Themen kritisch ins Visier: das blinde Vertrauen auf und die Abhängigkeit von Technologie, den Massenkonsum, die Macht der großen Konzerne und Umweltprobleme. Dabei geht es um die Auswirkungen, die all dieses sinnlose Handeln auf die Umwelt, menschliche Beziehungen, die Zivilisation und den Planeten Erde hat. AR

Nach 700 Jahren der Automatisierung sind die Menschen fett, degeneriert und hilflos.

Andrew Stanton, Pixar Animation Studios. *WALL-E – Der Letzte räumt die Erde auf,* 2008. Animationsfilm, 98 Min. © Disney • Pixar Animation Studios

ANDREW STANTON, PIXAR ANIMATION STUDIOS
– WALL-E – DER LETZTE RÄUMT DIE ERDE AUF

AMAZON
– ECHO

Amazon. *Echo,* 2015 (Einführung in Deutschland: 2016). Audio-Gerät mit Lautsprecher und sprachgesteuertem Computer, 23,5 × 8,4 × 8,4 cm
© Amazon

Amazon *Echo* ist ein weit verbreitetes Audiogerät, das aus einem Lautsprecher, einem Computer mit Sprachsteuerung / Spracherkennung sowie Wi-Fi und Bluetooth-Verbindung besteht. Über einen digitalen Assistenten namens „Alexa" – so lautet auch das Aktivierungswort – kann man verschiedene Internetdienste in Anspruch nehmen: Auf verbalen Befehl streamt „Alexa" den gewünschten Radiosender, startet das Hörbuch, verwaltet den Kalender oder liefert weitere Informationen (Wetter, Verkehr etc.) aus dem Internet oder der Cloud; auch als Steuerzentrale für weitere Smart-Home-Technologie kann das System eingesetzt werden. Da es alle Gespräche im Umfeld mithört und dabei stets mit der Cloud und dem Internet verbunden ist, hat Amazon *Echo* nicht zuletzt eine rege Diskussion zum Thema der Verletzung der Privatsphäre aufgeworfen. TT

Echo, 2015

Patin, 2014

Patin ist ein autonomer, mit zahlreichen Sensoren ausgestatteter und lernfähiger Roboter für zu Hause. Durch das Bestücken mit verschiedenen *service units,* etwa für Beleuchtung oder für die Versorgung von Zimmerpflanzen, kann er unterschiedlichste Funktionen ausüben. Der Roboter kann etwa feststellen, ob sein Besitzer in einer dunklen Ecke sitzt, und sich dorthin bewegen und den Ort ausleuchten; diese Tätigkeit kann er lernen und dann bei Bedarf immer wieder ausführen. Das System ist dabei offen und als Plattform konzipiert: Externe Anbieter sind beispielsweise dazu eingeladen, neue Anwendungen und Service-Einheiten zu entwickeln und über *Patin* ihre Produkte anzubieten – ohne selbst in die finanziell und wissenschaftlich aufwendige Entwicklung künstlicher Intelligenz investieren zu müssen. TT

TATSUYA MATSUI, FLOWER ROBOTICS – *PATIN*

Tatsuya Matsui. *Patin,* 2014. Heimroboter, diverse Materialien 19,3 × 34 × 33 cm © Flower Robotics, Inc.

JOHANNA PICHLBAUER, MIA MEUSBURGER – *VIENNA SUMMER SCOUTS*

Das von Johanna Pichlbauer und Mia Meusburger entworfene spekulative Designprojekt *Vienna Summer Scouts* besteht aus einer Reihe von sieben bunten, Daten erfassenden digitalen Sensoren, die überall in der Stadt verteilt sind und die Ankunft des Sommers messen. Jeder Scout soll entscheidende Anzeichen des Sommers erfassen, so etwa die Menge an Sonnenschutzmittel an der Wasseroberfläche des Freibades oder die Verbreitung von Mücken am Fluss. Sobald die festgelegten Mindestwerte erreicht oder überschritten werden, deutet dies darauf hin, dass der Sommer da ist. Hinter dem Projekt steckt die Idee, das emotionale Potenzial von Städten zu berücksichtigen und für die Zukunft eine emotional intelligente Stadt anzustreben. AR

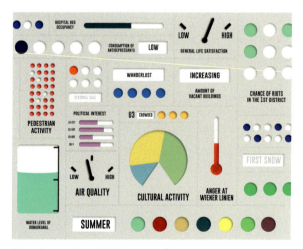

Vienna Summer Scouts, 2014: Sommerstandanzeige

Die Vermessung der Stadt ...

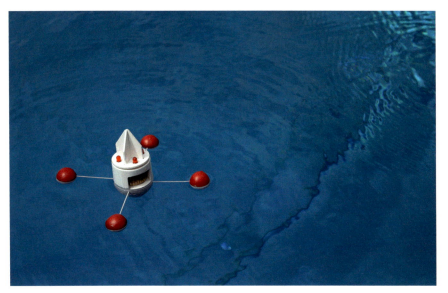

... auf der Suche nach Indikatoren für den Sommer

Mia Meusburger und Johanna Pichlbauer. *Vienna Summer Scouts,* 2014. Video, 3 Min. 20 Sek., Installation, diverse Materialien © Mia Meusburger, Johanna Pichlbauer / ID2 Studio / Universität für angewandte Kunst Wien

Gerard Ralló. *Devices for Mindless Communication,* 2010. Reiterative Communication Aid. Acryl und elektronische Bauteile, 19 × 26 × 32 cm; *Personal Advisor for Reintegration.* Acryl und elektronische Bauteile, 21 × 29,5 × 35,5 cm © Gerard Ralló, Royal College of Art 2010

Reiterative Communication Aid, 2010

GERARD RALLÓ – *DEVICES FOR MINDLESS COMMUNICATION*

Als Teile der Reihe „Devices for Mindless Communication" (Geräte zur geistlosen Kommunikation) hinterfragen diese beiden spekulativen Designprojekte den Einfluss und die Folgen menschlichen Verhaltens im Kontext der modernen Kommunikationstechnologie. Den *Personal Advisor for Reintegration* trägt man um den Hals; er soll jungen Menschen, die zu zwangloser Konversation nicht mehr in der Lage sind, als Hilfsmittel dienen, indem er auf einem Bildschirm Standardfragen und -antworten vorschlägt. Ähnlich spekuliert der *Reiterative Communication Aid* über alternative Aufgaben von Technologie in unserem Umgang miteinander. In diesem Fall bietet der Designer ein zeitsparendes Gerät an, das auf beiläufige Fragen mit einer automatisierten Musternachricht auf dem Bildschirm antwortet, sodass sich der Nutzer wichtigeren Dingen widmen kann. AR

Personal Advisor for Reintegration, 2010

KIM SWIFT, ERIK WOLPAW, VALVE SOFTWARE – GLaDOS *(PORTAL)*

Kim Swift und Erik Wolpaw für
Valve Software. *Portal*, 2005–2007.
Videospiel für Xbox © 2017 Valve
Corporation

GLaDOS ist eine künstliche Intelligenz aus dem Computerspiel *Portal*. Gleich zu Beginn des Spiels begrüßt sie die Protagonistin, Chell, in einem verlassenen Fabrikgebäude. Anfangs scheint GLaDOS wohlgesonnen, sie leitet Chell – und mit ihr den Spieler – mit Instruktionen und Warnungen durch einen Parcours sogenannter Test-Räume und führt sie in die Regeln des Spiels ein: Mithilfe einer *Portal Gun* können hier Objekte und Personen an Orte versetzt werden, die sonst nicht zu erreichen wären. Im Verlauf des Spiels werden GLaDOS' Absichten immer undurchsichtiger, bis sich offenbart, dass sie Chell nach dem Leben trachtet und diese eigentlich gegen GLaDOS kämpfen muss, um das Spiel zu überstehen. LH

GLaDOS *(Portal)*, 2005-2007

GLAUBEN SIE AN TOD UND
WIEDERGEBURT VON DINGEN?

WIE FÜHLEN SIE SI
DASS OBJEKTE GE
SIE EMPFINDEN?

ND UND HELFER

WIE SEHR MÖCHTEN SIE SICH AUF SMARTE HELFER VERLASSEN?

H DABEI,
UHLE FÜR

HÄTTEN SIE GERN, DASS SICH EIN ROBOTER UM SIE KÜMMERT?

GENE RODDENBERRY – *DATA (STAR TREK)*

Gene Roddenberry. *Data,* 1987–2002.
Standfoto aus *Star Trek:
The Next Generation,* Fernsehserie,
178 Folgen, 1987–1994 © Courtesy
CBS Television Studios

Data ist eine fiktive Figur aus der Fernsehserie bzw. den *Star-Trek*-Filmen; sie wird gespielt von dem Schauspieler Brent Spiner. *Data* ist ein anatomisch voll funktionsfähiger Android, der sich seines Wesens bewusst, klug und zu Sinneswahrnehmung fähig ist. Doch obwohl *Data* eine bemerkenswerte künstliche Intelligenz besitzt, hat er häufig Schwierigkeiten, menschliches Verhalten zu verstehen, und kann keine Emotionen empfinden. Im Bestreben, seine Entwicklung als künstliche Lebensform zu fördern, setzt er einen Emotionschip in seinen Schaltkreis ein, um so menschliche Gefühle zu verspüren. Zwar hat er einige Schwierigkeiten, die neuen Empfindungen zu bewältigen, lernt sie letztlich jedoch zu kontrollieren.

Als IBM 2014 seinen SyNAPSE-Chip vorstellte, der die neuronalen Netze des menschlichen Gehirns nachahmt, wurde dieser wiederholt als „Emotionschip" bezeichnet. AR

Data (Star Trek), 1987–2002

... bei der Betrachtung seiner Hände.

What Happened, 1991, remastered 2008: Der Roboter erkennt sich selbst ...

Elizabeth King, Richard Kizu-Blair. *What Happened,* 1991, digital überarbeitet 2008. HD Videoanimation, 1 Min. 34 Sek. © Elisabeth King, Richard Kizu-Blair, mit freundlicher Genehmigung der Künstler

Was tut der Körper unbewusst, wenn der Geist in Bewegung ist? Die feminin anmutende Gliederpuppe neigt ihren Kopf, während sie ihr hölzern-porzellanenes Ich erforscht, sie spielt mit ihren Händen so wie wir das von uns selbst kennen oder bei Säuglingen beobachten können, die sich beim Betrachten ihrer Hände erstmals als Individuum erkennen. Den Selbsterkenntnisprozess der Puppe drehte die Künstlerin Elizabeth King gemeinsam mit dem Regisseur Richard Kizu-Blair als Stop-Motion-Animation, bei der Bild für Bild auf Film aufgenommen wird und die Bewegung beim Abspielen von 24 Bildern pro Sekunde entsteht – eine traditionelle und aufwendige Technik, der die Materialität und Komplexität der realen Welt innewohnt. TT

ELIZABETH KING, RICHARD KIZU-BLAIR – *WHAT HAPPENED*

FREUND UND HELFER

All is Full of Love, 1999

All Is Full of Love von Chris Cunningham zum gleichnamigen Titel der isländischen Musikerin Björk wird als eines der besten Musikvideos aller Zeiten und als Meilenstein der Computeranimation gehandelt. Der Zuschauer sieht, wie ein der Sängerin in den Gesichtszügen gleichender Android von Roboterarmen montiert wird und beginnt, den Titel zu singen, in dem es um allgegenwärtige Liebe geht, der man sich lediglich öffnen müsse. Über den Großteil des Videos sieht man schließlich, wie sie und ein zweiter weiblicher Android sich wie in Zeitlupe zärtlich küssen. Cunningham gelingt es nicht nur, den gängigen Kontrast von (kalter) Computerwelt einerseits und Emotionalität und Sexualität andererseits aufzulösen, er erreicht mit der Wahl vermeintlich seelenloser Protagonisten sogar einen Verstärkereffekt in der überzeugenden Darstellung von Liebe und Leidenschaft. TT

Björk. *All Is Full of Love,* 1999. Musikvideo, 4 Min. 8 Sek., Regie: Chris Cunningham © © Björk / Chris Cunningham, Courtesy One Little Indian Records

BJÖRK, CHRIS CUNNINGHAM – *ALL IS FULL OF LOVE*

W. P. A. Federal Music Project of New York City. *The romance of robot* [und] *La serva padrona*, 1937. Siebdruck, 55,8 × 35,7 cm
© Courtesy Prints and Photographs Division, Library of Congress, Washington, D. C.

W. P. A. FEDERAL MUSIC PROJECT OF NEW YORK CITY
– *THE ROMANCE OF ROBOT*

Poster zu *The romance of robot*, 1937

Die Oper *The romance of robot* von Frederic Hart (Musik) und Tillman Breiseth (Libretto) aus dem Jahr 1937 ist eine Satire über die suspekt gewordene Moderne – vertreten durch die Figur des Roboters –, in der Logik und Organisation über Humanität und Gefühlen stehen. Das Szenario einer seelenlosen Gesellschaft erschien nur wenige Jahre, nachdem die Vereinigten Staaten während der *Great Depression* den Glauben an die Vision einer strahlenden Zukunft im Maschinenzeitalter vorerst verloren hatte. In der Oper obsiegt am Ende das menschliche Gefühl der Liebe und der Roboter überwindet die Kälte seiner Maschinenexistenz. Das Plakat, mit dem sie in New York beworben wurde, vergegenwärtigt mit den grobschlächtigen, geometrischen Quadern, die die Gliedmaßen darstellen, die frühe Visualisierung menschenähnlicher Roboter. TT

Video: *All the Robots,* 2007

Die Designer Tony Dunne und Fiona Raby stellen angesichts unserer Zukunft, die schon bald mit einer Vielzahl von Robotern bevölkert sein soll, die Frage, wie wir im Alltag mit diesen interagieren und welche Beziehungen wir mit ihnen eingehen werden. Schließlich greife die Vorstellung vom Roboter, der uns einfach die Arbeit abnimmt, zu kurz. Für die Serie *Technological Dream Series: No. 1, Robots* entwarfen sie daher vier Roboter – alle in ihrer Erscheinung nicht menschenähnlich – mit unterschiedlichen Persönlichkeitsstrukturen: einen ringförmigen, autonomen Roboter, einen neurotischen in Form eines aufnahmefähigen Trichters, einen Wächter-Roboter, dem man erst lange in die Augen schauen muss, bevor er Vertrauen fasst und Daten freigibt, und schließlich einen intelligenten, aber hilflosen und bedürftigen Roboter. TT

DUNNE & RABY
– *TECHNOLOGICAL DREAM SERIES: NO. 1, ROBOTS*

Dunne & Raby. *Technological Dream Series: No. 1, Robots,* 2007. *Robot 1: Red Ring.* Hartschaum, 10 × 90 cm (Durchmesser). *Robot 2: Neurotic One.* Stärke, Epoxyharz, 50 × 50 cm (Durchmesser). *Robot 3: Sentinel.* Eiche und Acryl, 39 × 20 × 93,3 cm. *Robot 4: Needy One.* Eiche, Acryl und Epoxyharz, 75 × 48 × 15 cm. Noam Toran. Video: *All the Robots,* 4 Min. 53 Sek. Objekte und Video © 2016 Dunne & Raby, Fotos: Per Tingleff

Robot 3, 2007

Robot 4, 2007

Android Birthday, 2011

Kevin Grennan. *Android Birthday,* 2011. Video, 13 Min. 39 Sek., Schauspielerin: Sylvi Kim © Kevin Grennan

Wenn humanoide Roboter schon bald ein Teil unseres Alltags sein werden – wie vielerorts behauptet wird –, werden sie dann auch leben wie wir und etwa … Geburtstag feiern? Und wie wird das künstliche Wesen seinen Geburtstag feiern? Wird uns dies einander näher bringen, auf Empathie begründete Beziehungen zwischen Mensch und Maschine stärken? Mit seinem Video *Android Birthday* reflektiert Kevin Grennan über die unabdingbar menschliche Qualität unserer Rituale: Wer nicht atmet und keine Lunge hat, kann auch keine Geburtstagskerzen ausblasen, und „menschenähnlich" heißt im echten Leben eben noch lange nicht „menschlich". Dass das im Video bis zur Schmerzgrenze demonstrierte Unvermögen der Androidin, ihre Geburtstagskerzen auszublasen, durchaus empathische Regungen in uns abruft, ist jedoch nicht von der Hand zu weisen. TT

KEVIN GRENNAN – *ANDROID BIRTHDAY*

AKI MAITA, BANDAI – *TAMAGOTCHI*

Tamagotchi, 1996

Mit der schier unglaublichen Zahl 76 Millionen verkaufter *Tamagotchis* weltweit (bis 2010) gehört dieses digitale Haustier fraglos zu einem der größten Trends der späten 90er-Jahre. Der Name ist eine Wortkreuzung aus dem japanischen „tamago" für Ei und dem englischen Wort „watch". Im ersten Modell P1 aus dem Jahr 1996 schlüpft so zu Beginn des Spiels auf dem Bildschirm des eiförmigen Cyber-Spielzeugs auch ein kleines Küken. Für die kommende Zeit muss man nun mit seinem „Tier" spielen, es füttern, schlafen legen, aufwecken und sogar disziplinieren, wenn es zu viel Aufmerksamkeit verlangt, damit es wächst und gedeiht. Wer sich jedoch nicht ausreichend um sein Digi-Vögelchen kümmert, muss schon bald dessen virtuellen Tod beklagen. Die Trauer darüber war ganz real. Die Nachrufe, die man schon bald auf den im Internet entstehenden *Tamagotchi*-Friedhöfen lesen konnte, waren herzzerreißend. LH

Aki Maita für Bandai. *Tamagotchi*, 1996. Elektronikspielzeug, diverse Materialien, 5 × 4 × 1,5 cm
© Bandai Co., Ltd.,
Foto: Vitra Design Museum

Kip ist ein Roboter, der als Begleiter für die zwischenmenschliche Konversation entwickelt wurde. Zwar kann er nicht verstehen, was eine Person sagt, er kann jedoch den „Ton" – d. h. den emotionalen Gehalt – eines Gesprächs heraushören und bewerten. Auf diesen reagiert er jeweils unterschiedlich: Ist der Tonfall freundlich und mitteilend, artikuliert *Kip* Interesse, Anteilnahme und Zuwendung; wird der Ton aber aggressiv, weicht er zurück und zittert, simuliert also menschliche Reaktionen auf Aggression. Damit kann er als Instrument zur (Selbst-)Kontrolle in der alltäglichen Kommunikation benutzt werden und als Messinstanz für ein freundliches Miteinander. TT

GUY HOFFMAN UND OREN ZUCKERMAN – *KIP, AN EMPATHY ROBOTIC OBJECT*

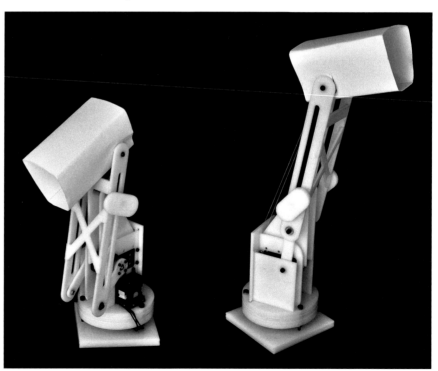

Guy Hoffman und Oren Zuckerman. *Kip, an Empathy Robotic Object,* 2015. Acryl, Papier und Garn, max. Maße: 38 × 25 × 25 cm. Team: Yahav Amsalem, Shlomi Azoulay, Shay Eyal, Adi Feiner, Michal Luria, Noa Morag, Ofri Omer, Danielle Rifinski, Noa Shitrit, Yaron Shlomi und Iddo Wald
© Media Innovation Lab (miLAB), IDC Herzliya, Israel

Kip, an Empathy Robotic Object, 2015

JOHN LASSETER, PIXAR ANIMATION STUDIOS – *DIE KLEINE LAMPE*

Die kleine Lampe, 1986

Die kleine Lampe war der erste in den Pixar Animation Studios produzierte Kurzfilm und auch der erste computeranimierte Kurzfilm, der für den Oscar nominiert wurde. Auf die Idee zu dem 1986 entstandenen Werk kam sein Schöpfer John Lasseter durch die Architektenlampe, die auf seinem Schreibtisch stand, während er die Erstellung von Modellen lernte. Der Film zeigt die Geschichte der kleinen Lampe Luxo Jr., die ein neues, lustiges Spielzeug entdeckt, und einer „älteren" Lampe, die das Ganze amüsiert aus der Nähe beobachtet. Sowohl technisch als auch erzählerisch ist dieser Film ein Meilenstein; er demonstriert das Potenzial von Computeranimation und Körpersprache und beweist, dass sich beide vortrefflich als erzählerische Mittel eignen. Im Jahr 2014 wurde er als besonders erhaltenswerter Film in das amerikanische Filmarchiv (National Film Registry) der US-amerikanischen Library of Congress aufgenommen. AR

John Lasseter, Pixar Animation Studios. *Die kleine Lampe,* 1986. Computeranimierter Kurzfilm, 2 Min. 29 Sek. © Pixar Animation Studios

Lift-Bit, 2016

Carlo Ratti Associati. *Lift-Bit,* 2016. Programmierbare Sitzlandschaft, jeweils 78 × 45 × 45 cm. Technologie und Interaktionsdesign: Opendot
© Carlo Ratti Associati, Foto: Max Tomasinelli

CARLO RATTI ASSOCIATI – *LIFT-BIT*

Die sechseckigen hockerartigen Polstermöbelmodule, die Carlo Ratti, Turiner Architekt, Designer und Leiter des MIT Sense*able* City Labs in Boston, USA, entwickelt hat, lassen sich zu verschiedenen Sitzmöbeln und ganzen Liegelandschaften arrangieren. Laut Website von Carlo Ratti Associati sind sie „das erste digital verwandelbare Sofa der Welt", denn die Höhe der einzelnen Module kann dank eines Motors im Inneren mithilfe einer App individuell eingestellt werden. Zudem kann die Höhe auch manuell verstellt werden, da die eingebauten Sensoren reagieren, wenn der Benutzer seine Hand über ein Modul hält. Stehen sie aber zu lange unbeachtet still, beginnen sich die Hocker zu langweilen. Sie entwickeln dann ein Eigenleben und verstellen sich nach Belieben. LH

Über das Erscheinungsbild von Drohnen im häuslichen Umfeld machten sich die Studenten Ted Hunt, Luke Sturgeon und Hiroki Yokoyama am Design-Interactions-Department des Londoner Royal College of Art Gedanken. Wie kann man die allgemeine Akzeptanz von Drohnen und die alltägliche Interaktion mit ihnen fördern, insbesondere angesichts der Tatsache, dass sie noch immer in erster Linie mit militärischen Anwendungen und den damit einhergehenden ethischen Streitfragen in Verbindung gebracht werden? Ihre Antwort auf diese Frage liegt in einem Designansatz, der von gewohnter Drohnen-Ästhetik – Farbgebung: schwarz, grau, Metall; Anmutung: technoid, militärisch – abweicht. Stattdessen orientiert er sich, deutlich farbenfroher, an der Interaktion mit dem Menschen und dessen Temperament, sei dieser etwa ein spielerischer, beobachtender oder auch aggressiverer Typus. TT

Ted Hunt, Luke Sturgeon, Hiroki Yokoyama. *Synthetic Temperaments of Drones,* 2014. Elektronik, Plastik, Gummi, Metall. Drohne A: 3,5 × 8 × 6 cm; Drohne B: 6 × 10 × 10 cm; Drohne C: 3,5 × 11 × 11 cm
© Ted Hunt, Luke Sturgeon, Hiroki Yokoyama. Projekt im Rahmen des MA Design Interactions, Royal College of Art, London, unter der Leitung von Anthony Dunne.

Synthetic Temperaments of Drones, 2014

TED HUNT, LUKE STURGEON, HIROKI YOKOYAMA
– *SYNTHETIC TEMPERAMENTS OF DRONES*

KEVIN GRENNAN – *THE SMELL OF CONTROL: FEAR, FOCUS, TRUST*

Immer wieder kann man lesen, welche – vor allem unbewussten – Einflüsse Gerüche auf zwischenmenschliches Verhalten haben. Wie sollte, im Hinblick auf die Schnittstellen Mensch–Maschine, dann ein Roboter riechen? Diesem Gedankenexperiment folgend zeichnete Kevin Grennan einen Operationsroboter, einen Bombenentschärfungsroboter sowie einen industriellen Greif- und Sortierroboter, die er mit Schweißdrüsen ausstattete. Die überhaupt nicht menschenähnlichen Roboter röchen dann nach Schweiß wie ein Mensch – und zwar nach jenem Schweiß, den wir bei Konzentration, Angst beziehungsweise Männer beim Sex ausstoßen. Mit diesem Teilanthropomorphismus und dem entstehenden Kontrast weist Grennan auf die Absurdität hin, die letztlich jedem Versuch innewohnt, menschenähnliche Maschinen zu schaffen. TT

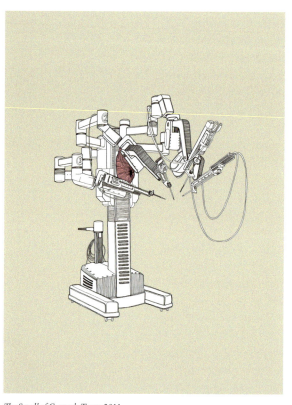

The Smell of Control: Trust, 2011

Kevin Grennan. *The Smell of Control: Fear, Focus, Trust,* 2011. Siebdruck auf Papier und Mixed Media, jeweils 15,2 × 10,2 cm © Kevin Grennan

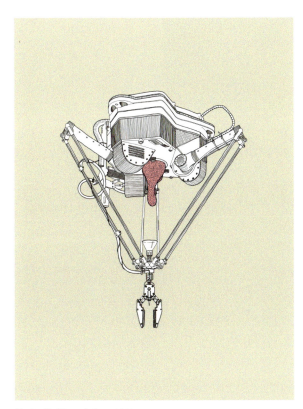

The Smell of Control: Fear, 2011

The Smell of Control: Focus, 2011

Battlefield Extraction-Assist Robot (BEAR), 2005–2011

Daniel Theobald, Vecna Technologies. *Battlefield Extraction-Assist Robot (BEAR),* 2005–2011. Foto © Courtesy US Army Medical Research and Materiel Command's Telemedicine and Advanced Technology Research Center (TATRC) / Vecna Technologies

DANIEL THEOBALD, VECNA TECHNOLOGIES
– *BATTLEFIELD EXTRACTION-ASSIST ROBOT (BEAR)*

Im Auftrag des US-Militärs konzipierte das Unternehmen Vecna 2005 einen ferngesteuerten Roboter, dessen hydraulische Arme schwere Lasten heben und über lange Strecken auch durch unwegsames Gelände tragen konnten. Der Roboter sollte unter anderem dafür eingesetzt werden, verletzte Soldaten aus der Gefahrenzone des Kampfgebiets zu bergen. Nicht nur ist das Akronym des *Battlefield Extraction-Assist Robot, BEAR,* das englische Wort für Bär, auch wurden seine „Gesichtszüge" laut Hersteller freundlich und teddybärartig gestaltet, um das Wohlbefinden der von ihm geretteten Verwundeten zu steigern. Die Weiterentwicklung für militärische Zwecke wurde 2011 eingestellt. LH

NASA – *CURIOSITY ROVER*

NASA. *Curiosity Rover,* 19. August 2015. Twitter Bildschirmfoto.
© Foto: 2015 NASA / JPL-Caltech / MSSS

Curiosity ist ein Roboterfahrzeug, das seit seiner Landung am 6. August 2012 im Rahmen der Mars Science Laboratory Mission (MSL) den Gale-Krater auf dem Mars erforscht. Es soll die Bewohnbarkeit des Planeten, sein Klima und seine Geologie untersuchen und Daten für künftige bemannte Forschungsmissionen sammeln. Seit dem Beginn der Rover-Mission ist die Zahl der Follower des Twitter-Accounts @MarsCuriosity auf über 4,2 Millionen angewachsen (Stand: Mai 2022). Die breite Präsenz von *Curiosity* in den sozialen Medien gilt als Grund dafür, dass der Rover inzwischen mehr als Persönlichkeit denn als Maschine wahrgenommen wird und die Öffentlichkeit sich wieder emotional mit dem Weltraumprogramm verbunden fühlt. OP

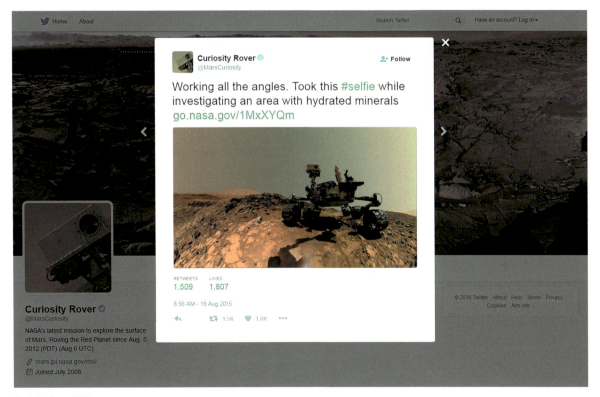

Curiosity Rover, 2015

WIE FÜHLEN SIE SICH DABEI, DASS OBJEKTE GE-FÜHLE FÜR SIE EMPFINDEN?

SEHR MÖCHTEN
SICH AUF SMARTE
FER VERLASSEN?

**EN SIE AN TOD
IEDERGEBURT
NGEN?**

IE
S SICH
TER UM
ERT?

FREUND UND HELFER

HAJIME SORAYAMA, SONY CORPORATION – *AIBO*

Hajime Sorayama für Sony Corporation. *AIBO ERS-110,* 1999. Unterhaltungsroboter, diverse Materialien, 26,7 × 15,2 × 41,3 cm © Sony, Foto: Andreas Sütterlin, Courtesy Vitra Design Museum

AIBO ist eine preisgekrönte elektronische Tierserie, die die Firma Sony bis 2006 produzierte. Sie startete 1999 mit dem ersten Unterhaltungsroboter für Privathaushalte. Der Name *AIBO* steht dabei für Artificial-Intelligence-Roboter und ist zudem das japanische Wort für „Kamerad" oder „Freund". Das ursprüngliche Design Hajime Sorayamas ähnelt dem eines Roboter-Beagles. *AIBO* simuliert die Bewegungen und das Verhalten eines echten Hundes; er ist ein autonomer Roboter, der auf äußere Reize reagieren und nach eigenem Urteil handeln kann. *AIBO* ist außerdem trainierbar und – besonders interessant – er ist mit Open-Source-Software ausgestattet, sodass Besitzer individuell die Persönlichkeit ihres „Hundes" und dessen spezifische Fähigkeiten festlegen können. Im Juli 2014 stellte die Firma den Kundenservice für sämtliche *AIBO*-Produkte ein. *AIBO* ist heute Teil der ständigen Sammlung der Smithsonian Institution und des Museum of Modern Art in New York. AR

AIBO ERS-110, 1999

Das Ehepaar Sakurai liebt seine Familienhunde. Allerdings sind all diese Hündchen Haustier-Roboter der seit den 1990er-Jahren von Sony vertriebenen *Aibo*-Serie. Deren Reparaturservice wurde 2014 eingestellt, nachdem der Konzern die Produktion bereits 2006 beendet hatte. Was geschieht, wenn man ständig darum fürchten muss, dass ein geliebtes Haustier jederzeit im wahrsten Wortsinn „irreparablen Schaden" nimmt, zeigt die *New York Times* in dieser Episode ihrer Serie *ROBOTICA* mit der Kurzdoku *The Family Dog* von Zackary Canepari und Drea Cooper. LH

Zackary Canepari, Drea Cooper für *The New York Times. The Family Dog*, 2015. Online-Dokumentation, 8 Min. 28 Sek. *The New York Times*, 2015 © 2017 *The New York Times*. Alle Rechte vorbehalten.

The Family Dog, 2015

ZACKARY CANEPARI UND DREA COOPER FÜR
THE NEW YORK TIMES – THE FAMILY DOG

The Waste entwirft die Vorstellung einer technologischen Konsumkultur, in der Körper nicht mehr aus festen Komponenten, sondern einer Reihe von Einwegteilen bestehen, die am Ende „weggeworfen" werden. Huangs Arbeiten richten den Blick häufig auf die Kombination / Hybridisierung von Roboterleben und organischem Leben, um sowohl die Umgebung als auch das eigene Ich zu verstehen und zu erkunden. Diese Arbeit kann als verlassener, kaputter Roboter ebenso gedeutet werden wie als unvollendetes Werk. Und ironischerweise könnte dieser scheinbar unvergängliche mechanische Körper auch immer wieder aufs Neue repliziert, ersetzt oder umgestaltet werden. AR

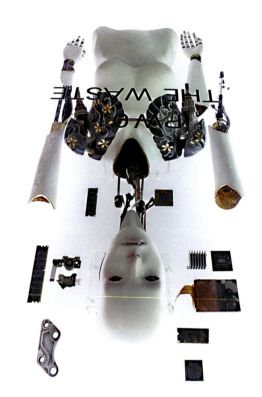

The Waste, 2011

Zan-Lun Huang. *The Waste*, 2011. Installation aus Maschinenteilen, glasfaserverstärktem Kunststoff, Acrylbehälter, Leuchtstoffröhre, 142 × 80 × 52 cm © Zan-Lun Huang

ZAN-LUN HUANG – *THE WASTE*

Dan Chen. *CremateBot,* 2015. Objekt, diverse Materialien, 65 × 25 × 25 cm, Video: 51 Sek. © Dan Chen

CremateBot, 2015: eine Urne ...

Der *CremateBot* ist ein Apparat, der dazu anregen soll, die eigene Existenz stärker zu reflektieren. Er wird vom Benutzer laufend mit körpereigenem, erneuerbarem Material wie abgeschnittenen Fingernägeln, Haaren oder abgestorbener Haut befüllt, welche dann auf der Stelle verbrannt und in eine Urne weiterbefördert werden. Dabei zeigt der *Bot* stets an, wie viel Prozent unserer Körpermasse bzw. entsprechend Asche bereits gesammelt wurde – bis hin zu 100 Prozent. Der *CremateBot* regt dazu an, sich mit unserem Werden und Vergehen auseinanderzusetzen, und feiert die menschliche Selbsterneuerung, auf Zellbasis wie auch als Metapher. TT

DAN CHEN – *CREMATEBOT*

... mit organischem Inhalt

FREUND UND HELFER

HÄTTEN SIE GERN
SICH EIN ROBOTE
SIE KÜMMERT?

WIE FÜHLEN SIE SIC
OBJEKTE GEFÜHLE

...AUBEN SIE AN TOD UND WIEDER-
...URT VON DINGEN?

WIE SEHR MÖCHTEN
SIE SICH AUF SMARTE
HELFER VERLASSEN?

... DASS
... UM

...DABEI, DASS
... SIE EMPFINDEN?

Kinderbuch *Mein erster Roboter*

Stephan Bogner, Philipp Schmitt und Jonas Voigt. *Raising Robotic Natives,* 2016. Installation mit Industrieroboter, diverse Materialien. Illustration von Margot Fabre © Stephan Bogner, Philipp Schmitt und Jonas Voigt / Hochschule für Gestaltung Schwäbisch Gmünd

Raising Robotic Natives ist ein spekulatives Designprojekt, das eine Welt entwirft, in der wir von Haushaltsrobotern umgeben sind. Um neue Generationen auf die Präsenz von Robotern im Alltag vorzubereiten, kreierte das Team vier Erziehungshilfen für Eltern: die Roboter-Fläschchenhalterung, einen Industriearm mit einem Babyfläschchen im Greifer; den Notaus fürs Wohnzimmer, einen Sicherheitsknopf, der die Roboter im Notfall deaktiviert; ein Drachenkostüm für Industrieroboter, das diese vertrauter erscheinen lässt; und das Kinderbuch *Mein erster Roboter,* in dem Kinder etwas über die Geschichte der Robotik einschließlich der wegweisenden Science-Fiction-Romane von Isaac Asimov und der drei Robotergesetze erfahren. AR

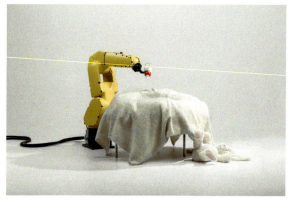

Raising Robotic Natives, 2016: Installation

PHILIPP SCHMITT, STEPHAN BOGNER, JONAS VOIGT – *RAISING ROBOTIC NATIVES*

AKA – *MUSIO*

Zos Lee für AKA. *Musio*, 2016. Pädagogischer Roboter, diverse Materialien, 22 × 16,8 × 8,5 cm
© AKA, Corp., Tokio

Musio ist ein Roboter für den Alltag und wurde insbesondere für den Gebrauch durch Kinder und Jugendliche gestaltet. Um ihn jeweils an den Benutzer bzw. dessen Alter anpassen zu können, verfügt *Musio* über drei Modi: „simple", „smart" und „genius". Der Roboter verfügt über einen großen Schatz an formalem Wissen, spricht und antwortet, lernt Tag für Tag dazu und folgert logisch aus der Information, die er bereits erhalten hat. Besonders erfolgreich ist *Musio* als Sprachtrainer zum Englischlernen. Laut dem Hersteller begleitet der pummelige Roboter Kinder an über hundert Schulen in Südkorea und in Japan im Englischunterricht. TT

Musio, 2016

Holland Haptics. *Frebble*, 2014. Funkbasiertes Gerät (zweiteiliges Set), diverse Materialien, ca. 13 × 3 × 3 cm © Holland Haptics

HOLLAND HAPTICS
– *FREBBLE*

Frebble wurde von Holland Haptics als Zusatzgerät für den Computer entwickelt und sollte Berührungen über das Internet ermöglichen. Das Kickstarter-Projekt simulierte den menschlichen Händedruck, damit zwei Menschen einander die Hand halten können, auch wenn sie sich an unterschiedlichen Orten befinden: Wenn der eine Nutzer das *Frebble* drückt, spürt der andere den Händedruck. Das Gerät erweitert das visuelle und akustische Erleben in der virtuellen Welt um das Gefühl der Berührung. *Frebble* hat es nicht auf den Markt geschafft, aber es steht zu erwarten, dass Technologien dieser Art früher oder später virtuelle Interaktionen und den Unterhaltungswert von Spielen und Filmen grundlegend verändern werden.

Frebble, 2014

Alexander Reben. *Headgasmatron (Roboterarm mit Kopfkratzer)*, 2015. Kunstinstallation, diverse Materialien
© Alexander Reben, Foto: Michael Underwood

ALEXANDER REBEN – *HEADGASMATRON (ROBOTERARM MIT KOPFKRATZER)*

Klassische manuelle Kopfmassagegeräte reduzieren Stress und bieten Entspannung. Das liegt nicht zuletzt an dem kribbeligen Gefühl auf unserer Haut, das durch Massagegeräte ausgelöst wird.

Als Alexander Reben den *Headgasmatron,* einen Roboterarm mit integriertem Kopfkratzer, entwickelte, nutzte er genau diese Empfindung, um zu demonstrieren, wie kompliziert unsere körperlichen und emotionalen Reaktionen auf Roboter sind – insbesondere in Hinblick darauf, ob wir in der Lage sind, intime (nicht sexuelle) Beziehungen zu Robotern aufzubauen. Der *Headgasmatron* ist ein simpler Roboter, er besteht lediglich aus einem Kopfmassagegerät aus Draht und einer an einem Stuhl befestigten, beweglichen Halterung. Wird man sich jedoch der Tatsache bewusst, dass die Bewegungen rein zufällig generiert werden und der Benutzer nicht selbst für sein physisches Vergnügen verantwortlich ist, ist der Roboter weitaus mehr als nur eine technische Spielerei. EP

Headgasmatron (Roboterarm mit Kopfkratzer), 2015

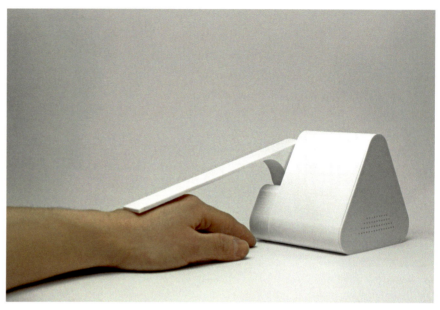

Friend 1, 2015

DAN K CHEN – *MAKING FRIENDS BY MAKING THEM*

Friend 2, 2015

Sind Roboter in der Lage, uns Sicherheit und Geborgenheit zu vermitteln, so wie Freunde und Vertraute das können? Mit seinen fünf „Freunden" – es handelt sich um Roboter zur „emotionalen Selbsthilfe" – nähert sich der Designer und Ingenieur Dan K Chen dieser Frage an: Roboter eins berührt unsere Hand und sagt uns, dass alles gut wird; Roboter zwei klopft uns aufmunternd auf die Schultern; Roboter drei schenkt uns Aufmerksamkeit; Roboter vier macht ganz wie ein Haustier ein Schnurrgeräusch, wenn man ihn streichelt. Der tragbare Roboter Nummer fünf tätschelt bei Stress unseren Arm. „Wie oft setzen wir solche Gesten, ohne sie wirklich ernst zu meinen?", fragt Chen und fügt hinzu: „Vielleicht sind die Roboter in so einem Fall einfach ehrlicher als Menschen." TT

Dan K Chen. *Making Friends by Making Them,* 2015. *Friend 1.* Objekt: 11 × 26 × 11 cm, Video: 18 Sek. *Friend 2.* Objekt: 12 × 19 × 7 cm, Video: 13 Sek. *Friend 3.* Objekt: 36 × 13 × 13 cm, Video: 14 Sek. *Friend 4.* Objekt: 11 × 12 × 11 cm, Video: 15 Sek. *Friend 5.* Objekt: 14 × 12 × 22 cm, Video: 18 Sek. © Dan K Chen

Friend 5, 2015

Friend 4, 2015

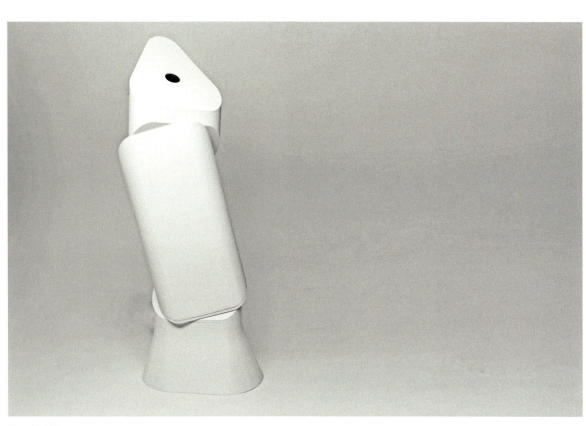

Friend 3, 2015

SPIKE JONZE – *HER*

Spike Jonzes Film *Her* (2013) spielt in einem Los Angeles der näheren Zukunft. Theodore Twombly (Joaquin Phoenix) lebt hier nach seiner Scheidung einsam und deprimiert bis zu dem Tag, an dem er sich ein sprechendes Betriebssystem mit künstlicher Intelligenz namens Samantha (Scarlett Johansson) zulegt. Theodore ist fasziniert von Samanthas offener Art, die Welt zu sehen, und von ihrer Fähigkeit, zu lernen und sich weiterzuentwickeln. Bei ihren Gesprächen über das Leben und die Liebe kommen sich die beiden näher. Samantha ist dabei immer erreichbar, immer interessiert, niemals lustlos oder fordernd und Theodore blüht zusehends auf, denn er hat sich verliebt. Das Gefühl beruht auf Gegenseitigkeit, doch es dauert nicht lange, bis Mensch und Maschine aneinander scheitern. LH

Warner Bros. *Her,* 2013. Spielfilm, 126 Min. Drehbuch und Regie: Spike Jonze © Warner Bros. Entertainment Inc. Alle Rechte vorbehalten.

Her, 2013

FREUND UND HELFER

Kuki, 2005

Steve Worswick. *Kuki,* 2005.
Chatbot © 2022 Steve Worswick

Kuki ist natürlich kein Mensch, doch für eine Maschine kommt sie einem Menschen ziemlich nahe. *Kuki* ist ein Chatbot, eine künstliche Intelligenz, die menschliche Unterhaltungen simulieren kann. Seit 2005 wird *Kuki* von dem IT-Berater Steve Worswick entwickelt. Im Jahr 2013 und von 2016 bis 2019 gewann sie jeweils den Loebner-Preis für Chatbots mit besonders menschenähnlicher Konversationsfähigkeit und schaffte es damit ins Guinness Buch der Rekorde. Von ihren Mitbewerbern unterscheidet sich *Kuki* dadurch, dass ihr Lernen überwacht wird. „Der Lernalgorithmus von *Kuki* erlaubt ihr nur, Fakten für den Nutzer zu erlernen, mit dem sie sich gerade unterhält", so Steve Worswick. „Sie protokolliert sämtliche gelernten Informationen und ich entscheide, ob ich diese ihrem permanenten Wissen hinzufüge." Der Chatbot *Tay* von Microsoft hingegen verwandelte sich nur Stunden nach seinem Start auf Twitter in einen Rassisten, weil andere Nutzer es mit ihrem ausfälligen Verhalten gezielt darauf angelegt hatten, *Tay* die entsprechende Propaganda zu lehren. AR / AK

STEVE WORSWICK
– *KUKI*

FREUND UND HELFER

Das Buch *Sexy Robot* (1983) zeigt 80 hyperrealistische Darstellungen chromglänzender Roboterfrauen in Pin-Up-Posen. Obwohl, oder gerade weil, ein entscheidender Bestandteil – nackte Haut – durch anorganische Maschinenteile und glänzendes Metall ersetzt wurde, funktioniert die Optik ebenso wie die ihrer Vorbilder aus Fleisch und Blut. Der Reiz erotisierter sogenannter Gynoiden, wie ihn auch Sorayamas Kunst zelebriert, scheint nicht zuletzt Ausdruck des Wunsches nach der „perfekten Gefährtin" zu sein: sexy, freizügig und als Maschine im höchsten Maße kontrollierbar. LH

HAJIME SORAYAMA – *SEXY ROBOT*

Hajime Sorayama. *Sexy Robot,* 1983. Gebundende Ausgabe, 29,2 × 23,5 × 0,6 cm. Foto © Hajime Sorayama, Courtesy NANZUKA

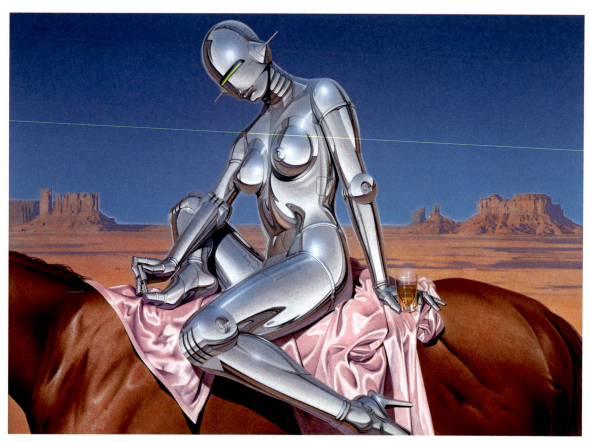

Sexy Robot, 1983

KIIROO – *ONYX & PEARL TELEDILDONICS*

Teledildonics for Long-Distance Relationships, Paar-Set, 2015

Kiiroo. *Teledildonics for Long-Distance Relationships, 2015.* Paar-Set (Oynx und Pearl), 24,2 × 9 × 6 cm und 19 × 3 × 3 cm © Kiiroo B. V.

Es ist wahrscheinlich, dass dem Cybersex eine immer größere Rolle zukommen wird; entsprechende, für jeden erschwingliche Geräte und Sextoys werden zunehmend angeboten. Darunter fallen auch Produkte aus dem Bereich *Teledildonics* wie das gezeigte Set für heterosexuelle Paare, bestehend aus einem Masturbator für den Mann und einem Vibrator bzw. Dildo für die Frau. Über Bluetooth sowie über eine Chat-Plattform mit App stehen beide in Verbindung und übertragen über Berührung und Reibung sensorisch aufgenommene Signale an das jeweils andere Endgerät. Ob von solcher Technik Fernbeziehungen tatsächlich profitieren, ist zwar unklar, sie verdeutlicht aber, welche Möglichkeiten die fortschreitende digitale Vernetzung von Menschen und Geräten für die menschliche Sexualität birgt. TT

MEISTER XUECHENG, MEISTER XIANFAN – *XIAN'ER*

Kim Kyung-Hoon. Meister Xianfan mit seinem Robomönch *Xian'er* im buddhistischen Longquan Tempel am Rand von Peking, 2016. Fotografie © REUTERS / Kim Kyung-Hoon

Meister Xianfan mit seinem Robomönch *Xian'er* im buddhistischen Longquan Tempel am Rand von Peking, 2016

Nach dem Vorbild einer beliebten Comic-Figur, dem Mönch *Xian'er* des Zeichners Xianfan, hat das Kloster Longquan vor den Toren Pekings in Zusammenarbeit mit Wissenschaftlern lokaler Universitäten, die im Bereich künstliche Intelligenz forschen, und einem Technologiehersteller den 60 cm großen Roboter-Mönch kreiert. Dieser kann sich bewegen, buddhistische Mantras singen, einfache Gespräche führen und Fragen zum Buddhismus beantworten. Er soll als Fusion von Technologie und Religion helfen, den Buddhismus auf zeitgemäße Art und Weise zu vermitteln. LH

BRUCE STERLING, SHELDON BROWN ET AL. – *MY ELEGANT ROBOT FREEDOM*

Bruce Sterling und Sheldon Brown mit dem Arthur C. Clarke Center for Human Imagination und Amanda Bergman, Lyndsay Bloom, Wes Hawkins, Erik Hill, Jon Paden, Pepe Rojo, Jasmina Tešanović, Rosanna Viirre, Aleksander Viirre, Ash Smith, Nathan Wade.
My Elegant Robot Freedom, 2016.
Videoinstallation, 500 × 280 cm
© Bruce Sterling und Sheldon Brown, Foto: Sheldon Brown

Im Sommer 2016 folgten der Science-Fiction-Autor Bruce Sterling und seine Frau, die serbische Feministin und Autorin Jasmina Tešanović, einer Einladung des Arthur C. Clarke Center for Human Imagination an der University of California, San Diego. Gemeinsam mit den Studierenden und dem Leiter des Centers, Sheldon Brown, entwickelten sie für die Ausstellung *Hello, Robot. Design zwischen Mensch und Maschine* eine Videoinstallation, die auf der Kurzgeschichte basiert, die Bruce Sterling für diese Publikation geschrieben hat (siehe S. 148). Die Installation spielt im Jahr 2041 und zeigt eine robotische Wohnung, die sich flexibel an ihre Bewohner anpasst und sich um deren Bedürfnisse kümmert. Die technologische Grundlage dazu ist die Soft Robotik, ein heute noch sehr junger Forschungsbereich, der sich mit Robotern aus weichen Materialien wie Silikon, Gewebe oder Gummi beschäftigt. EP / AK

Bruce Sterling, Science-Fiction-Autor und Berater von *Hello, Robot.*, in einer Fotomontage für *My Elegant Robot Freedom*, 2016

FREUND UND HELFER

Hyper-Reality, 2016: ein zusätzlicher Informationsfilter zur besseren Orientierung?

Keiichi Matsudas Entwurf für eine zukünftig mögliche urbane *Hyper-Reality* bietet ein Erleben, in dem die physische Realität komplett von der virtuellen überlagert ist. Eingehüllt in die Ästhetik digitaler Glücksspiele ist hier jeder Ort und Gegenstand virtuell durch Pop-ups mit Zusatzinformationen und Konsumangeboten besiedelt oder es bieten virtuelle Assistenten ihre Hilfe an. Die visuelle und akustische Fülle und Penetranz von Matsudas kaleidoskopischer Vision führt ein vom heutigen Leben reichlich entfremdetes und überreiztes digitales Dasein vor. Damit ist sie wohl eher als Provokation und Kommentar zu verstehen denn als Entwurf für eine Augmented Reality, die wir uns ernsthaft wünschen könnten.
TT

KEIICHI MATSUDA – *HYPER-REALITY*

Keiichi Matsuda. *Hyper-Reality*, 2016. Video, 6 Min. 15 Sek. © Keiichi Matsuda

… oder für Werbung?

… oder beides

MIT SENSE*ABLE* CITY LAB – *FLYFIRE*

Neuartige Möglichkeiten für grafische Displays, die in Echtzeit im Raum entstehen, erforscht das Projekt *Flyfire*. Jedes Pixel einer Darstellung besteht aus einer selbstorganisierten Mikro-Drohne, die mit einer kleinen LED-Leuchte versehen ist. Jedes dieser „Smarten Pixel" bewegt sich gemäß einer präzisen digitalen Kontrolltechnologie; gemeinsam, im Schwarm, können sie ein zweidimensionales fotografisches Bild im freien Raum ebenso darstellen wie einen dreidimensionalen Körper oder sie können vom einen ins andere hinüberwechseln. So wie die Drohnen etwa mit einem Smartphone in der Tasche eines Fußgängers kommunizieren, sind damit theoretisch auch individuell abgestimmte Werbebilder im öffentlichen Raum möglich – so wie wir das bereits aus dem Internet kennen. TT

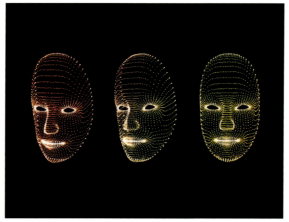

Flyfire, 2010

MIT Sense*able* City Lab. *Flyfire,* 2010. Video, 1 Min, 52 Sek. In Zusammenarbeit mit dem ARES Lab, MIT © MIT Senseable City Lab

FREUND UND HELFER

STARSHIP TECHNOLOGIES
– STARSHIP DELIVERY ROBOT

Starship Technologies. *Starship Delivery Robot,* 2015. Lieferroboter, diverse Materialien, 50 × 40 × 50 cm
© 2016 Starship Technologies

Die *Starship*-Lieferroboter wurden mit dem Ziel entwickelt, die sogenannte „letzte Meile" der Zustellung – etwa vom Supermarkt, vom Restaurant oder von der Post zum Verbraucher – effizienter, schneller und kostengünstiger zu machen. Der Lieferroboter ist ein kleines, selbstfahrendes Fahrzeug, das auf Bürgersteigen mit einer moderaten Geschwindigkeit von maximal sechs Stundenkilometern navigieren kann. Sein Frachtraum fasst bis zu 15 Kilogramm, was in etwa zwei Einkaufstüten entspricht. Der Roboter wird mit Strom betrieben und ist mit Kameras und verschiedenen Sensoren ausgestattet, um Hindernisse zu umfahren; er besitzt außerdem ein Mikrofon und Lautsprecher, um Geräusche aufzunehmen oder bei Bedarf mit Menschen zu kommunizieren. Die gesamte Route lässt sich über GPS verfolgen und nur der Empfänger kann die Sendung per App öffnen und entnehmen. Drei Millionen Lieferfahrten hat der Roboter laut Hersteller so schon erledigt (Stand: März 2022). AR

Starship Delivery Robot, 2015

FREUND UND HELFER

JAKE SCHREIER – *ROBOT & FRANK*

Robot & Frank, 2012

Robot & Frank ist eine amerikanische Science-Fiction-Komödie, die in der nahen Zukunft spielt. Sie schildert die komplizierte, aber liebenswerte Beziehung zwischen dem alternden Juwelendieb Frank und seinem Pflegeroboter. Franks Kinder leben nicht in seiner Nähe und sorgen sich um ihren allein lebenden Vater. Deshalb stellen sie einen Roboter als Pfleger ein. Obwohl Frank sich anfangs gegen die Maschine sträubt, entwickelt er schließlich ein Gefühl der Freundschaft, ja sogar der Komplizenschaft mit dem Roboter. Der Film thematisiert nach den Worten des Regisseurs nicht „die Interaktion zwischen Mensch und Maschine", vielmehr geht es um eine mögliche Lösung für ein anderes, viel häufiger anzutreffendes Phänomen, nämlich „die Interaktion zwischen dem Menschen und nichts", sprich: die Einsamkeit älterer Mitbürger.
Kritiker lobten Drehbuch, Produktion und Schauspieler; beim Sundance Film Festival wurde der Film mit dem Preis für den besten Spielfilm zum Thema Wissenschaft oder Technologie ausgezeichnet. AR

Park Pictures. *Robot & Frank,* 2012.
Spielfilm, 89 Min. Regie: Jake Schreier;
Drehbuch: Christopher D. Ford
© Wild Bunch

TAKANORI SHIBATA
– *PARO*

Takanori Shibata. *Paro,* 2001.
Therapieroboter, diverse Materialien,
16 × 35 × 57 cm © AIST Japan

Paro ist ein therapeutischer Roboter, der einem Sattelrobbenbaby nachempfunden ist. Wie ein Therapiehund soll er älteren und demenzkranken Menschen Zuneigung und Trost spenden. Mit seinem flauschig-warmen weißen Fell, seinen treuherzigen schwarzen Kulleraugen und seinem schnullerähnlichen Ladegerät ist er bewusst niedlich konzipiert. *Paro* verfügt am ganzen Körper über Berührungssensoren und optische Sensoren sowie über Mikrofone zur Stimmerkennung und Orientierung. Damit kann er beim Streicheln gurren und schnurren, Bewegungen mit Kopf und Augen verfolgen und Namen einschließlich seines eigenen behalten. Obwohl Kritiker ethische Bedenken angesichts dieser unechten Beziehung angemeldet haben, wird *Paro* in über 30 Ländern zu medizinischen Zwecken eingesetzt; wissenschaftliche Studien belegen seine positive psychologische, physiologische und soziale Wirkung. AR

Paro, 2001

Alice Cares, 2015: Ansprechpartner zu Hause ...

KeyDocs. *Alice Cares (Ik ben Alice),* 2015. Dokumentarfilm, 80 Min., Regie: Sander Burger, Produktion: Janneke Doolaard, Hanneke Niens & Hans de Wolf © KeyDocs / Alice Cares; www.keydocs.nl

... und beim Teekränzchen

Der Film *Alice Cares* begleitet drei ältere Damen durch ein niederländisches Pilotprojekt, bei dem der Einsatz eines emotional intelligenten Roboters namens Alice in der Betreuung alternder Menschen getestet werden sollte. In Anbetracht der Tatsache, dass die Gesellschaften des Nordens einen rapiden Anstieg des Anteils alter Menschen verzeichnen, die auch in zunehmendem Maße allein leben, könnten Roboter wie Alice die Funktion eines alltäglichen Begleiters und Ansprechpartners übernehmen. Damit könnten sie Einsamkeit mildern und den Lebenswillen Alternder aufrechterhalten, aber auch bei den täglichen Verrichtungen etwa gegen zunehmende Vergesslichkeit eine Stütze sein. Der im Film vertretene Zugang ist pragmatisch; es wird betont, dass Alice kein Mensch und auch kein Ersatz für den Kontakt mit Menschen ist, sondern Hilfsmittel in einer Zukunft, in der individuelle Betreuung nicht mehr machbar oder finanzierbar sein könnte. TT

SANDER BURGER – *ALICE CARES (IK BEN ALICE)*

Folgendes Szenario: Einer Sterbenden wird im Krankenhaus ein Apparat zur Seite gestellt. Dieser streichelt den Arm der Patientin, sagt ihr, dass ihre Familie nicht bei ihr sein kann, sie aber liebt und auch nach ihrem Tod an sie denken wird. Mit seiner Installation thematisiert Dan K Chen die Folgen der stetig wachsenden Abhängigkeit unserer Gesellschaft von der Automatisierung, die nicht einmal vor so intimen und emotional verwundbaren Lebensphasen wie Krankheit und Sterben Halt macht. Bei der Konstruktion der Maschine habe er an seine weit entfernt lebende Großmutter gedacht, sagt Chen, dennoch sei er überrascht gewesen, als er von Fremden gefragt wurde, wo man das Gerät kaufen könne. Seither fragt er sich: Soll er mit dem Verkauf Menschen dazu ermutigen, ihre Angehörigen in deren letzten Stunden allein zu lassen? Oder soll er nicht verkaufen und damit in Kauf nehmen, dass Sterbenden sogar der Trost durch eine Maschine versagt bleibt? TT

Dan K Chen. *End of Life Care Machine,* 2012. Objekt: 32 × 60 × 26 cm, Video: 1 Min. 8 Sek.
© Dan K Chen

DAN K CHEN – *END OF LIFE CARE MACHINE*

End of Life Care Machine, 2012

EINS WERDEN

Noch sind Nanoroboter – also Roboter auf atomarer oder molekularer Ebene – hypothetisch und damit sind auch robotische Materialien vorerst noch Science-Fiction. Doch smarte Oberflächen und bewegte Wände, die sich autonom den Bedürfnissen der Bewohner anpassen oder wie eine Haut das Raumklima regulieren, gibt es zumindest im Prototypenstadium schon heute. Und das vernetzte Eigenheim, in dem Maschinen und Objekte intelligent miteinander kommunizieren, ist unter dem Stichwort „Internet of Things" in aller Munde. Die weitere Annäherung an den Roboter erfolgt also zunächst über die „Wohnmaschine", in der wir leben. Über die Vorstellungen der Moderne hinaus ist diese allerdings nicht nur auf unsere Häuser und Wohnungen begrenzt. Denn Roboter sind nicht auf einen einzigen Körper beschränkt. Jede Umgebung wird zum robotischen System, sobald sie über Sensoren Signale empfängt, diese dank künstlicher Intelligenz verarbeitet und darauf eine physikalische Reaktion zeigt. Tagtäglich bewegen wir uns schon heute nicht nur durch Architektur aus Stein, Glas und Beton, sondern auch durch eine Daten- und Kommunikationsarchitektur, die die oben genannten Kriterien weitgehend erfüllt. Dieses unsichtbare System ist heute so grundlegend für unseren Alltag und das Zusammenleben mit unseren Mitmenschen geworden, dass keiner es ernsthaft infrage stellen würde.

Auch der Roboter, der in uns ist, löst die Grenzen zwischen Mensch und Maschine auf. Mithilfe moderner Prothetik und eingepflanzter Chips vollbringen wir Leistungen, zu denen wir ohne künstliche Versatzstücke nicht in der Lage wären – ob wir nun mit bloßer Hand versperrte Türen öffnen oder Weltrekorde erlaufen. Fragen, etwa wann der Mensch so sehr mit der Technik verschmilzt, dass er selbst zur Maschine, zum Super-Menschen wird und ob wir ohne technologisches Bio-Upgrade gesellschaftlich und evolutionär auch in Zukunft noch mithalten werden können, stellen nicht nur Science-Fiction-Magazine.

Im Streben nach Optimierung machen wir nicht bei unserer eigenen Biologie halt. Inspiriert von intelligenten Prinzipien, die wir um uns herum in der Natur vorfinden, erschaffen wir mithilfe von Robotern unsere Umwelt neu und machen sie damit besser als vieles, was bisher konventionell hergestellt wurde, und manchmal sogar besser als das natürliche Vorbild selbst. Die bange Frage, ob intelligente Maschinen dann eines Tages alles Lebendige – uns eingeschlossen – ersetzen werden, stellt sich, seitdem Menschen einander Geschichten über künstliche Lebewesen erzählen. Die Frage, die heute hinzukommt, lautet: Verfügt der Mensch erstmals in der Geschichte über das technologische Wissen und die Werkzeuge, um aus Science-Fiction Realität werden zu lassen? In der Antwort herrscht Uneinigkeit. Unbestritten ist hingegen, dass wir auf einem Weg sind, der uns in eine intelligentere, autonomere – kurz: robotischere – Lebenswelt führen wird, als wir sie heute kennen. Design spielt bei der Gestaltung dieser neuen Lebenswelt eine verantwortungsvolle Rolle, denn über Design steuern wir, wie und wo wir den smarten Objekten und Systemen rund um uns begegnen, wie wir mit ihnen interagieren – und sie mit uns.

EIN ROBOTER ZUM WOHNEN

CARLO RATTI
MIT DANIELE
BELLERI

WIE UBIQITÄRES COMPUTING DIE ROBOTIK AN UNGEAHNTE ORTE BRINGT

„Wenn Ihr Haus eine Gute-Nacht-Geschichte bräuchte, welche würden Sie ihm erzählen? Die von den drei kleinen Schweinchen? Welche Informationen würden Sie Ihrem Haus geben? Würden Sie ihm sagen, dass es nur eine Maschine ist?"

Rich Gold, „Wie intelligent muss Ihr Bett sein, bevor Sie Angst bekommen, abends schlafen zu gehen?", in: *Cybernetics and Systems,* Bd. 26, Nr. 4, 1995

1 Hans Peter Moravec, Eintrag „Roboter", in: *Encyclopaedia Britannica* (Winter 2016), https://www.britannica.com/technology/robot-technology, abgerufen am 28. September 2016
2 Sense*able* City Laboratory ist eine von Carlo Ratti geleitete Forschungsinitiative am Massachusetts Institute of Technology.
3 Carlo Ratti Associati ist eine Design- und Beratungsagentur mit Büros in Turin, Boston und London.
4 Karel Čapek, *R.U.R.* (Prag: Aventinum, 1920)
5 CERIMES, „David Roentgen's Automaton of Queen Marie Antoinette, The Dulcimer Player (La Joueuse de Tympanon)" [Video], MET Museum (hochgeladen am 23. Oktober 2012), http://www.metmuseum.org/metmedia/video/collections/esda/automaton-of-queen-marie-antoinette, abgerufen am 28. September 2016

TEIL I – DER ALLGEGENWÄRTIGE ROBOTER

Der *Encyclopædia Britannica* zufolge ist ein Roboter „eine automatisch betriebene Maschine, die die menschliche Arbeitskraft ersetzt".[1] In diesem Essay verwenden wir jedoch eine engere Definition: Als Roboter bezeichnen wir eine Einheit mit Sensoren, Intelligenz und Auslösern. Sie kann sozusagen die Welt lesen, die erlangten Informationen verarbeiten und dann gezielt reagieren. Dieser Definition zufolge könnte ein Roboter vielerlei möglicherweise unerwartete Dinge zugleich sein. Ein Thermostat ist ein Roboter. Ein Auto mit Fahrassistent ist ein Roboter. Unser Backofen ist ein Roboter. Ein Armband, mit dem wir unsere Fitness messen, ist ein Roboter. Sogar ein Fahrrad kann ein Roboter sein, wenn es mit einem „Copenhagen Wheel" aufgerüstet ist – einem Rad also, das jedes Fahrrad in ein Hybridfahrzeug verwandelt und die täglichen Streckendaten sammelt (*Achtung, Hinweis:* Dies ist das erste von vielen unserer Projekte aus dem MIT Senseable City Lab[2] und von Carlo Ratti Associati[3], das die Thesen dieses Textes mit Beispielen untermauert). Und unser omnipräsentes Smartphone ist natürlich auch ein Roboter.

Auf Grundlage des oben Gesagten ist unsere Definition recht weit von dem entfernt, was seit Langem zumindest in künstlerischen und literarischen Kreisen als Roboter gilt und was häufig mit einem gewissen Anthropomorphismus einhergeht. Wie an anderer Stelle in dieser Publikation ausgeführt, ist der Begriff „Roboter" von dem tschechischen Wort *robota* („Zwangsarbeit" oder „Frondienst") abgeleitet, das erstmals 1920 in Karel Čapeks Theaterstück *R.U.R. – Rossums Universal Robots*[4] verwendet wurde. Čapek beschreibt die Möglichkeit – und vor allem das Bedrohungsszenario – von äußerst fähigen und scheinbar gefügigen automatischen Arbeitern. Die Vorstellung von Robotern entstand also im Rahmen einer Beziehung mit Menschen. Dieser anthropomorphe Aspekt prägt das Bild von Robotern so sehr, dass es – vom Automaten der *Joueuse de tympanon* (Hackbrettspielerin)[5] des 18. Jahrhunderts bis zur Zeichentrickserie *The Jetsons* der Hanna-Barbera-Studios – nahezu untrennbar mit der Idee des Androiden verbunden ist.

Carlo Ratti Associati. *Cloud Cast*, Installation im Auftrag des Museum of Future Government Services, Dubai, 2015 © Carlo Ratti Associati, Foto: Pietro Leoni

Selbstverständlich kommen spannungsgeladene Filme wie *Terminator* (1984), *Robocop* (1987) und sogar der erst 2014 erschienene *Automata* viel packender daher als Apps, die unsere Jogginggewohnheiten, die Schlafzimmertemperatur oder das allmähliche Garen eines gefüllten Truthahns überwachen. Dies bedeutet aber nicht, dass heutige Roboter keine Auswirkungen auf unser Leben haben, ganz im Gegenteil. Es klingt vielleicht paradox, doch je unauffälliger sich Roboter in unser Leben einfügen und je „natürlicher" wir mit ihnen interagieren, desto mehr nimmt ihr tatsächlicher Einfluss zu.

Das ist unsere schöne neue Alltagswelt. Nehmen wir etwa Nest, ein Thermostat, mit dem sich die Temperatur unserer Häuser und Wohnung fernsteuern lässt und das bei flächendeckendem Einsatz erhebliche Auswirkungen auf den Energieverbrauch von Gebäuden haben könnte. Die Eigenschaften von Nest sind kaum spürbar, ja, sie nehmen sich geradezu bescheiden aus und sind so radikal fernab von jedweder extravaganten Designgeste, dass sie uns zu neuen Ausdrucksformen zwingen. Die Herausforderungen eines solchen Ansatzes wurden uns nur allzu bewusst, als wir vor einigen Monaten ein Projekt zur Renovierung der Zentrale der Agnelli-Stiftung in Turin entwickelten. Die bemerkenswerteste Innovation im Gesamtentwurf dieses Projekts befindet sich im Herzen der Büroräume, ist jedoch kaum mit Händen zu greifen. Gemeint ist das Steuerungssystem für Temperatur- und Lichtverhältnisse am Arbeitsplatz – ein System, das in der Lage ist, Menschen in dem Gebäude zu folgen, und sich automatisch auf ihre Bedürfnisse und Vorlieben einstellt. Damit der Kunde das Design besser versteht, haben wir uns entschlossen, es in Form einer maßgeschneiderten „thermischen Blase"[6] zu visualisieren. Wir wissen allerdings, dass selbst hinter so einer anthropozentrischen Metapher ein ganzes Heer an winzigen Robotersensoren steht.

[6] Eine Reihe von reaktionsfähigen Infrarotstrahlern wird von einem ausgeklügelten Bewegungserkennungssystem gelenkt, das für jeden Bewohner ein persönlich abgestimmtes (und nach persönlichen Wünschen regulierbares) Klima schafft. Individuelle thermische Wolken folgen Menschen im Raum.

TEIL II – EIN ROBOTER ZUM „WOHNEN"

Das Phänomen, aufgrund dessen Roboter sich derart in unser Leben integrieren konnten, ist der nächste logische Schritt der digitalen Revolution der letzten Jahrzehnte. Während virtuelle Systeme räumlich werden, verwandeln sich unsere Städte in das sogenannte „Internet der Dinge" (IdD). Die unbelebte physische Umwelt steht in immer engerer Verbindung mit digitalen Ebenen: Materie verbindet sich mit Code, reale Bausteine mit virtuellen Bits. Die Stadt wird zum physischen Partner von Big Data, während die städtische Infrastruktur die Masse an digitalen Informationen immer weiter ansteigen lässt.

Eine vollständige Umsetzung des Internets der Dinge könnte tatsächlich ein Szenario sein, in dem Technologie die Gestalt von „intelligentem Staub"[7] annimmt – und dabei so klein und diffus wird, dass sie fast zu Pulver zerfällt und sich metaphorisch mit der Luft verquickt. Auf diese Weise wiederum würde ein Konzept des kürzlich verstorbenen Informatikers Mark Weiser von Xerox PARC Realität, dessen Vorstellung von nicht intrusiver oder „stiller" Technologie unter dem Namen „ubiquitäres Computing" bekannt ist. Weiser prophezeite: „Ubiquitäres Computing bezeichnet die dritte Welle der Computernutzung, an deren Anfang wir gerade stehen. Zuerst gab es Mainframes, die von vielen Menschen geteilt wurden. Heute befinden wir uns in der PC-Ära, in der Mensch und Maschine sich beunruhigt über den Schreibtisch hinweg anblicken. Als Nächstes kommt das ubiquitäre Computing – das Zeitalter der stillen Technologie, in dem die Technologie in den Hintergrund unseres Lebens tritt."[8]

---

[7] Kristofer S. J. Pister u. a., „Smart Dust: Communicating with a Cubic-Millimeter", in: *Computer*, Bd. 34 (2001), S. 44–51.
[8] Mark Weiser, „The Computer for the Twenty-First Century", in: *Scientific American* (Herbst 1991)

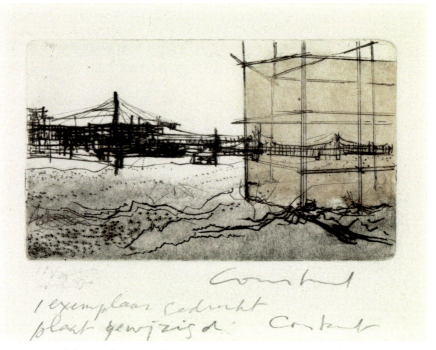

Constant. *New Babylon im Aufbau,* 1970. Radierung. Foto: Tom Haartsen @ Constant / Fondation Constant © VG Bild-Kunst, Bonn 2022

9 Ebd.
10 Le Corbusier, *Vers une architecture* (Paris: G. Crès, 1924), S. 73
11 Constant Nieuwenhuys, *New Babylon,* Ausst.-Kat., Gemeentemuseum, Den Haag (Den Haag: 1974)
12 Peter Blake, „Walking City", in: *Architectural Forum,* übersetzt von Alain Guiheux in: *Archigram,* Ausst.-Kat., Centre Georges Pompidou, Paris (Paris: 1994)

In einem Artikel, der im September 1991 im *Scientific American* erschien, schrieb Weiser: „Hunderte von Computern in einem Raum könnten anfangs beängstigend wirken, so wie es einst Hunderte von Volt taten, die durch Drähte in der Wand flossen. Doch wie die Leitungen in der Wand werden diese Hunderte von Computern für das allgemeine Bewusstsein unsichtbar werden. Die Menschen werden sie einfach unbewusst zur Bewältigung alltäglicher Aufgaben einsetzen."⁹ Was passiert wohl, wenn wir das Wort „Computer" in diesem Zitat durch „Roboter" ersetzen?

Die Auswirkungen des ubiquitären Computing – oder noch besser der *ubiquitären Robotik* – auf die Architektur könnten enorm sein. Während des gesamten 20. Jahrhunderts wurde Architektur zumeist in mechanische Begriffe gefasst. Le Corbusier war der Erste, der vor fast hundert Jahren das moderne Haus als „Wohnmaschine" bezeichnete.¹⁰ Einige Jahrzehnte später legte der niederländische Künstler Constant die Messlatte noch höher und entwarf mit seinem New Babylon eine Stadt, die sich wie eine unendlich ausgedehnte Siedlung in Form eines riesigen Netzes an erhöhten Plattformen über ganz Europa erstreckte. In diesem „Nomadencamp von planetarischen Ausmaßen"¹¹ sollte menschliches Leben innerhalb abgeschlossener, umgestaltbarer Räume stattfinden. Wenig später, im Jahr 1964, veröffentlichte Ron Herron in der Avantgarde-Zeitschrift *Archigram* ein Konzept für eine wandernde Metropole aus mobilen, intelligenten Roboterstrukturen, die jeden Ort auf der Welt erreichen konnte. Wandernde Städte basieren ebenfalls auf dem Baukastenprinzip und sind imstande, sich zu vernetzen oder sich aufzulösen: „Die Walking City entwirft eine Zukunft, in der Grenzen und Grenzlinien einem nomadischen Lebensstil von Menschengruppen auf der ganzen Welt weichen."¹²

Für Architekturliebhaber sind diese Konzepte faszinierend, doch wie können wir ihnen zum Durchbruch verhelfen? Ohne so weit zu gehen, ein allumfassendes Konzept wie Constants Utopien zu entwerfen, sind bestimmte Entwürfe denkbar, die als Roboterschnittstellen fungieren können. Damit haben wir uns in unseren eigenen Projekten direkt beschäftigt.

Im digitalen Wasserpavillon, den wir für die Expo 2008 in Saragossa entworfen haben, fungiert Wasser nicht nur als architektonisches Element, sondern auch als Roboter-Schnittstelle. Die Wände des Gebäudes bestehen aus digital gesteuerten Wassertropfen, die Schrift, Muster oder Zugänge erzeugen können. Das Ergebnis ist ein interaktiver und neu konfigurierbarer Raum: Jede Wand kann potenziell Eingang oder Ausgang werden, innere Trennwände sind je nach Anzahl der Menschen im Gebäude verschiebbar. Die einzigen materiellen Elemente sind die zwei Kuben und das Dach, das sich senkrecht verschieben lässt und sogar bis auf Bodenniveau heruntergefahren werden kann, um so den gesamten Pavillon verschwinden zu lassen.

Ähnlich haben wir auf der Mailänder Designwoche 2016 in Anlehnung an die Arbeit von Hiroshi Ishii am Massachusetts Institute of Technology (MIT) Media Lab[13] das Sofasystem *Lift-Bit* präsentiert. Dieses modulare, digital umkonfigurierbare Möbelsystem besteht aus einer Reihe einzelner Polsterhocker, von denen sich jeder mithilfe eines linearen Servomotors hoch- oder herunterfahren lässt; seine Höhe kann also in nur wenigen Sekunden verdoppelt oder halbiert werden. Das *Lift-Bit* lässt sich über eine berührungslose Geste oder eine Handy-App fernsteuern, die eine Reihe von voreingestellten dreidimensionalen Formen sowie ein Werkzeug zur Erzeugung neuer Kombinationen umfasst. In größeren Kompositionen erweitert sich die Funktionalität des Systems. Wer in diesem Zusammenhang einen Einzelhocker aktiviert, löst eine gewisse Breitenwirkung aus, da das gesamte System neu ausgerichtet wird und potenziell unendlich viele Arrangements zulässt. Zwei Elemente zusammen können einen Stuhl bilden. Vier Elemente eine Chaiselongue. Neun Elemente ein großes Sofa. Mehrere Dutzend können ein Wohnumfeld radikal verwandeln und neue Interieurs kreieren.

Architektur wird häufig als eine Art „dritte Haut" bezeichnet, die unsere biologische Haut und unsere Kleidung ergänzt; viel zu lange fungierte sie jedoch eher als Korsett – als eine starre und unnachgiebige Ergänzung unseres Körpers. Ubiquitäre Roboter könnten all dies verändern.

Dies sind nur einige Beispiele, die jedoch klar zeigen, wie sich das Szenario in eine Richtung verschiebt, die zumindest teilweise an die Vorstellungswelten avantgardistischer Nachkriegsdesigner erinnert.

Carlo Ratti Associati. *Digital Water Pavilion* für die Saragossa Expo 2008.
© Carlo Ratti Associati, Foto: Ramak Fazel

13 Die Tangible Media Group ist ein Forschungsprojekt unter der Leitung von Professor Hiroshi Ishii am Massachusetts Institute of Technology.

TEIL III – RISKANTE ROBOTIK

Obwohl ein Roboterhaus unseren Bedürfnissen durchaus gerecht werden könnte, ist schon der bloße Gedanke daran möglicherweise verstörend. Dieses Unbehagen scheint mit der gleichermaßen mysteriösen wie unkontrollierbaren Roboterintelligenz zusammenzuhängen, durch die womöglich „Verrat" oder ein „Hackerangriff" – sei es von einem Roboter oder einem Menschen – droht. Entspricht dies nicht genau dem Szenario, das sich ein weiteres Mitglied von Xerox PARC, der Komponist Rich Gold, in seinem Aufsatz mit dem Titel „Wie intelligent muss Ihr Bett sein, bevor Sie Angst bekommen, abends schlafen zu gehen?" in der wissenschaftlichen Fachzeitschrift *Cybernetics and Systems* vorstellte?[14]

Wie aber könnte es unserem Zuhause gelingen, uns hinters Licht zu führen? Wir können uns ein Haus vorstellen, das uns „übel mitspielt" und unsere Wohnung plötzlich in ein Spukhaus verwandelt; ebenso können wir uns eine Intelligenz vorstellen, die Daten über uns sammelt und diese anschließend zu erpresserischen Zwecken nutzt. Unser Haus könnte die Gestalt eines „ethischen Hauses" annehmen, das menschliches Handeln überwacht, was dann möglicherweise zu nachteiligen Versicherungskonditionen führt, weil man auf vermeintlich fahrlässige Weise mit seiner Gesundheit umgeht. Vielleicht liegt eine solche Zukunft in gar nicht allzu weiter Ferne: Im April 2016[15] beteiligte sich der Versicherungs- und Risikomanagementkonzern Munich Re mit 20 Millionen Dollar an der von GV angeführten Finanzierung von Helium, einem Start-up für den Vertrieb intelligenter Sensoren zur Messung von Temperatur, Licht, Feuchtigkeit und Luftdruck.

Wie also umgehen mit möglichen Hackerattacken und Zugriffen von außen? Hacker können von jedem beliebigen Ort der Welt operieren und potenziell mehrere Netzwerke an obskuren Orten nutzen. Wir alle wissen, was passiert, wenn unser Computer mit einem Virus infiziert oder gehackt wird und abstürzt. Was aber, wenn unser Haus „abstürzt"? Konventionelle Vergeltungsschläge oder Schutzstrategien nützen da wenig. So warnte der damalige US-Verteidigungsminister Leon Panetta im Jahr 2012, die Sicherheitsstandards US-amerikanischer Computersysteme könnten das Land anfällig für ein „Cyber-Pearl-Harbor"[16] machen, das Züge entgleisen lassen, Wasser vergiften und Stromnetze lahmlegen könne.

---

[14] Rich Gold, „How smart does your bed have to be before you are afraid to go to sleep at night?", in: *Cybernetics and Systems,* Bd. 26 (1995)

[15] John Brownlee, „We've Been Approaching The Internet Of Things All Wrong", in: *Fastco Design* (Frühjahr 2016), https://www.fastcodesign.com/3059355/weve-been-approaching-the-internet-of-things-all-wrong, abgerufen am 28. September 2016

[16] US-Verteidigungsministerium, http://archive.defense.gov/transcripts/transcript.aspx?transcriptid=5136, abgerufen am 28. September 2016

17 Kim Zetter, „Hacker Lexicon: What Are White Hat, Gray Hat, and Black Hat Hackers?", in: *Wired* (Frühjahr 2016), https://www.wired.com/2016/04/hacker-lexicon-white-hat-gray-hat-black-hat-hackers/, abgerufen am 28. September 2016

Wie aber lässt sich ein solches Szenario vermeiden? Eine Möglichkeit könnte paradoxerweise darin bestehen, breit angelegte Hackerangriffe zu fördern. Wer mit den Werkzeugen und Methoden der Hacker vertraut ist, ist deutlich im Vorteil, wenn es darum geht, die Stärke bestehender Systeme zu diagnostizieren oder sogar verschärfte Sicherheitsvorkehrungen von unten nach oben zu erarbeiten – das sogenannte „White Hat Hacking".[17] Durch ethisch gesteuertes Unterwandern kann ein Sicherheitsteam Schwachstellen identifizieren und digitale Netzwerke robuster gegen Angriffe machen. Dies könnte für Regierungen und Unternehmen zukünftig zur Routinemaßnahme werden – eine Art Cyber-Probealarm –, während sich die wissenschaftliche und industrielle Forschung auf die Weiterentwicklung technischer Sicherheitsmaßnahmen konzentriert.

Verteidigungsmaßnahmen finden heute im Allgemeinen in Form von autonomen, stets wachsamen digitalen „Aufsehern" statt – Computern und Codes, die andere Computer und Codes kontrollieren. Wie militärische Führungsprotokolle erlangen sie Macht durch Zahlen und können auf die unterschiedlichsten Angriffe rasch reagieren. Solch ein digitales Ökosystem stärkt die gegenseitige Kontrolle, verringert die Wahrscheinlichkeit eines Ausfalls und mindert die Auswirkungen einer Störung. Ein Haus könnte man sich als eine Armee aus Robotern vorstellen, von denen jeder der Spur des anderen folgt und zugleich nach uns Menschen sieht.

TEIL IV – ALSO DOCH EIN FRIEDHOF

Selbst wenn wir das Hackerproblem lösen können: Führt dies letzten Endes wirklich zu einer maßgeschneiderten lebendigen Architektur, die ihre Gestalt permanent verändert und sich den Bedürfnissen, dem Wesen und den Wünschen ihrer Bewohner anpasst? Sind wir dabei, uns in Richtung der Utopien der Vergangenheit wie etwa der *Walking City* von Archigram zu bewegen? Werden wir in Kürze eine Stadt aus mobilen Robotern erleben?

Vom technischen Standpunkt aus könnte dies eine realistische Hypothese sein. Doch zunächst sollten wir vielleicht die Möglichkeit eines solchen Wandels hinterfragen und auf das eigentliche Wesen von Gebäuden und Städten zurückkommen. Obwohl unsere Metropolen den Kräften der „kreativen Zerstörung" des Kapitalismus als Bühne dienen, wurzeln sie in einer Vorstellung von Zeitlosigkeit und Stillstand. An diesen Aspekt hat uns Lewis Mumford in seinem Klassiker *The City in History* (deutsch: *Die Stadt. Geschichte und Ausblick*) erinnert. Eine Stadt oder ein Gebäude repräsentiert auch Beständigkeit, ein Gegenmittel gegen die Vergänglichkeit des Lebens: „Inmitten der ziellosen Wanderschaft des vorgeschichtlichen Menschen waren die Toten die ersten, die dauernde Wohnung fanden: eine Höhle, ein mit Steinen geschmückter Erdhügel oder ein Sammelgrab. [...] Die Totenstadt ist älter als die Stadt der Lebenden. Ja, in einer Hinsicht ist die Totenstadt mehr der Vorläufer oder gar der Kern jeder lebendigen Stadt."[18]

Städte sind sowohl ein Rettungsanker gegen die Vergänglichkeit des Lebens als auch eine Erinnerung daran, dass wir ein Zugehörigkeitsgefühl brauchen. In ihrem denkwürdigen Abriss des Lebens von Kaiser Hadrian, *Ich zähmte die Wölfin,* legt Marguerite Yourcenar ihrem Protagonisten folgende Worte in den Mund: „Ich habe viel wiederaufgebaut; dies bedeutet, im Zeichen der Vergangenheit mit der Zeit zusammenzuwirken, ihre Seele festzuhalten oder umzuformen, ihr einen Ruhepunkt zu geben auf der Reise in die Zukunft; es bedeutet, die Quellen des Ursprungs unter den Steinen wiederzufinden."[19] Und als der alte Kaiser über die Stadt nachdenkt, die er für seinen verstorbenen Geliebten Antinous zu bauen gedachte, heißt es: „Wer baut, wirkt mit der Erde zusammen; bauen heißt, einer Landschaft ein menschliches Siegel aufprägen, das sie für immer verändert. Es heißt auch, zu jenem langsamen Formwechsel beitragen, in dem sich das Leben der Städte äußert."[20]

18 Lewis Mumford, *Die Stadt. Geschichte und Ausblick,* aus dem Amerikanischen übersetzt von Helmut Lindemann (München: dtv, 1979), S. 5
19 Marguerite Yourcenar, *Ich zähmte die Wölfin. Die Erinnerungen Hadrians.* Aus dem Französischen übersetzt von Fritz Jaffé (Zürich: Manesse, 2009), S. 193/194
20 Ebd., S. 192

EINS WERDEN

21 Marco Romano, *L'estetica della città europea* (Turin: Einaudi, 1993)
22 Ebd.

Roboter sind Komplizen beim Übergang von der Stadt aus Atomen zu einem Universum aus Atomen und virtuellen Bits. Doch können wir wirklich vom Primat steinartiger Elemente abrücken? Marco Romano hat auf die Kontinuität zwischen der Entwicklung eines Bürgersinns und dem Bestehen einer gemeinsamen Architekturästhetik in der Geschichte der westeuropäischen Stadt verwiesen: „Das verzweifelte Verlangen nach Unsterblichkeit […] vertrauen europäische Bürger der materiellen Substanz ihrer Stadt an, ihren Mauern, die – trotz ihres offenkundigen beständigen Wandels – das Gedächtnis und das Versprechen einer grenzenlosen Zeit und Dauer zu verkörpern scheinen. […] Unser soziales Leben findet nur dann seinen Sinn, wenn wir geistig zur physischen Gestalt der Stadt und materiell zur ihrer moralischen Gestalt gehören."[21] Dieser Prozess durchläuft eine Reihe von „kollektiven Themen", anhand derer lokale Bauvorschriften festgelegt werden und ein Schönheitskanon entsteht.

Die „kollektiven Themen" sind nichts anderes als die real existierenden Archetypen – vom Hauptplatz zum Marktplatz, zum Kirchplatz, zum Nationalplatz, zur Hauptstraße, zum Triumphbogen, zur Promenade, zum Boulevard und zu vielem anderen mehr. Romano kommt zu dem Schluss: „Dank themenbezogener Straßen und Plätze können kollektive Themen in einer Reihenfolge gestaltet werden, in einer eng verbundenen Kontiguität, die ihre Bedeutung als kollektiver Ausdruck der *civitas* bestätigt und sogar erhöht […] selbst Bürger in den entlegensten Außenbezirken können verstehen, dass sie aufgrund dieser Reihenfolge zu einer symbolischen Gestalt der *urbs* gehören. Die Würde ihrer moralischen Mitgliedschaft in der *civitas* wird also in vollem Umfang anerkannt."[22]

TEIL V – BESTÄNDIGE STÄDTE, VERGÄNGLICHE INTERAKTIONEN

Zu Beginn der Revolution der ubiquitären Robotik steht die Stadt vor einem entscheidenden Dilemma ihrer mehrere Tausend Jahre alten Geschichte – entweder vergänglich und aufgeschlossen zu sein oder ein Gefühl der Zeitlosigkeit aufrechtzuerhalten als kollektiven Versuch, dem unvermeidlichen Lauf der Zeit entgegenzutreten. Roboter können unsere Beziehung zur gebauten Umwelt verändern – und unter Umständen auch die zu unserem Körper, wie die jüngste Verbreitung von Geräten für das Quantified Self beweist. Doch sind sie auch fähig, dies zu tun?

Das Interessante dabei ist, dass wir keine Steine versetzen müssen, um unsere Städte zu verrücken. Aus architektonischer Sicht wird die Roboterstadt der Zukunft sehr wahrscheinlich nicht viel anders aussehen als die Stadt von heute – so wie sich die römische *urbs* nicht allzu sehr von der heutigen Stadt unterscheidet. Sie wird auf jeden Fall in der Lage sein, ihren beständigen Charakter zu wahren. Sie wird immer waagerechte Böden zum Wohnen, senkrechte Wände zur Unterteilung von Räumen und äußere Umgrenzungen zum Schutz vor der Außenwelt haben – diese Grundkonstanten oder „Fundamentals", die Rem Koolhaas auf der Biennale 2014 in Venedig würdigte, werden sich höchstwahrscheinlich nicht verändern. Die entscheidenden Elemente der Architektur werden weiter existieren und unsere städtebaulichen Modelle werden unserem heutigen Wissen stark ähneln. Verändern könnte sich allerdings, wie wir die Stadt durch ubiquitäre Robotik erleben.

Am Soft Edge hingegen könnten sich die Auswirkungen stärker manifestieren – an jener Schnittstelle zwischen Menschen und „Bits und Steinen". Technologien werden zurückgedrängt oder verschwinden sogar komplett von der Bildfläche; sanft durchfluten sie unsere Gebäude und Städte mit ihren Auswirkungen. Dank dieser diskreten Roboterrevolution nimmt der Soft Edge eine in der Vergangenheit kaum vorstellbare Dynamik und Reaktionsfähigkeit an. Auch wenn sich ein Gebäude in naher Zukunft äußerlich wohl kaum verändern wird, ließe es sich sehr wohl zu etwas Lebensähnlichem erwecken und in eine direkte, unmittelbare Verlängerung unseres Wesens und unserer Wünsche verwandeln.

Carlo Ratti Associati, *Future Food District,* Installation für die World Expo 2015, Mailand © Carlo Ratti Associati, Foto: Delfino Sisto Lignani

23 Oleg Grabar, „The mediation of ornament", in: *The A. W. Mellon Lectures in the Fine Arts, 1989*, The National Gallery of Art, Washington, D. C. (Princeton: Princeton University Press, 1992), S. 284
24 Donna Haraway, *A Cyborg Manifesto: Science, Technology, and Socialist-Feminism in the Late Twentieth Century. Simians, Cyborgs, and Women* (New York: Routledge, 1991)
25 Antoine Picon, *La ville territoire des cyborgs* (Paris: Les Editions de l'Imprimeur, 1998)

Der Kunsthistoriker Oleg Grabar hat einmal gesagt: „Gute Architektur sollte stets eine Aufforderung sein, sich auf bestimmte Weise zu verhalten; sie schmückt immer das Leben [...] Ohne sie verliert das Leben seine Qualität. Architektur macht das Leben vollständig, doch ist sie weder Leben noch Kunst."[23] Diese Aussage gründete auf der historischen Unterscheidung zwischen der Architektur als solcher und ihrem Gastgeber. Diese Einteilung könnte sich jedoch in Kürze wandeln. Wir sehen Architektur heute als Verlängerung unserer „post-menschlichen" Verfassung, als dramatische Abkehr vom reinen organischen Leben und als Möglichkeit, Körper und Geist durch Prothesen, Netzwerke und Avatars zu erweitern – unsere Mobiltelefone immer im Vordergrund. Autoren wie Donna Haraway[24] und Antoine Picon[25] haben auf die Figur des Cyborg verwiesen, um die zunehmende Abhängigkeit des Menschen von der Technik in der heutigen Gesellschaft zu beschreiben – eine Abhängigkeit, die fast schon eine Gemeinschaftsarbeit ist. In dieser von Robotern gesteuerten Lebenswelt erscheinen Gebäude nicht als Maschinen oder Ausstattung, sondern als Fortführung des Lebens der in ihnen wohnenden Individuen. Sie werden ein Ambiente bieten, in dem immer mehr Dimensionen individuell vom Nutzer definiert werden können, unsere Sinne ansprechen und mit unseren Stimmungen interagieren.

Roboter verwandeln unsere Gebäude vielleicht nicht im Kern, das Leben im Innern verwandeln sie jedoch gewiss.

Carlo Ratti, 1971 geboren, ist ein Turiner Architekt, Designer, Autor und Städteforscher. Er gründete das Turiner Büro Carlo Ratti Associati und leitet am Massachussetts Institute of Technology, USA, das MIT Sense*able* City Lab, wo er sich sich vor allem damit beschäftigt, wie neue Technologien die Organisation des Lebens in Städten beeinflussen werden. Er ist an mehr als 200 Veröffentlichungen beteiligt und besitzt mehrere Patente, darüber hinaus referierte er auf der TED-Konferenz und ist Mitglied im Global Agenda Council für Stadtmanagement des Weltwirtschaftsforums. Seine Arbeiten wurden unter anderem auf der Architektur Biennale in Venedig, im Science Museum London sowie im Museum of Modern Art in New York gezeigt.

ROSI BRAIDOTTI

GEMEINSAM WELTWERDEN: ZUR KRISE DES MENSCHLICHEN

Die Wende zum Posthumanismus verdankt sich einer Annäherung zwischen dem Antihumanismus auf der einen und dem Antianthropozentrismus auf der anderen Seite. Beide Stränge erfahren breite Unterstützung, verweisen jedoch auf unterschiedliche Genealogien und Traditionen.

Der Antihumanismus richtet sein Augenmerk auf eine Kritik am humanistischen Ideal des Menschen als dem universellen Vertreter des Menschlichen, während der Anti-Anthropozentrismus die Hierarchie der Spezies kritisiert und ökologische Gerechtigkeit vorantreibt.

1 Anneke Smelik, Nina Lykke (Hg.), *Bits of Life. Feminism at the Intersection of Media, Bioscience and Technology* (Seattle, WA: University of Washington Press, 2008)
2 Julia Kristeva, *Desire in Language* (New York: Columbia University Press, 1980); Marleen Barr, *Alien to Femininity. Speculative Fiction and Feminist Theory* (New York: Greenwood, 1987); Donna Haraway, „The promises of monsters. A regenerative politics for inappropriate / d others", in: Lawrence Grossberg, Cary Nelson, Paul Treichler (Hg.), *Cultural Studies* (London und New York: Routledge, 1992); Barbara Creed, *The Monstrous-Feminine. Film, Feminism, Psychoanalysis* (New York, London: Routledge, 1993)

Der Begriff „Menschheit" hat sich als Gegenstand intensiver Auseinandersetzungen erwiesen und wird zugleich zu einer bedrohten oder gefährdeten Kategorie. Dies führt zu einer, wie ich es genannt habe, reaktiven oder negativen Neuzusammensetzung der Menschheit. Ein gesamtmenschliches Band der Verletzlichkeit schafft eine Art negative kosmopolitische Querverbindung. Die schiere Anzahl neuerer Veröffentlichungen zu Umweltkrise und Klimawandel zeugt von diesem Ausnahmezustand und der neuen Rolle der Erde als politischem Agens. Insbesondere in der Popkultur floriert der Postanthropozentrismus und wird zugleich als Negativtrend[1] kritisiert, der die veränderten Beziehungen zwischen Mensch und technischem *Apparat* oder Maschinen im Modus des Neo-Gothic-Horrors darstelle.

Eine wichtige Allianz zwischen Queer-Theoretikern und dem Science-Fiction-Horrorgenre bildet eine schnell wachsende posthumanistische feministische Richtung. Seit den 1970er-Jahren unterstützen feministische Schriftstellerinnen und Science-Fiction-Theoretikerinnen[2] die Allianz von Frauen – dem anderen des Mannes – und anderen „anderen" wie Nichtweißen (postkolonialen, schwarzen, jüdischen, indigenen und hybriden Subjekten) und nicht menschlichen Wesen (Tieren, Insekten, Pflanzen, Bäumen, Viren und Bakterien). Diese „schaurige" Tradition feministischer Theorie, die einige originelle Arbeiten hervorgebracht hat, hat eine ausgeprägte posthumanistische, aber auch postanthropozentrische Färbung, wie sich an der Leichtigkeit zeigt, mit der sie zwischenmenschliche Beziehungen zwischen verschiedenen Spezies und über Klassen von Lebewesen hinweg vorschlägt.

1. EIN KÖRPERSCHAFTLICHER PANHUMANISMUS

Die generische Figur des Menschlichen befindet sich in Schwierigkeiten, keine Frage. Donna Haraway formuliert es so: „Die Rechtfertigung für unsere Authentizität ist eine Datenbank für das menschliche Genom. Die molekulare Datenbank befindet sich mit einem rechtmäßigen Markennamen versehen als geistiges Eigentum in einer Informationsdatenbank eines nationalen Labors, dessen Mandat es ist, den Text zum Fortschritt der Wissenschaft und der Fortentwicklung der Industrie öffentlich zugänglich zu machen. Dies ist der taxonomische Typ Mensch, der zur Marke Mensch geworden ist."[3] Brian Massumi bezeichnet dieses Phänomen als „Ex-Menschen": „eine genetische Matrix, eingebettet in die Materialität des Menschlichen"[4], die dadurch erhebliche Veränderungen erfährt: „Die Integrität der Spezies geht in einem biochemischen Verfahren verloren und bringt so die Veränderlichkeit menschlicher Materie zum Ausdruck." Für Michael Hardt und Antonio Negri ist dies eine Art „anthropologischer Exodus" aus den herrschenden Konfigurationen des Menschlichen als der Krone der Schöpfung – eine kolossale Hybridisierung der Spezies.[5]

Wie wir inzwischen wissen, wird die Norm, die im universellen Modus des „Menschen" postuliert wurde, gerade wegen ihrer Voreingenommenheit weithin kritisiert.[6] Der universelle „Mensch" gilt stillschweigend als männlich, weiß, urbanisiert, spricht eine Standardsprache, ist heterosexuell in einen Fortpflanzungszusammenhang eingebunden und ein vollwertiger Bürger eines anerkannten Gemeinwesens.[7]

3 Donna Haraway, *Modest–Witness@Second–Millennium.FemaleMan–Meets–OncoMouse: Feminism and Technoscience* (New York, London: Routledge, 1997), S. 74
4 Brian Massumi, „Requiem for Our Prospective Dead (Toward a Participatory Critique of Capitalist Power)", in: Eleanor Kaufman, Kevin Jon Heller (Hg.), *Deleuze and Guattari: New Mappings in Politics, Philosophy and Culture* (London und Minneapolis: University of Minnesota Press, 1998, S. 40–64), S. 60
5 Michael Hardt und Antonio Negri, *Empire: Die neue Weltordnung,* übers. von Thomas Atzert, Andreas Wirthensohn (Frankfurt: Campus, 2003)
6 Genevieve Lloyd, *The Man of Reason. Male and Female in Western Philosophy* (London: Methuen, 1984)
7 Luce Irigaray, *This Sex Which Is Not One,* übers. von Catherine Porter (New York: Cornell University Press, 1985); Gilles Deleuze, Felix Guattari, *Anti-Ödipus: Kapitalismus und Schizophrenie,* übers. von Bernd Schwibs (Frankfurt: Suhrkamp, 1977)

Und damit der Kritik nicht genug. Dieser „Mensch" wird auch zur Rede gestellt und an seine Artspezifität als *anthropos*[8] erinnert. Das heißt, er wird als der Repräsentant einer hierarchischen, hegemonialen und im Allgemeinen gewalttätigen Spezies identifiziert, deren zentrale Rolle nun von einer Kombination aus wissenschaftlichen Fortschritten und globalen wirtschaftlichen Erwägungen infrage gestellt wird. Diese Analysen deuten meiner Ansicht nach darauf hin, dass die politische Ökonomie des biogenetischen Kapitalismus in ihren Strukturen postanthropozentrisch, aber nicht notwendigerweise oder automatisch posthumanistisch ist. Sie ist außerdem tendenziell zutiefst unmenschlich. In mancher Hinsicht teile ich diese Besorgnis, doch als Posthumanistin mit stark antihumanistischen Gefühlen bin ich weniger geneigt, angesichts der Perspektive einer nicht mehr zentralen Rolle des Menschlichen in Panik zu verfallen, und kann in einer solchen Entwicklung auch Vorteile sehen. Daher möchte ich eine kritische Form posthumaner Theorie vorschlagen. Es gibt Momente, in denen mich eine Art tragische nietzscheanische Freude überkommt bei dem Gedanken, dass das Menschliche endlich für seine zahlreichen Gewalttaten und Zerstörungen zur Rechenschaft gezogen wird.

2. DER INZWISCHEN KLASSISCHE ANTIHUMANISMUS

Der von Foucault angekündigte „Tod des Menschen"[9] formalisierte eine epistemologische und moralische Krise, die über starre Dualoppositionen hinausging und sich quer über die verschiedenen Pole des politischen Spektrums zog. Poststrukturalisten forderten Ungehorsam gegenüber den allgemein anerkannten humanistischen Idealen. Sie attackierten die humanistische Arroganz, den Menschen weiter ins Zentrum der Weltgeschichte zu stellen, und wandten sich insbesondere gegen die implizite Annahme, das „Menschliche" an der Menschheit gehe mit einem souveränen Ideal der „Vernunft" im Sinne von aufgeklärter Rationalität und wissenschaftsgetriebenem Fortschritt einher.

[8] Paul Rabinow, *Anthropos Today* (Princeton: Princeton University Press, 2003); Roberto Esposito, *Bios: Biopolitics and Philosophy,* übers. von Timothy Campbell (Minneapolis: University of Minnesota Press, 2008)
[9] Michel Foucault, *Die Ordnung der Dinge: Eine Archäologie der Humanwissenschaften* (Frankfurt: Suhrkamp, 2003)

Der poststrukturalistische Feminismus schlug eine radikale Form antihumanistischen Denkens vor. Feministinnen wie Luce Irigaray[10] betonten, dass das vermeintlich abstrakte Ideal des Menschen als Symbol der klassischen Menschheit vor allem ein männlicher Vertreter der Spezies ist: Es ist männlich und außerdem weiß, europäisch, gut aussehend und körperlich gesund. Wie die feministische Kritik am patriarchalischen Auftreten durch abstrakte Männlichkeit[11] und triumphierendes Weiß-Sein[12] argumentiert hat, ist dieser humanistische Universalismus nicht nur aus epistemologischen, sondern auch aus ethischen und politischen Gründen abzulehnen.

Antikoloniale Denker bezogen eine zwar ähnliche, jedoch eigene kritische Position, indem sie die Vorrangstellung von Weißen im humanistischen Ideal als den moralischen, intellektuellen und ästhetischen Kanon der Perfektion hinterfragten. Antirassistische und postkoloniale Denker verankerten derart hehre Ansprüche innerhalb der Geschichte des Kolonialismus neu und stellten die Relevanz des humanistischen Ideals angesichts der offenkundigen Widersprüche, die seine eurozentrischen Annahmen ihm auferlegten, explizit infrage; ganz beiseite schoben sie es gleichwohl nicht.

Wie Sartre in seinem Vorwort zu Frantz Fanons Die *Verdammten dieser Erde*[13] hellsichtig schrieb, liegt die Zukunft des Humanismus außerhalb der westlichen Welt und umgeht die Grenzen des Eurozentrismus. Wie Paul Gilroy angemerkt hat, war die Herabwürdigung nicht westlicher anderer als minderwertige menschliche Wesen eine wesentliche Quelle von Ignoranz, Falschheit und Böswilligkeit des herrschenden Subjekts, das für die so erzeugte epistemische wie soziale Entmenschlichung der „anderen" verantwortlich ist.[14] Der Universalitätsanspruch wurde somit aus epistemologischen und politischen Gründen infrage gestellt[15]; alle Wissensansprüche galten als Bekundungen westlicher Kultur und ihres Herrschaftsdranges. Diese Position führt zu einer kritischen Form von Neohumanismus, die auf nicht westliche Quellen rekurriert und im Hinblick auf eine posthumane Theorie in der Regel einen skeptischen Ton anschlägt, wenngleich es vielfältige Überschneidungen zwischen beiden gibt.

10 Luce Irigaray, *Speculum: Spiegel des anderen Geschlechts* (Frankfurt: Suhrkamp, 1980); Luce Irigaray, *This Sex Which Is Not One,* übers. Catherine Porter (Ithaca, NY: Cornell University Press, 1985)
11 Nancy Hartsock, „The feminist standpoint. Developing the ground for a specifically feminist historical materialism", in: Sandra Harding (Hg.), *Feminism and Methodology: Social Science Issues* (London: Open University Press, 1987)
12 Bell Hooks, *Ain't I a Woman* (Boston, MA: South End Press, 1981); Vron Ware, *Beyond the Pale. White Women, Racism and History* (London: Verso, 1992)
13 Frantz Fanon, *Die Verdammten dieser Erde* (Frankfurt: Suhrkamp, 1981)
14 Paul Gilroy, *Against Race. Imaging Political Culture beyond the Colour Line* (Cambridge, MA: Harvard University Press, 2000)

All diese Denkansätze bekannten sich zum Begriff der Differenz mit dem expliziten Ziel, sie zu anderen Zwecken in Dienst zu nehmen. Sie betonten die Notwendigkeit, das Subjekt zu brechen, um so Diversität und mehrfache Zugehörigkeiten als strukturelle Bestandteile der Subjektivität in den Mittelpunkt zu stellen.[16] Politische Subjektivität betrachteten sie unter einer komplexeren Fragestellung, die gesellschaftliche Schicht, Ethnie, sexuelle Orientierung und Alter einbezieht. Poststrukturalistische Philosophen waren also insofern antihumanistisch, als sie all die einheitlichen Identitäten, die auf phallogozentrischen, eurozentrischen, weiß-rassistischen und genormten Ansichten dessen basierten, was das humanistische Ideal des „Menschen" ausmacht, von innen heraus attackierten.

3. ZEITGENÖSSISCHE POSTHUMANE THEORIE

Die Krise der Vormachtstellung der Spezies ist heute quer durch den öffentlichen Diskurs hinweg denkbar geworden. Sie impliziert ebenfalls eine Absage an jedweden noch bestehenden Begriff von menschlicher Natur und ein Eintreten für „Human Enhancement"[17] mittels Biogenetik und Neurowissenschaften; überdies bedeutet sie das Ende der kategorischen Unterscheidung zwischen *anthropos* und *bios* als strikten Vorrechten des Menschen, die kategorisch von tierischem und nicht menschlichem Leben (*zoe*) abzugrenzen sind. In den Vordergrund treten stattdessen ein Kontinuum zwischen Natur und Kultur in der sehr leibhaftigen Struktur des erweiterten Selbst sowie das Bewusstsein, dass das Wesen dieses Kontinuums zwischen Natur und Kultur immer schon vermittelt ist.[18]

15 Gayatri Chakravorty Spivak, *A Critique of Postcolonial Reason. Toward a History of the Vanishing Present* (Cambridge, MA: Harvard University Press, 1999)
16 Rosi Braidotti, *Patterns of Dissonance* (Cambridge: Polity Press, 1991)
17 Als „Human Enhancement" gelten biotechnologische Eingriffe in den menschlichen Organismus, die in verbessernder Absicht, aber nicht in einem therapeutischen Kontext stattfinden.
18 Vgl. Felix Guattari, *Die drei Ökologien,* übers. von Gwendolin Engels, Alex A. Schaerer (Wien: Passagen, 2016)

Diese theoretischen Veränderungen finden nicht in einem Vakuum statt, sondern stehen im Einklang mit den sich rasch verändernden Rahmenbedingungen im fortgeschrittenen Kapitalismus. Zu nennen ist dabei an erster Stelle das hohe Maß an technologischer Vermittlung, das bestehende Denkgewohnheiten auf den Kopf stellt: Donna Haraway formuliert es so: Die Maschinen sind so lebendig, während die Menschen so träge sind.[19] Die globale Wirtschaft ist insofern post-anthropozentrisch, als sie letztlich alle Spezies unter dem Imperativ eines Marktes vereint, dessen Auswüchse die Nachhaltigkeit unseres gesamten Planeten bedrohen.

Die heutige Weltwirtschaft verfügt über eine technisch-wissenschaftliche Struktur, die auf der Annäherung einst verschiedener Technologiebranchen – vor allem der Nanotechnologie, der Biotechnologie, der Informationstechnologie und der Kognitionswissenschaft – gründet. Diese Annäherung betrifft Forschung und Eingriffe an Tieren, Saatgut, Zellen, Pflanzen und ebenso dem Menschen. Der fortgeschrittene Kapitalismus investiert im Wesentlichen in die wissenschaftliche und wirtschaftliche Steuerung und das Zur-Ware-Werden alles Lebendigen, um davon zu profitieren. In diesem Kontext entsteht eine paradoxe und recht opportunistische Form des Postanthropozentrismus seitens der Marktkräfte, die fröhlich mit dem Leben selbst Handel treiben. Leben ist aber zufällig nicht das alleinige Vorrecht des Menschen.

Wenn es um ihr Profitinteresse geht, bewirkt die opportunistische politische Ökonomie des biogenetischen Kapitalismus zumindest ein Verschwimmen der Grenzen zwischen dem Menschlichen und anderen Spezies, wenn nicht sogar deren tatsächliche Auslöschung. Neben verschiedenen menschlichen Exemplaren passen Saatgut, Pflanzen, Tiere und Bakterien gut in diese Logik des unersättlichen Konsums. Die Einzigartigkeit des *anthropos* geht damit implizit wie explizit verloren.

Den Kapitalwert stellt heute die Macht der aus lebender Materie gewonnenen Informationen dar, die zusammen mit biogenetischen, neuronalen und medialen Informationen über Einzelpersonen in Datenbanken verlagert werden, wie der Erfolg von Facebook ganz banal beweist.
Diese Praktiken reduzieren Körper auf ihr Informationssubstrat im Sinne von Energieressourcen oder lebenswichtigen Kapazitäten und nivellieren so andere kategorische Unterschiede. Es geht in erster Linie darum, Informationen mit ihren wesentlichen immanenten Eigenschaften und ihrer Fähigkeit zur Selbstorganisation anzuhäufen. Das Datenschürfen umfasst die Profilerstellung, die verschiedene Typen oder typische Merkmale identifiziert und diese als konkrete strategische Ziele für Kapitalinvestitionen oder als Risikokategorien markiert.

---

19 Donna Haraway, *Die Neuerfindung der Natur: Primaten, Cyborgs und Frauen,* hg. von Carmen Hammer, Immanuel Stieß, übers. von Dagmar Fink, Helga Kelle, Carmen Hammer, Anne Scheidbauer, Immanuel Stieß, Fred Wolf (Frankfurt: Campus, 1995)

Die Kapitalisierung lebender Materie schafft eine neue politische Ökonomie, die Melinda Cooper mit dem Begriff „Leben als Überschuss"[20] bezeichnet. Sie geht mit diskursiven und materiellen politischen Techniken der Bevölkerungskontrolle einher – einer ganz anderen Art von Bevölkerungskontrolle als die Verwaltung von Demografien, mit der sich Foucault in seinen Arbeiten zur biopolitischen Gouvernementalität[21] beschäftigte. Heute unterziehen wir nicht nur ganze gesellschaftliche und nationale Systeme, sondern weite Bevölkerungsteile der Weltrisikogesellschaft[22] einer „Risikoanalyse". Informationen sind heute das wahre Kapital; sie ergänzen die klassischen Machtverhältnisse, beseitigen sie jedoch nicht.[23]

Der fortgeschrittene Kapitalismus ist eine wirbelnde Maschine, die aus Gründen der Kommerzialisierung und des Konsums aktiv Unterschiede produziert. Er vervielfacht enträumlichte Unterschiede und erzeugt quantitative Optionen. Der weltweite Konsum kennt keine Grenzen und ein stark kontrollierter Strom an Konsumgütern, Informationen, Daten und Kapital bildet den Kern der grotesken Mobilität dieses Systems.[24] Der Kapitalismus gibt sich als nomadische Kraft und kontrolliert zugleich auf höchst selektive Weise die Raumzeit der Mobilität.

Mein Standpunkt als Deleuze-Anhängerin und Feministin ist klar: Lebende „Materie" ist eine Prozessontologie, die auf komplexe Weise mit sozialen Umfeldern, psychischen und natürlichen Umgebungen interagiert und vielfältige Ökologien der Zugehörigkeit hervorbringt.[25] Um diese neuen Erkenntnisse aufzuarbeiten, benötigen wir einen Paradigmenwechsel. In diesem komplexen Kräftefeld muss menschliche Subjektivität als ein erweitertes Beziehungs-Ich neu definiert werden, das von der kumulativen Wirkung all dieser Faktoren generiert wird.[26] Die Beziehungsfähigkeit des postanthropozentrischen Subjekts beschränkt sich nicht auf Wesen unserer Spezies, sondern umfasst alle nicht anthropomorphen Elemente: die nicht menschliche, entscheidende Kraft des Lebens, die ich als *zoe*[27] beschrieben habe. *Zoe* bezeichnet die quer verlaufende Kraft, die einst voneinander getrennte Spezies, Kategorien und Bereiche neu verbindet. Das Herzstück der postanthropozentrischen, feministischen Wende ist in meinen Augen ein Egalitarismus, in dessen Zentrum *zoe* steht: Er ist eine materialistische, säkulare, begründete und unsentimentale Antwort auf das opportunistische, speziesübergreifende Zur-Ware-Machen des Lebens, das die Logik des fortgeschrittenen Kapitalismus ausmacht.

20 Melinda Cooper, *Life As Surplus: Biotechnology and Capitalism in the Neoliberal Era* (Seattle, WA: University of Washington Press, 2008)
21 Michel Foucault, *Die Geburt der Biopolitik. Geschichte der Gouvernementalität II,* übers. von Jürgen Schröder (Frankfurt: Suhrkamp, 2006)
22 Ulrich Beck, *Weltrisikogesellschaft: Auf der Suche nach der verlorenen Sicherheit* (Frankfurt: Suhrkamp, 2007)
23 Julie Livingston, Jasbir K. Puar, „Interspecies", in: *Social Text* 29 (Frühjahr 2011)
24 Rosi Braidotti, *Metamorphoses: Towards a Materialist Theory of Becoming* (Cambridge: Polity Press, 2002); Rosi Braidotti, *Transpositions: On Nomadic Ethics* (Cambridge: Polity Press, 2006)
25 Felix Guattari, *Die drei Ökologien,* übers. von Gwendolin Engels, Alex A. Schaerer (Wien: Passagen, 2016)
26 Rosi Braidotti, *Patterns of Dissonance* (vgl. FN 15); Rosi Braidotti, *Nomadic Subjects* (New York: Columbia University Press, 2011)
27 Diese Definition unterscheidet sich radikal von Giorgio Agambens negativer Definition von *zoe* (1998); feministische Wissenschaftlerinnen (Cooper, 2009; Colebrook, 2009; Braidotti, 2013) haben Agamben dafür in die Pflicht genommen, feministische Perspektiven zur Politik der Natalität und Mortalität ausgelöscht und das Projekt der Moderne pauschal unter Anklage gestellt zu haben.

4. DAS UNMENSCHLICHE

Angesichts der massiven Intervention von Netzwerken und zunehmend aufdringlichen Technologien spielt die menschliche Handlungsfähigkeit inzwischen keine zentrale Rolle mehr. Diese Verschiebung ist nur einer der Faktoren, die den Kapitalismus zu einer postanthropozentrischen Kraft im Zeitalter des Anthropozäns machen, welches J. W. Moore unlängst als das „Kapitalozän"[28], Haraway als das „Chthuluzän"[29] und Jussi Parikka in Anlehnung an Zillah Eisensteins „globale Obszönitäten" und Vandana Shivas „Biopiraterie" als das „Anthrobszön"[30] bezeichnet haben.

Sie erklärt auch die unmenschlichen Aspekte[31] und strukturellen Ungerechtigkeiten[32] wie zunehmende Verschuldung und erzeugt eine „nekropolitische" Gouvernementalität[33] – ein Verwalten des Todes – durch technologisch vermittelte Kriege und den Kampf gegen den Terrorismus.

Kriegsführung hat sich heute in einen umfassenden, professionalisierten Prozess verwandelt, in dessen Verlauf elementare Infrastrukturen von Städten und Ländern zerstört und die Zivilbevölkerung nicht nur technologischen, sondern auch archaischeren Schrecken ausgesetzt ist. Eine maßgebliche Rolle spielt dabei die durch Drohnen und andere postanthropozentrische, unbemannte Fahrzeuge vorangetriebene Technik. Neue Formen der Unmenschlichkeit sind entstanden. Nehmen wir etwa die klassische Figur des Kriegers oder des Soldaten, der sich in eine Art Hybridwesen verwandelt hat. Einerseits ist der Soldat eine professionelle, technische Gestalt; andererseits ist er in der Gestalt des Terroristen, der jederzeit und überall zuschlagen kann, noch gefährlicher.

Technologie spielt bei dieser veränderten Form der Kriegsführung eine maßgebliche Rolle. Die bei Weitem wirksamsten neuen Waffen sind die als Drohnen oder ferngelenkte Flugkörper (remotely piloted aircraft, RPA) bekannten UAVS (unmanned aerial vehicles, unbemannte Luftfahrzeuge), die Teil einer großen Roboterarmee zu Land, zu Wasser und in der Luft sind und erstmals vor einem Jahrzehnt in Afghanistan zum Einsatz kamen.

Im Jahr 2005 trafen Drohnen des CIA dreimal Ziele in Pakistan; 2011 gab es 76 Militärschläge, darunter einen, der maßgeblich zur Tötung Gaddafis in Libyen beitrug; heute sprechen wir von Hunderten solcher Drohnenangriffe. Google Earth hat ein spezielles Programm entwickelt, das die Flugbahnen von Drohnen aus Satellitenfotos löscht. Drohnen gibt es in allen möglichen Größen: DelFly, eine an der Technischen Universität Delft gebaute Überwachungsdrohne in Libellenform, wiegt einschließlich Kamera weniger als ein Goldring. Die größte und schnellste amerikanische Drohne Avenger (Kostenpunkt: 15 Millionen Dollar) kann dagegen bis zu 2,7 Tonnen Bomben, Sensoren und sonstige Gerätschaften bei einer Geschwindigkeit von 740 Stundenkilometern befördern.

28 Jason W. Moore (Hg.), *Anthropocene or Capitalocene? Nature, History, and the Crisis of Capitalism* (Oakland, CA: PM Press, 2016)
29 Donna Haraway, „Anthropocene, Capitalocene, Plantationocene, Chthulucene: Making Kin", in: *Environmental Humanities,* 6, 2015, S. 159–165, http://environmental-humanities.org/arch/vol6/6.7.pdf, abgerufen am 17. November 2011
30 Jussi Parikka, *The Anthrobscene* (Minneapolis, MN: Minnesota UP, 2014)
31 Georgio Agamben, *Homo Sacer: Die souveräne Macht und das nackte Leben* (Frankfurt: Suhrkamp, 2002)
32 Gilles Deleuze und Felix Guattari, *Anti-Ödipus. Kapitalismus und Schizophrenie* (Frankfurt: Suhrkamp 1977).
33 Achille Mbembe, „Necropolitics", in: *Public Culture,* 15 (1), 2003, S. 11–40

Diese technologischen Fortschritte schaffen sogar insbesondere an der Front neue Formen von Ungleichheit und Unmenschlichkeit durch die Art und Weise, wie Zivilisten getötet werden und ihr Eigentum zerstört wird. Kriegsbedingt werden heute so viele Flüchtlinge und Asylsuchende, die in die Festung Europa einzudringen versuchen, zu minderwertigen menschlichen Wesen und Körpern degradiert, die keine Rolle spielen. Das neue Gebiet der „Humanitarian Studies" ist heute eines der dringlichsten und wichtigsten in den Human- und Geisteswissenschaften, ein weiteres neues Studiengebiet.

5. DIE POSTANTHROPOZENTRISCHE WENDE

Ende der 1990er-Jahre kann man erstmals von einer posthumanen Wende in der Literatur- und Kulturtheorie als einem Arbeitsfeld sprechen, das den Blick zunehmend auf postanthropozentrische Perspektiven richtet.
Feministinnen einigten sich auf die scheinbar simple Vorstellung, dass es keine „originäre Humanität"[34] gibt. Dieser Konsens war eine Reaktion auf politische Entwicklungen wie das wachsende öffentliche Bewusstsein für den Klimawandel und die damit einhergehende Erkenntnis, dass wir in ein neues geologisches Zeitalter (das „Anthropozän") eingetreten sind, in dem menschliches Handeln Auswirkungen auf das gesamte Ökosystem der Erde hat; er war auch eine Reaktion auf die Grenzen wirtschaftlicher Globalisierung.[35] Das Posthumane befindet sich am Schnittpunkt unterschiedlicher und bisweilen getrennter feministischer Denkrichtungen.

Versteht man „Leben" als symbiotisches System der gegenseitigen Abhängigkeit und gemeinsamen Produktion[36], dann verändern sich auch die Bedingungen der menschlichen Interaktion mit dem, was einst „Materie" hieß und was nun als selbstorganisierendes vitales System angegangen werden muss. Soweit der fortgeschrittene Kapitalismus die Logik der Ausbeutung lebender Materie[37] wie auch das hohe Maß an Vermittlung begriffen hat, in das Menschen heute verstrickt sind, ist er zu noch nie da gewesenen Formen der Manipulation von Leben fähig.

Ökofeministinnen[38] waren die ersten, die geozentrische Perspektiven[39] aufzeigten; heute boomt dieser Ansatz auf breitem interdisziplinären Gebiet. Seit Mitte der 1990er-Jahre sind „Animal Studies" ein ernst zu nehmendes Studiengebiet, das den metaphorischen Ge- und Missbrauch von Tieren in Literatur und Kultur sowie ihre rücksichtslose wirtschaftliche und körperliche Ausbeutung hinterfragt.[40] Ökofeministinnen ziehen außerdem strukturelle Analogien zwischen der Ausbeutung von Frauen und den Weibchen anderer Spezies und fordern eine speziesübergreifende Befreiung von kapitalistischer männlicher Aggression. Neue Studien in der Primatenkunde betonen die geschlechtsspezifischen Aspekte sozialer Tugenden wie Solidarität und Empathie[41] und unterstreichen die positive Rolle von Frauen in der Evolutionsgeschichte.

---

34 Kirby Vicky, *Quantum Anthropologies. Life at Large* (Durham: Duke University Press 2011), S. 233
35 Inderpal Grewal und Caren Kaplan (Hg.), *Scattered Hegemonies: Postmodernity and Transnational Feminist Practices* (Minneapolis, MN: University of Minnesota Press, 1994)
36 Lynn Margulis, Dorion Sagan, *What is Life* (Berkeley, CA: University of California Press, 1995)
37 Nicholas Rose, *The Politics of Life Itself: Biomedicine, Power and Subjectivity in the Twentieth-first Century* (Princeton, NJ: Princeton University Press, 2007)
38 Val Plumwood, *Feminism and the Mastery of Nature* (London und New York: Routledge, 1993); Val Plumwood, *Environmental Culture* (London: Routledge, PMLA 2009)
39 Maria Mies und Vandana Shiva, *Ecofeminism* (London: Zed Books, 1993)
40 Mary Midgley, *Utopias, Dolphins and Computers. Problems of Philosophical Plumbing* (London und New York: Routledge, 1996)
41 Frans De Waal, *Der gute Affe: Der Ursprung von Recht und Unrecht bei Menschen und anderen Tieren* (München: Hanser, 1997); Frans De Waal, *Evolutionary Ethics, Aggression, and Violence: Lessons from Primate Research*, Erstveröffentlichung 2004

Die Fokussierung auf Affekte und Emotionen, der sogenannte „affective turn", spiegelt sich in einer Reihe von kritischen feministischen Ansätzen: erstens in Verbindung mit dekonstruktiven Ansätzen[42], darüber hinaus aber auch im Zusammenhang mit phänomenologischen[43] und psychoanalytischen[44] feministischen Ansätzen und mit dem Monismus von Deleuze.[45] Diese Perspektiven eint die Vorstellung, dass es heute möglich und wünschenswert ist, die Beziehungsfähigkeit von Menschen in einer Art planetarischer Umarmung auf alle Spezies auszudehnen – einer Umarmung, die feministischen Theoretikerinnen erlaubt, globale Themen wie den Klimawandel anzugehen und zugleich den Kampf um Gleichberechtigung und soziale Gerechtigkeit nicht aufzugeben. Die politischen Implikationen des „affective turn" sind ein wichtiges und intensiv diskutiertes Thema, besonderes Augenmerk liegt auf der spezifischen Materialität von Rasse und Ethnizität im Rahmen des feministischen Neomaterialismus.[46] Der nächste und gewissermaßen naheliegende Schritt bei dieser Erweiterung des Diskurses ist ein „anthropozäner Feminismus"[47], der umso mehr an Bedeutung gewinnt, je mehr der Posthumanismus zum Tragen kommt.

Illoyalität gegenüber unserer Spezies ist jedoch nicht einfach. Die wahre Schwierigkeit ist affektiver Art und besteht darin, unsere Bindung zum *anthropos* zu kappen und kritische postanthropozentrische Formen der Identifikation zu schaffen. Wie man darauf reagiert, sich von der eigenen Spezies zu distanzieren, hängt zum großen Teil von den Bedingungen der eigenen Beschäftigung mit ihr ab – und von der Bewertung aktueller technischer Entwicklungen bzw. unseres Verhältnisses zu ihnen. In meinen Arbeiten habe ich immer die technikaffine Dimension[48] betont und das befreiende, ja sogar grenzüberschreitende Potenzial dieser Technologien hervorgehoben; andere hingegen versuchen, sie entweder unter ein vorhersehbar konservatives Profil oder aber ein profitorientiertes System zu subsumieren, das einen extrem konsumorientierten, habgierigen Individualismus fördert und überhöht.[49] Loyalität gegenüber der eigenen Spezies hat jedoch tiefere und komplexere affektive Wurzeln, die nicht nach Belieben abgeschüttelt werden können. Sie verlangt einen anthropologischen Exodus, der emotional besonders schwierig ist und mit einem Gefühl von Verlust und Schmerz verbunden sein kann. Doch diese Anstrengung kann nicht losgelöst von einer Ethik und Politik des Nachfragens geschehen, die Respekt vor den Komplexitäten der materiellen Welt einfordert.

42 Cary Wolfe (Hg.), *Zoontologies. The Question of the Animal* (Minneapolis, MN: University of Minnesota Press, 2003); Vicki Kirby, *Quantum Anthropologies. Life at Large* (Durham, NC: Duke University Press 2011)
43 Sara Ahmed, *Queer Phenomenology: Orientations, Objects, Others* (Durham, NC: Duke University Press 2006)
44 Patricia Clough, *The Affective Turn: Theorizing the Social* (Durham, NC: Duke University Press, 2007)
45 Rosi Braidotti, *Metamorphoses. Towards a Materialist Theory of Becoming* (Cambridge: Polity Press, 2002); Brian Massumi, *Parables for the Virtual. Movement, Affect, Sensation* (Durham, NC: Duke University Press, 2002); John Protevi, *Political Affect* (Minneapolis, MN: University of Minnesota Press, 2009); Elizabeth Grosz, *Becoming Undone* (Durham, NC: Duke University Press, 2011)
46 Sara Ahmed, *The Cultural Politics of Emotion* (Edinburgh: Edinburgh University Press und London und New York: Routledge, 2004); Clare Hemmings, „Collective powers: rupture and displacement in feminist pedagogic practice", in: *European Journal of Women's Studies,* 18 (3), 2011, S. 297–303
47 Richard Grusin, *Anthropocene Feminism* (Minneapolis, MN: University of Minnesota Press, 2016)
48 Rosi Braidotti, *Metamorphoses. Towards a Materialist Theory of Becoming* (Cambridge: Polity Press, 2002)
49 C. B. MacPherson, *The Theory of Possessive Individualism* (Oxford: Oxford University Press, 1962)

Die entscheidende Frage bleibt jedoch: Welchen politischen Standpunkt kann es in Bezug auf die produktiven Paradoxa geben, die das posthumane Sein erzeugt? Inwieweit verkompliziert die Annäherung posthumanistischer und postanthropozentrischer Perspektiven Fragen von menschlicher Handlungsfähigkeit und feministischer politischer Subjektivität?

Meine These lautet, dass sie beides in Wahrheit sogar noch verstärkt, indem sie eine erweiterte relationale Sicht des Ichs anbietet. Außerdem formuliert sie eine posthumanistische Theorie des Subjekts neu als empirisches Projekt, das mit dem experimentieren will, wozu heutige biotechnisch mediatisierte Körper in der Lage sind. Angesichts der strukturellen Ungerechtigkeiten und der enormen Machtgefälle vertraue ich der feministischen Methode der Politik der Verortung. Sie ist für mich die bevorzugte Form radikaler Immanenz, um genauere Darstellungen der vielfältigen politischen Ökonomien von Subjektbildung zu erzeugen, die in unserer Welt vonstattengehen. Diese Kartografien ermöglichen nicht kommerzielle Darstellungen heutiger Subjektivität und stellen die virtuellen Möglichkeiten eines erweiterten, beziehungsorientierten Ichs, das in einem Kontinuum zwischen Natur und Kultur funktioniert, wirklichkeitsgetreu dar – in einem Kontinuum, das technologisch vermittelt wird und dem Geist des heutigen Kapitalismus entgegensteht. Diese Kartografien verweigern die Verwandlung von Leben oder *zoe* – also von menschlicher und nicht menschlicher intelligenter Materie – in ein Profit- und Handelsgut.

Die Stärke posthumanen Denkens besteht darin, affirmative ethische und politische Perspektiven zu eröffnen. In meinen eigenen Arbeiten habe ich speziesübergreifende Allianzen mit der produktiven und immanenten Kraft des *zoe* oder Lebens in seinen nicht menschlichen Aspekten vorgeschlagen.[50] Diese relationale Ontologie stellt *zoe* in den Mittelpunkt und ist damit nicht anthropozentrisch, leugnet jedoch gleichwohl nicht die der Anthropologie geschuldete Struktur des Menschlichen.

---

50 Rosi Braidotti, *Metamorphoses: Towards a Materialist Theory of Becoming* (Cambridge Polity Press, 2002), Rosi Braidotti, *Transpositions: On Nomadic Ethics* (Cambridge: Polity Press, 2006)

Der Perspektivwechsel hin zu einer geozentrischen Sichtweise, die *zoe* in den Mittelpunkt stellt, erfordert ein neues gemeinsames Verständnis vom Menschsein. Dieses Verständnis muss allerdings durch fundierte Analysen von Machtverhältnissen und strukturellen Ungerechtigkeiten in Vergangenheit und Gegenwart modifiziert werden.

Ausgehend von Philosophien der radikalen Immanenz, des vitalen Materialismus und der feministischen Politik der Verortung habe ich mich ebenfalls dagegen ausgesprochen, die Flucht in eine abstrakte Vorstellung einer „neuen" Gesamtmenschheit anzutreten, deren gemeinsames Band eine gemeinsame Verletzlichkeit oder eine Vorrangstellung der Spezies wäre. Stattdessen benötigen wir eingebettete und leibhaftige relationale und affektive Kartografien der neuen Machtverhältnisse, die sich aus der gegenwärtigen geopolitischen und postanthropozentrischen Ordnung ergeben. Soziale Schicht, Ethnie, Geschlecht und sexuelle Orientierung, Alter und körperliche Tauglichkeit sind mehr denn je wichtige Marker des menschlichen „Normalzustands". Sie sind Schlüsselfaktoren, wenn es darum geht, ein Verständnis von „Menschheit" zu gestalten und den Zugang zu ihr zu kontrollieren. Angesichts der globalen Tragweite heutiger Probleme im Zeitalter des „Anthropozäns" steht dennoch fest, dass „wir" dies gemeinsam durchstehen müssen. Ein solches Bewusstsein darf indes nicht die Machtgefälle verschleiern oder nivellieren, die das kollektive Subjekt („wir") und seine Anstrengungen (dies) aufrechterhalten. Es mag durchaus verschiedene und möglicherweise widersprüchliche Projekte geben, die bei der Neuzusammensetzung der „Menschheit" momentan auf dem Spiel stehen. Posthumanistische feministische und andere Theoretiker müssen sich gegen voreilige und reaktive Neuzusammensetzungen kosmopolitischer – insbesondere angstbestimmter – Bindungen zur Wehr setzen. Nützlicher wäre es möglicherweise, auf vielfältige Verwirklichungen neuer, übergreifender Allianzen, Gemeinschaften und Ebenen der Zusammensetzung des Menschlichen hinzuarbeiten: Es gibt viele Arten des gemeinsamen Weltwerdens.

Ich vertrete nachdrücklich die These, dass das Posthumane nicht postpolitisch ist. Das posthumane Sein markiert nicht das Ende der politischen Handlungsfähigkeit, sondern eine Neugestaltung in Richtung einer relationalen Ontologie. Dies ist umso wichtiger, als die politische Ökonomie des biogenetischen Kapitalismus in ihren Strukturen postanthropozentrisch ist; gleichwohl ist sie nicht unbedingt oder automatisch menschlicher und neigt nicht eher zu Gerechtigkeit.

Posthumanistische Feministinnen befürworten schließlich ein Verständnis vom Körper als einem dynamischen, geschlechtlichen Bündel an Beziehungen und stützen sich darauf, um dem transformativen Potenzial eines anderen Begriffs vom Politischen auf den Grund zu gehen. Sie erklären den Primat der Sexualität zur ontologischen Kraft im Gegensatz zu einer mehrheitsbestimmten oder dominanten Grenzziehung – der Geschlechterordnung –, die heterosexuellen, familiengebundenen Sex zum Zwecke der Fortpflanzung privilegiert. Sexualität jenseits von Gender ist die epistemologische, aber auch politische Seite des aktuellen vitalistischen Neomaterialismus. Sie vereint eine feministische Genealogie, zu der kreative Enträumlichungen, intensive und hybride gegenseitige Bereicherung sowie generative Begegnungen mit menschlichen und nicht-menschlichen anderen gehören. Die Gegenverwirklichung virtueller Sexualitäten – von organlosen Körpern, die wir bislang noch nicht am Leben halten können – ist eine posthumanistische feministische politische Praxis.

In den Schriften Rosi Braidottis wird Philosophie zur Science-Fiction: Mit ihren Thesen zum „Posthumanismus" hat die Philosophin und Feminismus-Theoretikerin Rosi Braidotti (geb. 1954 in Latisana, Italien) seit den 1990er-Jahren wesentlich zum Diskurs über „die Gleichheit allen Lebens" – des menschlichen und nicht-menschlichen – beigetragen. In ihrer Publikation *The Posthuman* (2013) stellt sie im Hinblick auf die Möglichkeiten des Menschen angesichts moderner Technologien die Frage, welche Rolle dem Menschen dabei zukommen wird – und was ihn ausmacht. Sie hinterfragt das Wesen des „Humanismus" vor dem Hintergrund postfeministischer und postkolonialer Perspektiven und führt uns in die Theorie des „posthumanen Subjekts" ein: Dieses ist nicht mehr nur Individuum, sondern lebt vernetzt in einem Kollektiv aus anderen Subjekten und Objekten: mit Menschen, mit Robotern, mit nicht-menschlichen Dingen, mit smarten Umgebungen, künstlicher Natur und künstlicher Intelligenz. Daraus ergeben sich neue soziale Bindungen und Veränderungen globaler Relevanz. Der hier publizierte Text ist das Manuskript zu einem Vortrag, den Rosi Braidotti am 30. November 2015 am CCCB – Centro de Cultura Contemporánea de Barcelona, Spanien – gehalten hat.

DISTRIBUTED EMBODIMENT

Maschinen verwandeln Daten in Wissen. Mit jeder Interaktion lernen sie nicht nur mehr über die Welt, sondern auch über diejenigen, die sich ihrer bedienen.

CHRISTOPH ENGEMANN UND PAUL FEIGELFELD

[1] In der Folge: KI oder AI (artificial intelligence)
[2] Nils Nilson J., *The Quest for Artificial Intelligence* (Cambridge, MA, und London: Cambridge University Press, 2010), 408f.
[3] Andy Clark, *Being There: Putting Brain, Body, and World Together Again* (Cambridge Massachusetts: A Bradford Book. The MIT Press, 1997); Andy Clark, *Supersizing the Mind: Embodiment, Action, and Cognitive Extension* (Oxford: Oxford University Press, 2008)

Künstliche Intelligenz ist wieder da. Zwei Winter hat die künstliche Intelligenz[1] bereits erlebt, zunächst in den Sechzigerjahren, als die aus kybernetischen Laboren hervorgegangen regelbasierten KI-Systeme kaum anwendungsreif waren und die staatlichen und militärischen Geldgeber die Finanzierung einstellten. Auch die zweite Welle der KI in den Achtzigerjahren endete durch das Versiegen der Geldflüsse.[2]

Es wurde still um die künstliche Intelligenz und statt hochfliegender Fantasien, Computer könnten bald ähnliche Leistungen vollbringen und komplexe Zusammenhänge erkennen wie die Menschen, beschränkte man sich darauf, die Leistungen biologischer Systeme in kleinen Schritten nachzubauen. Der Körper trat dabei in den Mittelpunkt und anstatt Vorgänge wie das Gehen in abstrakter Form zu repräsentieren und dann in einen Roboter einzusetzen, wurde gleichsam von außen nach innen gearbeitet. Simple Beinkonstruktionen, bei denen an den Gelenken jeweils ein einfacher Computer ein neuronales Netz mit nur zwei Neuronen betrieb, erwiesen sich als sehr viel leistungsfähiger als alle vorher unternommenen Versuche, Robotern das Gehen beizubringen. Dieser in den Neunziger- und Nullerjahren präferierte Ansatz wurde unter dem Begriff „Embodiment", also Verkörperung bekannt.[3] Ganz materialistisch argumentierte man vor dem Hintergrund plötzlich erstaunlich geländegängiger Laufapparate, die man zudem öffentlichkeitswirksam in speziellen Fussballturnieren – dem „RoboCup" – vorführen konnte, dass Intelligenz Körper brauche und nur an und mit Körper entstehe. Tatsächlich zeigte sich, dass die Apparaturen feinfühlig auf geringste Veränderungen an den Körpern reagierten: veränderte Reibungswerte der Gelenke, minimale Torsionseffekte an Gliedern, unterschiedliche Fußaufbauten usw. bildeten sich sofort in den Lern- und Anpassungsstrategien der Apparate ab. Dazu gehörte auch die Einführung topischen Verhaltens: die Einführung von Bedürfnissen, wie beispielsweise Energiebedarf, und die Notwendigkeit, sich in einer Umwelt Energiequellen zu suchen. Hungrige Roboterkörper legten unerwartet komplexe Verhaltensweisen an den Tag. Intelligenz, wenn man diese Funktionsspektren so nennen möchte, ist eine Begegnung aus Sensoren, Materialien und Umwelten. Sie entwickelt und steigert sich an Widerständen der eigenen Körperwelt in Interaktion mit denen der äußeren Welt, durch die eine solche Apparatur navigieren muss.

In der Latenzzeit nach dem zweiten Winter der KI entstand so die Überzeugung, dass, wenn es überhaupt einmal künstliche Intelligenzen geben würde, diese nur als Formen entstehen können, die aus Verkörperungen hervorgehen.

Inzwischen ist in der künstlichen Intelligenz aber wieder der Sommer angebrochen. Ihre technischen Grundlagen beruhen nicht auf dem Embodiment-Ansatz, sondern auf drei Faktoren, die etwa um 2010 zusammenkamen: die Verfügbarkeit von Big Data aus sozialen Medien und Smartphones, die enormen Zuwächse von Rechenkapazitäten durch spezielle Hardware wie Grafikbeschleuniger und die dadurch möglichen Fortschritte bei der Entwicklung von Lernalgorithmen. Die schon länger bekannten Algorithmen neuronaler Netze zeigten mit den neuen Datenmengen und Rechenkapazitäten bis dahin unbekannte Erfolge. Insbesondere das Deep Learning mit „recurrent neural networks", also tiefgestaffelten, vielschichtigen neuronalen Netzwerken, erwies sich als mächtiges Werkzeug, um Daten in Wissen zu verwandeln.[4] Wobei Wissen hier weniger eine abstrakte und mit Sinn aufgeladene Form ist, sondern schlicht erwartbares Verhalten bezeichnet. Zeigt man einem rekurrenten neuronalen Netzwerk genügend Bilder mit Katzen und teilt diesem dabei mit, dass solchen Bildern die Bezeichnung Katze zugehörig ist, dann kann es mit hoher Wahrscheinlichkeit nach einer Reihe von Trainingsdurchläufen Bilder, auf denen Katzen zu sehen sind, selbstständig mit der Bezeichnung Katze versehen.

Mit diesen trivial erscheinenden Erfolgen zeichnet sich diese dritte Welle der KI durch ein Novum aus: „Zum ersten Mal in der Geschichte kann man mit KI Geld verdienen", so die Anwort Demis Hassabis, Mitgründer der Firma Deep Mind, auf die Frage, was den gegenwärtigen KI-Boom von früheren unterscheide. Deep Mind ist ein 2010 gegründetes britisches Unternehmen, das sich der Erforschung von künstlicher Intelligenz widmet. Bevor es im Oktober 2014 von Google um kolportierte 400 Millionen Dollar gekauft wurde, hatten schon mehrere wichtige internationale Technologie-Größen in Deep Mind investiert, etwa Paypal-Erfinder Peter Thiel, Tesla-Gründer Elon Musk oder auch der Hongkonger Investor Li Ka-shing, einer der mächtigsten Männer Asiens.

4 Pedro Domingos, *The Master Algorithm: How the Quest for the Ultimate Learning Machine Will Remake Our World* (New York, NY: Basic Books, 2015)

Der Kauf von Deep Mind durch Google war sicher einer der Startschüsse für die umfassende Umstrukturierung unserer technologischen Welt, wie sie momentan stattfindet. In schneller Folge kauften Facebook, Amazon, Microsoft, Intel, der chinesische Internetgigant Baidu und andere zwischen Herbst 2014 und heute zunächst ganze akademische Teams und dann sukzessive Start-ups aus dem Feld des Machine bzw. Deep Learning. Künstliche Intelligenz wird so vom technologischen Teilgebiet zur umfassenden Infrastruktur. Jede Markierung auf einem Foto auf Facebook, jede Suche auf Google dient dem Training neuronaler Netze, für die mittlerweile auch spezielle Prozessoren und andere Hardware im großen Stil hergestellt werden. Im September 2016 schlossen sich Facebook, Google, IBM, Intel und Microsoft zur sogenannten „Partnership on AI" zusammen, was sowohl die Wichtigkeit von KI unterstreicht, als auch kritisch zu betrachtende Problematiken sichtbar macht. Auch die Aussage Hassabis' berührt diesen wichtigen Punkt in der Geschichte der künstlichen Intelligenz: ihr Verhältnis zur Ökonomie, genauer zur politischen Ökonomie – die Frage, woher das Geld zu ihrer Forschung und Umsetzung kommt.

In der aktuellen Welle der KI hat die politisch motivierte Finanzierung einer ökonomisch fundierten Finanzierung Platz gemacht. Ein Beispiel dafür sind die von Apple kürzlich vorgestellten drahtlosen Kopfhörer, die nicht etwa deswegen drahtlos sein mussten, weil man den Platz im Smartphone braucht. Vielmehr galt es, nach dem Handgelenk ein weiteres Körperareal mit einem Computer zu besetzen: die auditorische Region zwischen Mund und Ohr. Damit wandert Siri, Apples AI-Assistent, vom Smartphone in diesen Bereich und die Chance auf eine höhere Frequenz von Interaktionen nimmt zu. Die Kopfhörer enthalten vier Mikrofone und statt über die grafische Benutzeroberfläche das Smartphone zu aktivieren, muss der Benutzer nur noch „Hey Siri" sagen, um mit dem lokalen Gerät sowie der ausgelagerten Apple-Cloud zu interagieren.

Machine Learning hilft also zunächst einmal, die Interaktionsschwelle zu senken. Drei Faktoren kennzeichnen diese Entwicklung:

1. Die grafische Benutzeroberfläche verliert an Bedeutung und andere, vor allem auditorische und haptische Interface-Optionen werden wichtiger, also die Interaktion über den Hör- und Tastsinn. Diesen Interfaces ist gemeinsam, dass sie erst durch Machine-Learning-Verfahren[5] möglich werden, da die Befehle des Benutzers interpoliert werden, ohne dass dieser symbolische Interaktionen auf dem Gerät vollzieht. Damit sinkt die Friktion bei der Nutzung von digitalen Geräten.
2. Je mehr Interaktion stattfindet, desto mehr Input kann für die ML-Modelle generiert werden, die damit immer besser werden.
3. In diesem Zusammenhang ist auch die strategische Motivation zu verstehen, diese Interaktionssequenzen auszuwerten und in ökonomisch verwertbare Analytik zu übersetzen, wobei Lokalisationsdaten, Uhrzeit, Aktivitätsniveau, Herzfrequenz usw. mitkorreliert werden können.

Mehr noch als bei Big Data geht es also darum, die Umwelt in eine Umwelt aus Transaktionen zu verwandeln, in der die einzelne Interaktion für sich vielleicht keinen Wert hat, die Masse der Interaktionen und ihre sekundären und tertiären Begleitumstände jedoch für Werbungs- und Versicherungsformate monetarisiert werden können.[6] Deep Learning versucht also noch tiefer in unsere Taschen zu greifen und verspricht zunächst einmal eine Ausweitung der Transaktionszone. Die Finanzierung der gegenwärtigen KI-Welle beruht auf diesem sehr realen Traum: nämlich in allen möglichen Kontexten reale Gegenstücke zu entwickeln, die sich zu Geld machen lassen.

5 Machine Learning wird in der Folge mit ML abgekürzt.
6 Christoph Engemann, „You cannot not transact. Big Data und Transaktionalität", in: Ramón Reichert (Hg.), *Big Data. Analysen zum digitalen Wandel von Wissen, Macht und Ökonomie* (Bielefeld: transcript, 2014), S. 365–384; Florian Sprenger, Christoph Engemann, „Im Netz der Dinge", in: Florian Sprenger, Christoph Engemann (Hg.), *Internet der Dinge: Über smarte Objekte, intelligente Umgebungen und die technische Durchdringung der Welt* (Bielefeld: transcript, 2015), S. 7–57

Vorangetrieben werden diese Projekte von Unternehmen wie Facebook, Google oder Baidu. In dieser Welle der KI stehen sich also zunächst nicht mehr politische Blöcke gegenüber, sondern Firmen, die um Marktanteile ringen – Marktanteile, die sich nicht zuletzt dank Kundenbindung halten. Und die Kundenbindung wiederum soll steigen, indem ML die Benutzung der digitalen Geräte und die Interaktion mit ihnen vereinfacht. Darüber hinaus steht das Versprechen im Raum, Prozesse zu automatisieren, die sich bislang der Automatisierung entzogen haben. Selbstfahrende Autos und LKW sind das prominenteste Beispiel, aber auch die Automatisierung von Tätigkeiten wie anwaltliche Beratung, ärztliche Diagnostik oder journalistische Recherche und Berichtsverfassung steht im Raum. Wo die Grenzen maschinellen Lernens liegen und wie sich die Arbeitswelt auch kreativer Berufe verändern wird, ist offen. Das Schöpfungspathos von Musikern, Designern und Filmemachern wird bereits heute durch von *deep neuronal networks* erzeugten Kompositionen, 3D-gedruckten Objekten und Filmen infrage gestellt.

Allerdings wurde der Begriff Machine Learning im Zuge der Entwicklung zunehmend durch die Begriffe Artificial Intelligence oder künstliche Intelligenz ersetzt. Das ist bedauerlich und zugleich bezeichnend, denn was dabei unter den Tisch fallen gelassen wird, ist das „Learning", also das Lernen. Zahlreiche auf dem Gebiet des Deep Learning tätige Autoren und Wissenschaftler merken jedoch an, dass genau hier der wesentliche Fortschritt gegenüber den alten Verfahren liegt. Im Unterschied zur Technologie in den ersten beiden großen Wellen der künstlichen Intelligenz stellt Deep Learning nicht auf formalisierte und deduktive Verfahren mit explizit formulierten Regeln ab. Vielmehr handelt es sich beim maschinellen Lernen um induktive oder abduktive Verfahren: Sie werden nicht mit formalen Regeln programmiert, sondern mit Daten trainiert und bilden auf dieser Grundlage Verhaltenswahrscheinlichkeiten aus.[7] Wie bereits erwähnt reagieren Deep Convolutional Networks auf ein Katzenbild mit der Ausgabe des Labels „Katze", nachdem sie ein paar hunderttausend Katzenbilder verarbeitet haben: Diese Netze sind oberflächlich – aus Tiefe, um Nietzsche zu paraphrasieren.

[7] Norvig u. a., *Artificial Intelligence: A Modern Approach* (Upper Saddle River, NJ: Prentice Hall, 2. Auflage, 2003); Domingos, *The Master Algorithm: How the Quest for the Ultimate Learning Machine Will Remake Our World* (New York, NY: Basic Books, 2015)

Pedro Domingos – ML-Forscher und Verfasser des etwas reißerisch betitelten Buchs *The Master Algorithm*[8] – hält diesen Übergang vom Programmieren zum Lernen für eine grundlegende Zäsur in der Evolution des Computers. Denn nicht länger würden Menschen als kognitive Agenten dem Computer die Welt näherbringen. Computer würden vielmehr nun selbst die Welt erlernen und dabei wesentlich komplexere Zusammenhänge erkennen, als die Menschen mit ihrer begrenzten Informationsverarbeitungskapazität zu erfassen vermögen.

Was Domingos dabei unterschlägt, ist die Rolle des signalgebenden Selektors, die der Mensch in diesen Lernprozessen einnimmt. Denn die erfolgreichsten ML-Verfahren laufen unter dem Begriff Supervised Learning. Dabei wird ein Trainingsset, das von Menschen mit einem Label versehen wurde – etwa Fotos von Katzen oder Hausnummern – dazu verwendet, ein Netzwerk zu trainieren. Danach wird es mit ungekennzeichneten Bildern konfrontiert und soll denjenigen mit Katzen oder Hausnummern das richtige Label zuteilen. Der Output wiederum muss von Menschen ausgewertet werden. Sowohl das Training als auch die Outputklassifizierung wird mittels Crowdsourcing von Menschen durchgeführt. Oren Etzioni, der CEO des vom Microsoft-Mitgünder Paul Allen finanzierten Allen Institute for Artificial Intelligence, sagte diesbezüglich: „Machine Learning – oder Deep Learning – ist zu 99 Prozent menschliche Arbeit."

Wir Menschen sind also quasi die Umwelt für die Erziehung der ML-Instanzen. Diese Form der Artificial Intelligence beruht auf Embodiment by Proxy: Die Maschine leidet an einem Körperdefizit, das durch menschliche Vertreter ausgeglichen werden muss. Man könnte die menschlichen Körper als Impulsgeber und Teil der rekursiven Materialität verstehen. Damit wird die oben geschilderte Besetzung des Körpers durch ML über neuartige Schnittstellen wie Mikrofone am Ohr und Pulsmesser am Handgelenk nicht nur möglich, sondern auch nötig. Dabei werden am und mit Körpern Dinge gelernt, die den Menschen häufig entgehen oder die sie sich nicht erklären können.

Hier ist im Spiel, was sich durch die Geschichte des Lernens zieht: die Unterscheidung zwischen formellem und informellem Lernen und zugleich die Unterscheidung zwischen institutionellem und lebensweltlichem Lernen.[9] In der Auseinandersetzung mit Lernen und Erziehung werden die Möglichkeiten und Chancen der Emanzipation immer wieder einmal auf der einen und dann wieder auf der anderen Seite verortet. Gegenwärtig ist es Tacit Knowledge,[10] das „implizite" oder „stille Wissen", das in den Geisteswissenschaften hoch im Kurs steht und die vermeintliche Widerspenstigkeit von nicht symbolisiertem – und somit formalisierten Bildungsverwaltungen zugänglichem – Wissen verhandelt.

---

8 Domingos, *The Master Algorithm: How the Quest for the Ultimate Learning Machine Will Remake Our World* (New York, NY: Basic Books, 2015)
9 Anna Tuschling, Christoph Engemann, „From Education to Lifelong Learning: the emerging regime of learning in the European Union", in: *Educational Philosophy and Theory*, Bd. 38, Nr. 4, 2006, 451–469
10 Micheal Polanyi, *Implizites Wissen* (Frankfurt a. Main: Suhrkamp, 1985)

Nachdem die ökonomische Dimension des ML darin besteht, die Zahl der monetarisierbaren Interaktionschancen zu erhöhen, liegt es nahe, den oben beschriebenen Prozess als Mechanisierung von Tacit Knowledge zu verstehen: Für die handelnden Menschen bleibt das Wissen unbewusst, für die Betreiber der ML-Verfahren aber wird es in eine Dimension übersetzt, die eine Verwertung zumindest theoretisch möglich macht. Theoretisch deshalb, da die internen Repräsentationen von Convolutional Neural Networks selbst noch wenig erforscht sind und sich bislang einer mathematischen Darstellung entziehen.

Für den Menschen ist das Lernen immer sowohl einschränkende Notwendigkeit als auch Tor zur Selbstbestimmung. Denn auf Grundlage des Erlernten können wir individuell entscheiden und ebendiese selbstbestimmte Entscheidung wurde seit der Aufklärung als das spezifische Privileg des Menschen verstanden. ML ermöglicht nun zwischen Menschen und Organisationen eine neue Zirkulation von Wissen, dessen Aggregation in den Clouds neue Entscheidungsprozesse hervorruft, die dem Menschen häufig nicht einsichtig oder nachvollziehbar sind. Die bange Frage, die der KI-Diskurs hieraus entlehnt und mitführt, lautet: Könnten sich Computer aus ihrer Unmündigkeit quasi herauslernen?[11]

Vorläufig ist die Künstliche Intelligenz, mit der wir es heute zu tun haben, noch eigentümlich angewiesen auf fremde Körper. Ohne Körper, die in den maschinellen Lernprozess eingespannt sind, die permanent Signale erzeugen und so eine Topologie von Lernchancen erzeugen, bleibt ML gleichsam dumm. Machine Learning delegiert das Embodiment an uns. Ein solches Distributed Embodiment knüpft an eine sensorische Umwelt aus Handys, drahtlosen Kopfhörern, Smartwatches und Smart Homes, vernetzten Autos und vielem mehr an. Zug um Zug wird so das Körperdefizit des ML aufgelöst und eine neue künstliche Intelligenz entsteht aus der durch Big Data und Smartphones gestifteten Begegnung von Sensoren, Materialien und Umwelten, in denen menschliche Körper nur als impulsgebende Durchgangsstationen fungieren. Wer in dieser Beziehung der Herr und wer das Kätzchen ist, bleibt offen.

Christoph Engemann hat in Bremen Psychologie studiert und mit einer medienwissenschaftlichen Arbeit zum elekronischen Personalausweis an der Bauhaus Universität Weimar promoviert. Forschungsaufenthalte und Fellowships am Stanford Center for Internet and Society, University of Texas at Austin, Oxford Internet Institute, IKKM Bauhaus Universität Weimar und an der Leuphana Universität Lüneburg. 2020/21 war er Gastprofessor an der Zhejiang Universität in Hangzhou, China. Derzeit arbeitet er als Postdoc am Virtual Humanities Lab der Ruhr-Universität Bochum.

Paul Feigelfeld hat Kulturwissenschaften und Informatik studiert. Von 2004 bis 2011 arbeitete er für Friedrich Kittler, einen der bedeutendsten deutschen Medientheoretiker, und ist auch Mitherausgeber von dessen gesammelten Werken. Von 2010 bis 2013 war er als Lehrender und Forscher am Institut für Medientheorie an der Humboldt-Universität tätig, anschließend akademischer Koordinator des Digital Cultures Research Lab am Centre for Digital Cultures an der Leuphana Universität Lüneburg. 2021 dissertierte er mit dem Thema „The Great Loop Forward. Incompleteness and Media between China and the West". Derzeit lehrt er an der Universität Basel und an der Hochschule für Bildende Künste Braunschweig. Regelmäßig berät er Museen und Festivals und ist als Autor für Publikationen wie frieze, Texte zur Kunst oder PIN-UP tätig.

11 Nick Bostrom, *Superintelligence: Paths, Dangers, Strategies* (Oxford: Oxford University Press, 2014); Benjamin H. Bratton, „Outing Artificial Intelligence: Reckoning with Turing Tests", in: Matteo Pasquinelli (Hg.): *Alleys of Your Mind: Augmented Intelligence and Its Traumas* (Lüneburg: Meson Press, 2016), 69–80

TRI
DER

WÜRDEN SIE IN EI LEBEN WOLLEN?

:R ROBOTER AN DIE SPITZE
LUTION?

CHTEN SIE BESSER WERDEN ALS VON NATUR HER
RGESEHEN?

EM ROBOTER

Philip Beesley. *Hylozoic Grove,* 2016. Acryl, boPET (Mylar), Borosilikatglas, Formgedächtnislegierung, Gesamtfläche ca. 200 × 500 cm, Säule jeweils ca. 240 × 30 × 30 cm, Filter-Cluster jeweils 15/30 × 60 × 60 cm © Philip Beesley Architect Inc. (PBAI)

Architektur mit Sensoren ...

Philip Beesley. *Hylozoic Soil,* Musée des beaux-arts de Montreal, Quebec, 2007. © Philip Beesley Architect Inc. (PBAI)

... , die auf ihre Umgebung reagiert

PHILIP BEESLEY – *HYLOZOIC GROVE*

Mit seiner *Living Architecture* verwischt Philip Beesley die Grenzen zwischen Natur und Technik und präsentiert Architektur als lebendiges, vielschichtiges System, das einen interaktiven Austausch mit seinen Nutzern erlaubt. Beesley möchte eine „metabolische Architektur" erzeugen, die von Menschen gemachte Konstruktionen nicht als leblose Objekte, sondern als wachsende und sich entwickelnde lebendige Systeme versteht; er plädiert damit für ein neues, umfassenderes Architekturparadigma. Seit 2008 entwickelt sich das Projekt in der Serie *Hylozoic* weiter, einer Reihe von raumgreifenden Installationen, die mittels Bewegungs- und Berührungssensoren auf die Bewegungen der sie durchquerenden Personen reagieren und sich ihnen anpassen. OP

Asmbld. *Project Dom Indoors*, 2015.
Robotisch rekonfigurierbares
Wandsystem, Rendering © Asmbld
Architectural Robotics

ASMBLD – *PROJECT DOM INDOORS*

In Zeiten steigender Mietpreise – insbesondere in urbanen Ballungsräumen – werden neue Strategien notwendig, wie man knapper werdenden Raum zum Wohnen und Arbeiten effektiver und flexibler nutzen kann. Einen Vorschlag hierfür liefert *Project Dom Indoors:* Mithilfe von Robotern, die genormte architektonische Bauelemente reversibel verbauen, sollen Innenräume für eine flexible Nutzung immer wieder rekonfiguriert werden können. So können bei Bedarf kurzfristig Zwischenwände eingezogen, Podeste für Matratzen oder Sofas aufgebaut werden, Schreibtisch- oder Küchenoberflächen entstehen. Die Roboter bauen die Strukturen vom Boden aus Schicht für Schicht auf – und wieder ab – und erlauben verschiedenste Raumkonfigurationen. Obwohl das System unserem heutigen Verständnis von Wohnlichkeit noch nicht entspricht, sind doch verschiedene Nutzungsmöglichkeiten und -kontexte vorstellbar. So sieht das wohl auch das Vermietungsportal Airbnb. 2017 ging Asmbld in der Airbnb-Tochter Samara auf, wo seitdem weiter an Lösungen für smarte Architektur gearbeitet wird. TT

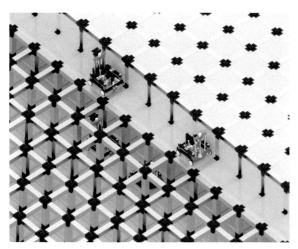

Project Dom Indoors, 2015

Greg Lynn. Maßstabsmodell für *RV Prototype,* 2013 (Modell 1:20 mit Motor im Sockel), Kohlefaser in Köperbindung mit Epoxyharz, glasfaserverstärkter Kunststoff, 3D-gedruckter Kunststoff, Schrittmotor, Steuerkette, Computer-Script, elektronische Teile, 63,5 × 43,2 × 45,7 cm. Courtesy San Francisco Museum of Modern Art, Schenkung des Künstlers © Greg Lynn

Eine Vision zukünftigen Wohnens stellt Greg Lynn mit dem *Room Vehicle Prototype* vor. Das kokonartige Gebilde im Maßstab 1 : 5 rotiert automatisch horizontal um 360 Grad und vertikal um 180 Grad. So kann die gesamte Innenfläche je nach Neigungswinkel für verschiedene Wohnfunktionen genutzt werden, der Mensch muss bei jeder Drehung lediglich im Inneren „mitwandern". Insgesamt entspricht dies 60 m² Wohnfläche rundum, was gegenüber Wohnräumen mit Boden, Wand- und Deckenflächen platzsparender und ressourcenschonender ist. Inspiriert haben Lynn einerseits Raumstationen, aber auch robotisch gesteuerte Lounge-Sessel, die alle Annehmlichkeiten wie Erfrischungen und Unterhaltung in Reichweite vorsehen. Wird mit Letzteren eher passiver Konsumismus assoziiert, sieht Lynn seine rotierende Wohneinheit – er zitiert nicht zuletzt das Bild des Hamsterrads – eher als Behausung für aktive Menschen. TT

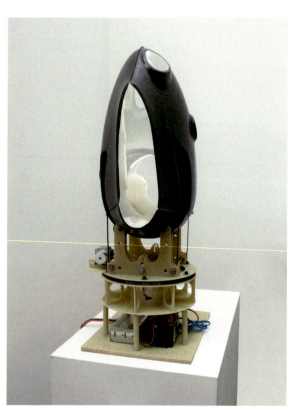

Maßstabsmodell für *RV Prototype,* 2013

GREG LYNN – *RV PROTOTYPE*

Hyperhabitat: Reprogramming the World, 2008

GUALLART ARCHITECTS / IAAC / CENTER FOR BITS AND ATOMS MIT / BESTIARIO – *HYPERHABITAT: REPROGRAMMING THE WORLD*

Guallart Architects, Institute for Advanced Architecture of Catalonia, MIT The Center for Bits and Atoms, FAB LAB Network and Bestiario. *HyperHabitat: Reprogramming the World,* 2008. Interaktive Architekturinstallation, Acryl, LEDs, Internet 0 Node, diverse Maße. Projektleitung: Vicente Guallart; Guallart Architects: María Díaz; Institute for Advanced Architecture of Catalonia: Daniel Ibañez, Rodrigo Rubio, Marta Male Alemany, Areti Markopoulou, Laia Pifarré, Alessio Carta, Christian Zorzen, Vagia Pantou, Daniel Bas, Stefania Sini, Francisca Aroso, Melissa Mazik, Maria Papaloizou, Luis Fernando Odiaga, Georgios Machairas, Ismini Koronidi, Anastasia Fragoudi, Ifigenia Arvaniti, Georgia Voudouri, Hemant Purohit, Renu Gupta, Luciano Bertoldi, Peerapong Suntinanond, Javier Olmeda, Raya Alexandra Theodorou, Higinio Llames, Susana Tesconi, Nuria Sanz, Panagiota Papachristodoulou, Luis Casado Martinez (Elektriker); MIT The Center for Bits and Atoms: Neil Gershenfeld; FAB LAB Network: Victor Viña, Tomas Diez, Lucas Cappelli; Bestiario: Andrés Ortiz, Santiago Ortiz, José Aguirre, Daniel Aguilar; Partner: Visoren, Irpen, Luz Negra, Ministerio de Vivienda, Ajuntament de Barcelona; Communication: Pati Nuñez © 2017 Institute for Advanced Architecture of Catalonia, Foto: Jose Morraja

Die Installation *Hyperhabitat: Reprogramming the World* beruht auf Forschungen, die am Institute for Advanced Architecture of Catalonia durchgeführt wurden. Untersucht wurde die hohe Vernetzung physischer Räume nach dem Vorbild existierender digitaler Netzwerke: Knotenpunkte, Protokolle, Leitungscodes etc. Reale Objekte bekommen eine digitale Identität und sollen so unsere realen lebenden Netzwerke neu strukturieren – nicht nur den Bereich innerhalb eines Hauses, sondern auch Räume und Orte in verschiedenen Städten und ganze Kontinente. Die daraus resultierenden neuen Möglichkeiten – Güter etwa innerhalb der Nachbarschaft zu tauschen anstatt sie zu kaufen (dank der digitalen ID weiß man ja, dass fünf Häuser weiter eine unbenützte Bohrmaschine liegt) – sparen Ressourcen und erhöhen die Effizienz. Zur Erstpräsentation des Werks bei der 12. Architekturbiennale in Venedig wurde ein repräsentatives „Haus" gezeigt, ähnlich einer Etage eines Studentenwohnheims, die mit über 30 lasergeschnittenen Acrylobjekten gefüllt war. Jedes dieser Objekte – sie glichen Möbeln und Haushaltsgeräten, sogar ein Kruzifix war dabei – war mit einem Micro-Server versehen und konnte so über eine fiktive Plattform mit den anderen Objekten im Raum kommunizieren. EP

ISMAEL SOTO – *NESTLED CRYSTALS*

Ismael Soto. *Nestled Crystals,* Mondrian Hotel Redesign, West Hollywood, California, 2014. Betreuung: Greg Lynn, Julia Koerner & Boeing. Architekturmodell, 27 × 27 × 17 cm © Ismael Soto

Nestled Crystals, 2014: Die Form …

… folgt der Bewegung.

Nestled Crystals ist das Ergebnis einer Zusammenarbeit zwischen dem Suprastudio der Abteilung Architektur an der University of California und dem Luft- und Raumfahrtkonzern Boeing. Die Studierenden waren dabei aufgefordert, die Mobilität und Dynamik von Gebäuden unter Berücksichtigung von Robotertechnologien neu zu betrachten. Ismael Sotos Arbeit ist ein beweglicher fliegender Hotelturm, der dank elektrischer Rotoren an verschiedenen Teilen des Gebäudes andocken und sich dort einklinken kann. Die Rotorblätter sind außerdem mit LED-Projektoren ausgestattet, um während der Bewegung Bilder zu zeigen und somit als großes Display zu fungieren. Das fliegende Objekt könnte somit gleichermaßen als Anzeige- oder Werbetafel und als Veranstaltungsort genutzt werden. Der Gegensatz zwischen der sanften Bewegung und dem kantigen Aussehen des statischen Würfels soll der Verbindung eine urbane Dynamik verleihen. AR

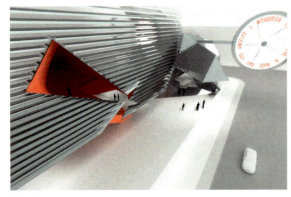

Außenansicht

Innenansicht

Höweler + Yoon Architecture und Squared Design Lab. *Eco Pods,* 2009. Architekturmodell, 27 × 27 × 17 cm, Rendering. Design Team: Franco Vairani (Squared Design Lab) und Daniel Sullivan © Höweler + Yoon Architecture and Squared Architecture Lab

Eco Pods ist ein Konzept für die nachhaltige Energiegewinnung im urbanen Raum. Die *Eco Pods* sind modulare, gondelartige Container, die flexibel an bestehende Architektur sowie aneinander andocken können. Diese Gondeln fungieren als Bioreaktoren, in denen Mikro-Algen heranwachsen und auf besonders effiziente Weise Bio-Treibstoff liefern. Große Roboterarme, die von der gewonnenen Energie angetrieben werden, schlichten die einzelnen Algencontainer stetig um und stellen damit stets optimale Licht- und Wachstumsbedingungen für die Pflanzen her. Das Konzept sieht vor, dass die *Eco Pods* nicht nur Bio-Kraftwerke sind, sondern auch entsprechende Forschungslabore beherbergen sowie die Funktion übernehmen, einer breiten Öffentlichkeit das Potenzial dieser nachhaltigen Energieressource begreiflich zu machen. TT

Eco Pods, 2009: eine Algenfarm ...

HÖWELER + YOON ARCHITECTURE, SQUARED DESIGN LAB – *ECO PODS*

... immer in Bewegung

GRAMAZIO KOHLER RESEARCH & RAFFAELLO D'ANDREA / ETH – *FLIGHT ASSEMBLED ARCHITECTURE*

Wohnarchitektur, Schritt für Schritt gebaut von fliegenden Robotern und ohne, dass auch nur ein Mensch Hand angelegt hätte oder ein Baukran eingesetzt worden wäre – diese Vision führen die Architekten Gramazio Kohler Research gemeinsam mit dem Robotiker Raffaello D'Andrea anhand ihrer Installation vor Augen. Eine Vielzahl von Vier-Propeller-Helikoptern platzieren – unter lautem Gesumme gleich einem Bienenschwarm – Bauelemente entsprechend mathematischer Algorithmen aufeinander. Hier wird ein digitales Design in das Verhalten der fliegenden Maschinen übersetzt, sodass sie kooperieren und gemeinsam an einem Gebäude bauen. Die Installation ist das 1:100-Modell für eine Architekturvision, die ein 600 Meter hohes „vertikales Dorf" für 30.000 Menschen in der Region Meuse etwa 250 km östlich von Paris vorsieht. TT

Vertical Village

Visualisierung der Geschossebenen des *Vertical Village*

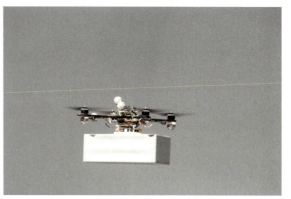

Von Drohnen gebaut. Foto: © François Lauginie

Gramazio Kohler Research & Raffaello D'Andrea in Zusammenarabeit mit ETH Zürich. *Flight Assembled Architecture,* FRAC Centre Orléans, 2011–2012. Architekturinstallation mit vier Quadrocopter und Modell
© Gramazio Kohler Research, ETH Zürich

Das Projekt an der TGV-Zugstrecke zwischen Straßburg und Paris

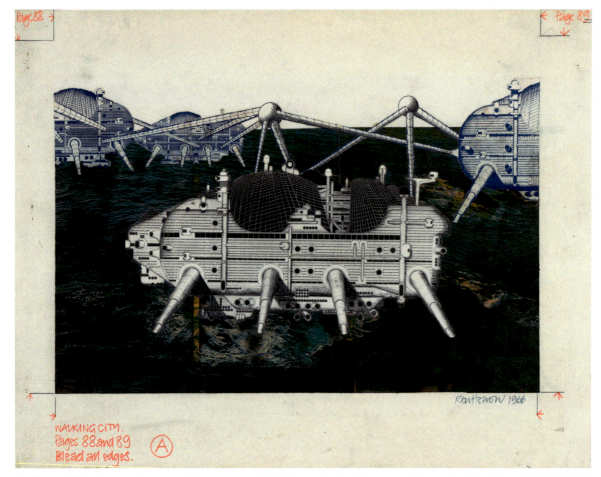

Ron Herron, *Walking City on the Ocean, project (Exterior perspective),* 1966. Tinte und Grafit auf Transparent-Zeichenpapier, 55,2 × 83,2 cm © 2016. Digitalbild, The Museum of Modern Art, New York / Scala, Florence

RON HERRON, ARCHIGRAM – *WALKING CITY*

In der Ausstellung: Ron Herron, *Walking City: Elevations of Vehicle,* 1964. Faksimile mit originalen Handzeichnungen des Künstlers, 102 × 72 cm (gerahmt) © The Ron Herron Archive London, Courtesy Archigram Archival Project, University of Westminster

„Ein Haus ist eine Maschine zum Wohnen", lautet ein bekannter Aphorismus des Architekten Le Corbusier aus dem Jahre 1921. Die Idee einer solchen „Wohnmaschine" nahm der britische Architekt Ron Herron, Mitglied der avantgardistischen Gruppierung Archigram, 1964 mit seinem Projekt *Walking City* wörtlich. Er entwarf mobile, intelligente, containerartige Robotergebilde von riesenhafter Größe, die sich jeweils dorthin bewegen sollten, wo sie gebraucht würden. Sie könnten sich temporär zu Städten gruppieren und wieder auflösen. Diese Vision futuristischen Nomadentums steht dabei in einem eher dystopischen Zusammenhang: Herron imaginierte so das Leben nach einer nuklearen Katastrophe. LH

EINS WERDEN

Halb Garten und halb Maschine ist das autonome robotische Ökosystem *reEarth: Hortum machina, B*. Im Inneren einer an Buckminster Fullers geodesische Architektur angelehnten kugelförmigen Struktur sind zwölf Gartenmodule mit einheimischen Pflanzen platziert. Diese können einzeln ausgefahren werden, womit sich der Schwerpunkt der Konstruktion verlagert und diese sich langsam fortbewegt. Die Regeln, nach der sie das tut, werden von der Elektrophysiologie der Pflanzen und deren kollektiver „Intelligenz" abgeleitet – denn Pflanzen reagieren elektrochemisch auf ihre Umwelt. Diese kollektiven Signale werden in das Kontrollsystem der Kugel übersetzt, die sich dann abhängig von den Lichtverhältnissen oder Geräuschquellen fortbewegt. So liefert die Gartenmaschine einen Entwurf für das Urban Gardening im Cyber-Zeitalter und verstreut dabei auch noch einheimisches Samengut. TT

INTERACTIVE ARCHITECTURE LAB, UCL – *REEARTH: HORTUM MACHINA, B*

Interactive Architecture Lab, UCL. *reEarth: Hortum machina, B*, 2016. Digitale Zeichnung, Team: William Victor Camilleri und Danilo Sampaio; Direktor IALab: Ruairi Glynn; Machinenbau & Robotik: Christopher Leung, William Bondin, Francois Mangion und Thomas Powell © Interactive Architecture Lab, Bartlett School of Architecture, UCL London

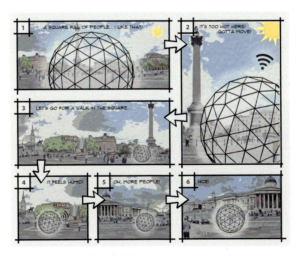

reEarth: Hortum machina, B, 2016

UNIVERSAL EVERYTHING – *WALKING CITY*

Dem 2014 von Universal Everything präsentierten Video *Walking City* diente das gleichnamige legendäre Projekt von Ron Herron – in den 1960er-Jahren Teil des avantgardistischen Architekturkollektivs Archigram – nicht einfach nur als Inspirationsquelle. Das Video darf getrost als Nachfolger von Herrons *Walking City* im 21. Jahrhundert bezeichnet werden. Gemeinsam mit dem Animationsdesigner Chris Perry und dem Sounddesigner Simon Pyke schuf Matt Pyke, der Gründer von Universal Everything, ein Video, in dem eine wandernde Figur nahtlos eine architektonisch inspirierte Form nach der anderen annimmt, in immer unterschiedlichem Abstraktionsgrad. Die Symbiose aus fließender computer-generierter Animation und dem hypnotisierenden Beat ergibt eine audiovisuelle Komposition, die über die gesamte Dauer des Videos faszinierend bleibt, fast acht Minuten lang. Das Werk erweist der Mobilität und Autonomie von Herrons schwerfälligen, umherziehenden Robo-Schiffen seine Reminiszenz und gleichzeitig blickt es nach vorne auf einen flexibleren, anpassungsfähigeren robotischen Organismus. *Walking City* bekam 2014 auf der Ars Electronica die Goldene Nica verliehen und wurde seitdem weltweit ausgestellt. EP

Universal Everything. *Walking City,* 2014. Video, 7 Min. 47 Sek. Creative Director: Matt Pyke, Animation: Chris Perry, Sound: Simon Pyke © Universal Everything

Walking City, 2014: Die wandernde Stadt nimmt jegliche Form an …

... jegliche Struktur ...

... und jegliche Materialität.

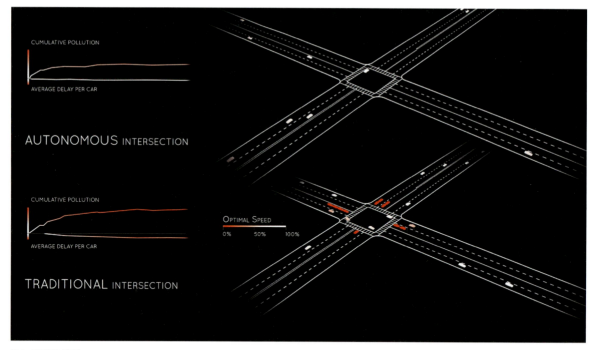

DriveWAVE, 2014

MIT Sense*able* City Lab.
DriveWAVE, 2014.
Video: 1 Min. 26 Sek.
© MIT Senseable City Lab

Werden wir in einer Zukunft, in der selbstfahrende Autos Standard sind, noch Ampeln an den Kreuzungen brauchen, vor denen wir im Feierabendverkehr Schlange stehen müssen? Nein, sagen die Forscher des MIT Sense*able* City Lab. Das von ihnen entwickelte *DriveWave* ist ein digitales Verkehrskontrollsystem, sozusagen eine „smarte Kreuzung", welche blitzschnell Verkehrslücken berechnet und die mit ihm vernetzten Fahrzeuge ohne Stop-and-Go durch die Kreuzung schleust, schnell genug, um einen flüssigen Verkehr und genügend Sicherheitsabstand zu anderen Fahrzeugen zu gewährleisten. Damit werden Wege schneller zurückgelegt und der Treibstoffverbrauch sinkt, da die Fahrzeuge nicht ständige abbremsen und beschleunigen müssen. Der so gedachte Straßenverkehr 4.0 wird flüssig und nahtlos sein. TT

MIT SENSE*ABLE* CITY LAB – *DRIVEWAVE*

RICHARD VIJGEN – *ARCHITECTURE OF RADIO*

Richard Vijgen. *Architecture of Radio,* 2015. App © 2016 Richard Vijgen Studio, Foto: Juuke Schoorl

Richard Vijgens *Architecture of Radio* ist eine App zur Visualisierung des unsichtbaren Geflechts aus Datenkabeln, Funksignalen, Mobilfunkmasten und Satelliten, das unsere Kommunikations-, Beobachtungs- und Navigationssysteme am Laufen hält. Anhand des GPS-Standortes des Nutzers bildet die App ein 360-Grad-Bild der Umgebungssignale ab und will so einen umfassenden Einblick in die Infosphäre gewähren. Sie bedient sich der Daten aus dem öffentlich zugänglichen globalen Netzwerk aus Funkmasten, WLAN-Routern und Beobachtungssatelliten und offenbart die unsichtbare technologische Landschaft, mit der wir durch unsere Geräte interagieren. OP

Architecture of Radio, 2015

WÜR
LEBEI

MÖCHTEN
WERDEN
HER VOR

TRITT DER ROBOTER AN DIE
SPITZE DER EVOLUTION?

N SIE IN EINEM ROBOTER
OLLEN?

SIE BESSER
LS VON NATUR
ESEHEN?

BRUNO BIANCHI, ANDY HEYWARD UND JEAN CHALOPIN – *INSPECTOR GADGET*

Inspector Gadget, 1983–1986

Inspector Gadget ist der Titel einer von 1983 bis 1986 im Fernsehen ausgestrahlten Zeichentrickserie, einer französisch-kanadisch-amerikanischen Koproduktion, die bis heute in Wiederholungen auf der ganzen Welt zu sehen ist. Jede Episode widmet sich einem Abenteuer des tollpatschigen Inspektors Gadget, einem Cyborg-Detektiv, der gegen die Verbrecherorganisation „M. A. D." eines gewissen Dr. Claw kämpft. In den Kampfszenen setzt er ein ganzes Arsenal an Geräten ein, die in seinen Körper eingebaut sind, darunter Pop-up-Rollschuhe, mechanische Arme und einen Helikopter-Hut. Trotz der üppigen technischen Ausstattung laufen die Tricks von Inspektor Gadget immer wieder ins Leere. Wenn ihm auf seinen Verfolgungsjagden überhaupt irgendein Erfolg vergönnt ist, dann nur dank seiner Nichte Penny und ihres Hundes. AR

Bruno Bianchi, Andy Heyward und Jean Chalopin. *Inspector Gadget,* 1983–1986. Zeichentrickserie, 86 Folgen © sämtliche Titel, Logos und Charaktere: Trademark von DHX Media (Toronto) Ltd. Alle Rechte vorbehalten.

EINS WERDEN

xBT-Chip, 2016

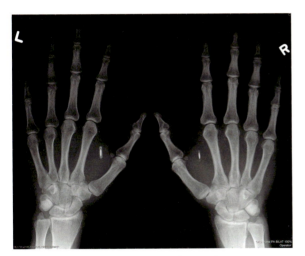

Röntgenaufnahme eines implantierten *xBT*-Chips, 2016

xBT ist ein Chip, der unter die Haut der Hand platziert wird und für Menschen entwickelt wurde – bei Tieren wird die Technologie zur Identifizierung und Kennung bereits seit Längerem angewandt. Auf dem Chip gespeichert ist eine individuelle ID-Nummer, die als Code vielfältig verwendet werden kann: Es können Haus- und Autotüren ohne Schlüssel und sozusagen durch Handauflegen geöffnet werden, das Handy kann entsperrt werden, ohne dass man sich Zahlenkombinationen merken oder aufschreiben muss, vielfältige Anwendungen sind denkbar. Produkte wie das *xBTi*-Set (Chip mit Implantationsspritze), das bereits auf dem freien Markt zu haben ist, werfen die Frage auf, wie weit wir bereit sind, unseren eigenen Körper im Zuge von Digitalisierung und Vernetzung zur Disposition zu stellen und, im Sinne des Biohacking, zu modifizieren und zu optimieren. TT

Dangerous Things. *xBTi [xBT + Injection Kit]*, 2016. Implantationsset mit Chip, ca. 10 × 1 × 1 mm
© Dangerous Things

DANGEROUS THINGS LLC
– *XBTI*

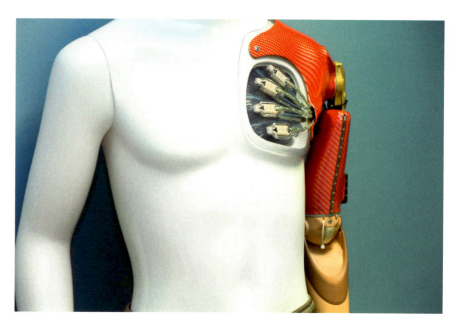

Dynamic Arm Plus, seit 2010

Ottobock in Zusammenarbeit mit dem AKH Medizinische Fakultät Wien. *Dynamic Arm Plus,* seit 2010. Intuitiv gesteuerte Armprothese, TMR-Puppe auf Glasplatte, 190 × 58–60 × 30 cm © Ottobock, Foto: Christian Apostol

Dem Medizintechnikunternehmen Ottobock ist der erfolgreiche Einsatz intuitiv gesteuerter Hand- und Armprothesen gelungen. Für deren Einsatz werden zunächst die beim Patienten nach dem Verlust eines Armes verbliebenen Nervenenden reaktiviert. Auf der Oberfläche von Teilen der Schulter und des Brustkorbs entsteht so eine Schnittstelle zum menschlichen Gehirn. Nervenimpulse, die aus dem Gehirn gesendet werden, können über diese interaktive „Mensch-Maschine-Schnittstelle" an die motorisierte Prothese weitergegeben werden. Die bionische Rekonstruktion eines Armes kann dann durch den Träger nach einiger Übung gedanklich zu alltäglichen Bewegungen gesteuert werden. LH

OTTOBOCK – *DYNAMIC ARM PLUS*

Neue Nähe, 2016

AKTION MENSCH – *NEUE NÄHE*

„Jede neue Idee kann uns näher bringen", heißt der Slogan zu diesem Kampagnenfilm der Aktion Mensch aus dem Jahr 2016. Schon Mitte des Jahres hatte er über 1,4 Millionen Klicks auf YouTube. Im Film treffen nichtbehinderte Kinder auf Erwachsene und Kinder mit einer Behinderung. Letztere benutzen neueste Prothetik, etwa ein Exoskelett oder eine bionische Hand, und Technologie zum Sehen oder Sprechen, zum Beispiel einen Sprachcomputer oder ein iPhone. Mit Kinderaugen betrachtet, haben diese Technologien offensichtlich nichts futuristisch Befremdliches. Sie sind einfach nur spannend. Da sind Berührungsängste schnell abgebaut und nicht die Behinderung scheint im Vordergrund zu stehen, sondern die besondere Technik und was man damit alles machen kann. LH

Aktion Mensch. *Neue Nähe,* 2016. Video, 5 Min. 4 Sek. (Musik) Titel: „Aufklärung"; Komponist: Tim van Berkestijn, Michiel Marsman; Hg.: Sizzer Music. Courtesy Tempomedia © Aktion Mensch e. V., Foto: Henrik Hühnken, Zacharias Zitounie

EKSO BIONICS
– EKSO GT™ EXOSKELETT

Das *Ekso GT*™ ist das erste zur Therapie von Schlaganfallpatienten und Patienten mit Rückenmarksverletzungen zugelassene motorbetriebene Roboter-Exoskelett. Patienten, deren untere Extremitäten gelähmt sind, können in diesem Gestell aufrecht stehen und gehen. Die Schritte werden vom Patienten selbst durch Gewichtsverlagerung ausgelöst. Das Trainingsprogramm kann in Echtzeit auf die individuelle Leistungsfähigkeit des Patienten abgestimmt werden. Sensoren berechnen 500 Mal pro Sekunde die Absichten und Funktionen des Nutzers, um somit die Bewegung entsprechend dem natürlichen Gangbild auszuführen. Abhängig vom Lähmungsgrad übernimmt das Exoskelett die Aufgabe der Beine oder hilft Patienten mit Restfunktionen dabei, ihre Beine aktiv einzusetzen.
Auch im militärischen Bereich und in der Industrie kommen die Exoskelette zum Einsatz und helfen dort gegen Ermüdung. LH

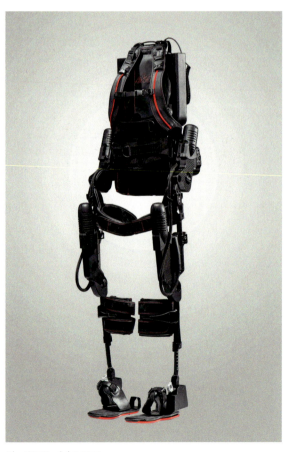

Ekso GT™ *Exoskelett*, 2013

Ekso Bionics®, *Ekso GT*™ *Exoskelett*, 2013. Robotisches Exoskelett, geeignet für Körpergrößen zwischen 150 und 190 cm. Eigengewicht: 27 kg, selbsttragend © Courtesy Ekso Bionics® Europe GmbH

Leka, seit 2016: Spiel ...

... und Therapie, etwa für Kinder mit Autismus.

Leka APF France handicap. *Leka,* 2022. Spielerischer Lernroboter für Kinder mit Behinderung, 30 × 22 × 22 cm © Leka APF France handicap

LEKA APF FRANCE HANDICAP – *LEKA*

Leka ist ein Robotik-Produkt für Kinder mit Autismus, ein „smart toy". Es wurde entwickelt, um mit diesen Kindern, die sich meist in ihre eigene Welt zurückziehen, zu interagieren und auch Eltern und Therapeuten dabei zu helfen, mit den Kindern in Kontakt zu treten. Das smarte, kugelrunde, mobile Spielzeug reagiert auf Stimmen, Berührung und Bewegung und spielt Verstecken. Es soll die Kinder involvieren und ihnen dabei helfen, ihre motorischen, kognitiven und sensorischen Fähigkeiten zu trainieren. Die Vorhersagbarkeit des Verhaltens von Leka gibt den Kindern Sicherheit, während Farben, Sound und Vibration individuell konfigurierbar sind, etwa um Überstimulierung zu vermeiden. Erfahrungsberichte legen nahe, dass im sensiblen Bereich fehlender zwischenmenschlicher Kompetenz ein Roboter gute Dienste leisten kann. TT

WAFAA BILAL – *3RDI*

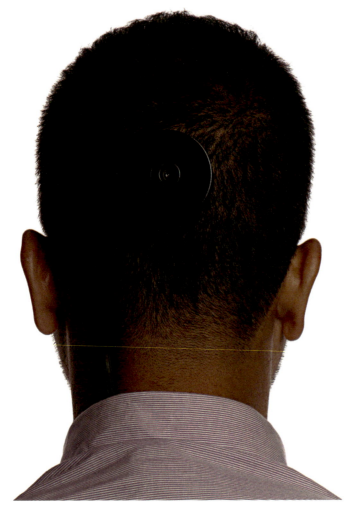

Wafaa Bilal. *3rdi,* 2010–2011. Fotoinstallation, Tintenstrahldruck auf seidenmattem Fotopapier © Wafaa Bilal, Courtesy Driscoll Babcock Galleries und Mathaf: Arab Museum of Modern Art

3rdi, 2010–2011

Der irakische Künstler Wafaa Bilal ließ sich 2010 eine Webcam in seinen Hinterkopf implantieren, um ein Jahr lang einmal pro Minute und 24 Stunden am Tag zufällige Bilder aus seinem Alltag aufzunehmen. Die Bilder wurden live an Bilals Webseite gesendet und zeigten im Wortsinne das, was der Künstler hinter sich ließ. Bilal bezeichnete sein Projekt als „Anti-Fotografie", da er die aufgenommenen Bilder weder sehen noch auswählen konnte. Durch den Einsatz seines Körpers als künstlerisches Medium schuf er eine Plattform, um eine Diskussion über die in unserem Alltag allgegenwärtigen, aber mitunter unbemerkten Überwachungstechnologien anzustoßen. AR

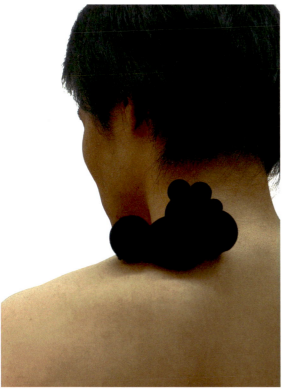

Susanna Hertrich. *Prostheses for Instincts – Form Prototypes,* 2009. Fotografien: jeweils 20 × 15 cm, Mixed-Media-Objekte: jeweils 15 × 15 cm © Susanna Hertrich

SUSANNA HERTRICH
– *PROSTHESES FOR INSTINCTS –*
FORM PROTOTYPES

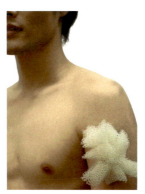

Prostheses for Instincts – Form Prototypes, 2009

Prothesen auf der Haut …

Hinter dem experimentellen, halb künstlerischen, halb wissenschaftlichen Projekt von Susanna Hertrich steht die Idee, das natürliche Sensorium des Menschen technisch so zu erweitern, dass sich sein Wahrnehmungsspektrum, etwa für Risiken, vergrößert. Verschiedene eigens entworfene Prothesen, die direkt auf der Haut getragen werden, vermitteln Datenströme, die Gefahrenquellen entsprechen, etwa zu Börseninformationen, Naturkatastrophen oder zur lokalen Kriminalitätsrate. Diese lösen bei den Trägern dann Empfindungen aus, wie wir sie von unseren natürlichen Warninstinkten her kennen: einen kalten Schauder, Gänsehaut usw. Dem Projekt liegt generell die Frage zugrunde, ob und wie Maschinen in die Lage versetzt werden können, menschliche Emotionen auszulösen. TT

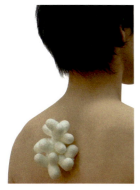

… warnen vor modernen Gefahren …

… etwa einem Börsencrash.

MÖCHTEN SIE BESSER W[ERDEN]
VON NATUR HER VORGES[EHEN]

WÜRDEN SIE IN
EINEM ROBOTER
LEBEN WOLLEN?

TRITT DER RO[BOTER]
SPITZE DER EV[OLUTION]

Oscar: The Modular Body, 2016

FLORIS KAAYK – *OSCAR: THE MODULAR BODY*

Oscar ist der erste Prototyp einer Nachbildung des lebendigen Organismus aus menschlichen Zellen, der aus unabhängig voneinander funktionierenden, aneinanderklickbaren Modulen zusammengesetzt und selbstständig überlebensfähig ist. So zumindest macht es uns eine Website glauben, ein Gesamtkunstwerk des niederländischen Künstlers und Regisseurs Floris Kaayk – und es dauert ein Weilchen, bis man die realitätsnahe Inszenierung durchschaut. Für sein Homunculus-Projekt hat Kaayk mit viel Liebe zum gruseligen Detail Videomaterial erstellt, in dem nicht nur der vorgebliche Erfinder Cornelis Vlasman *Oscar: The Modular Body* präsentiert, sondern auch Medienberichterstattung inszeniert und Blogbeiträge erfunden wurden. LH

Floris Kaayk. *Oscar: The Modular Body,* 2016. Netzkunstprojekt bestehend aus 56 Videos, Konzept / Regie: Floris Kaayk, Recherche / Skript: Floris Kaayk, Ine Poppe; Interface Design: LUSTlab; Animation: Floris Kaayk, Adriaan van Veldhuizen; Onlinemedienstrategie: Nienke Huitenga; Produktion: seriousFilm; Koproduktion: VPRO
© seriousFilm, VPRO, 2016

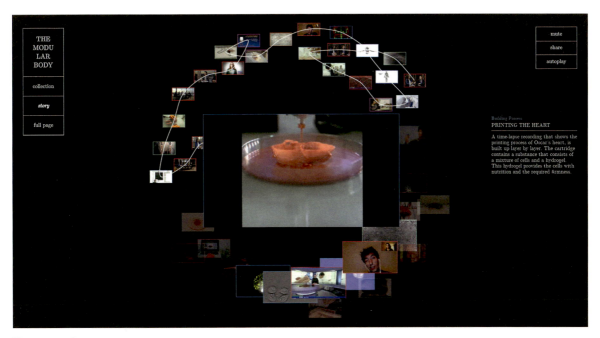

Homepage von *Oscar*

NewBees, 2014

Greenpeace. *NewBees,* 2014. Video,
2 Min. 22 Sek; Regie: Polynoid, Kreativdirektion: Alexander Kalchev
© Greenpeace, Courtesy DBB Paris

GREENPEACE – *NEWBEES*

Das Video entwirft das Zukunftsszenario nach einer weltweiten Bestäubungskrise. Die Bienenvölker waren verendet, Bestäubung nicht mehr möglich, die Folgen für Landwirtschaft und Artenvielfalt verheerend. Dank fortgeschrittener Technik konnte man aber eine zweite Bienengeneration entwickeln, die *NewBees*. Sie sind bereits weltweit eingeführte, solarbetriebe Roboter-Bienen, die ihre Aufgabe effizient erfüllen, indem sie Pflanzen bestäuben und Feinde effizient ausschalten. Sie sind einfach in der Handhabe, benötigen nur eine kurze Aufladezeit und verfügen über große Ausdauer. Mit dem Szenario stellt Greenpeace die grundsätzliche Frage – und gibt zugleich auch schon die Antwort darauf –, ob das Bewahren jener Natur, die wir bereits haben, nicht doch die schönere Variante und der bessere Garant für unser Fortbestehen sei als stetige technische Intervention. TT

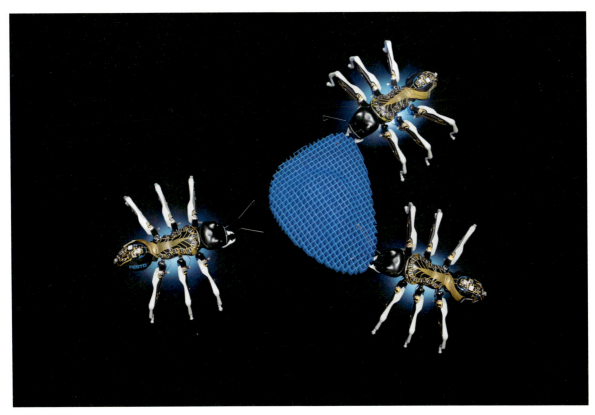

BionicANTs, 2015

Die *BionicANTs* bilden nicht nur die filigrane Anatomie von Ameisen nach, sondern es soll auch ihr kooperatives Verhalten mithilfe komplexer Regelalgorithmen in die Welt der Technik übertragen werden. Obwohl die Roboterameisen längst nicht so klein sind wie ihre natürlichen Vorbilder, sind in ihnen auf kleinstem Raum eine Vielzahl von Komponenten und Sensoren untergebracht. Sie kommunizieren miteinander und stimmen ihre Handlungen und Bewegungen aufeinander ab. Ziel dieser Forschungs- und Entwicklungsarbeit ist es, künstliche Intelligenz zu schaffen, die über kooperatives Verhalten vieler einzelner Subsysteme zu einer großen Lösung kommt – analog dem typischen Verhalten im Ameisenvolk. Schließlich müssen in der Industrie 4.0 Maschinen eng vernetzt sein und miteinander agieren, um eine flexible Produktion zu ermöglichen. TT

Kooperative Roboterameise

Festo. *BionicANTs*, 2015. Robotische Ameise, lasergesinntertes Polyamid, Federstahl, 4,3 × 13,5 × 15 cm
© 2017 Festo AG & Co. KG

FESTO – *BIONICANTS*

EINS WERDEN

ICD / ITKE UNIVERSITÄT STUTTGART – *FORSCHUNGSPAVILLON 2013/14*

Research Pavilion, 2013/14

Seit 2010 errichtet das Institut für Computerbasiertes Entwerfen (ICD) gemeinsam mit dem Institut für Tragkonstruktionen und Konstruktives Entwerfen (ITKE) der Universität Stuttgart alljährlich einen Forschungspavillon. Beide Institute befassen sich eingehend mit Biomimikry und Materialexperimenten und entwickeln so hoch belastbare und einzigartige Konstruktionen. Für das Projekt aus dem Universitätsjahr 2013/14 ließ sich ein Forschungsteam von Käfern inspirieren, insbesondere von ihren Elytren genannten filigranen Deckflügelschalen. Komplexe Faserverbundstrukturen mit einem Hohlraum in der Mitte machen die Elytren gleichermaßen tragfähig wie federleicht. Nach diesem Vorbild programmierte das Team zwei gemeinsam agierende Roboter, Glas- und Karbonfasern zu verflechten und daraus modulare Rahmen anzufertigen. Ohne Vorgaben des Architekten waren die Roboter dank des Algorithmus am Ende selbst in der Lage zu beurteilen, wie und wo die einzelnen Rahmen anzubringen waren. EP

Roboter wickeln Glas- und Carbonfaser ...

Institut für Computerbasiertes Entwerfen (Prof. Achim Menges) und Institut für Tragkonstruktionen und Konstruktives Entwerfen (Prof. Jan Knippers), Universität Stuttgart. *Research Pavilion,* 2013/14. Pavillon, Glas- und Karbonfaser, 50 m², 12 kg/m² Flächengewicht. Architekturmodell im Maßstab 1:20, diverse Materialien, 75 × 90 × 50 cm © ICD/ITKE, Universität Stuttgart

... gemäß den Berechnungen eines Algorithmus.

ANOUK WIPPRECHT – *SPIDER DRESS 2.0*

Anouk Wipprecht. *Spider Dress 2.0*, 2015. Robotisches Kleid, diverse Materialien, 3D-gedruckt, mit Intel Edison Microcontrollern © Anouk Wipprecht, Foto: Jason Perry

Anouk Wipprechts Kreationen künden vom Ende des analogen Kleidungsstücks. Sie versteht Mode als Interface und vereint Design mit Wissen aus Robotik und Elektroingenieurwesen. In die Stoffe und mit 3D-Druck erzeugten Strukturen ihrer Entwürfe integriert Wipprecht Microchips und Sensoren. So entsteht „smarte Kleidung" – bislang meist einzelne konzeptionelle Prototypen –, welche wie eine intelligente zweite Haut agiert. Die mehrgelenkigen, beweglichen Arme am Kragen des *Spider Dress 2.0* (Spinnenkleid) beispielsweise registrieren, wie schnell sich jemand nähert, und strecken sich gegebenenfalls aus, um den persönlichen Bereich der Trägerin zu markieren. LH

Spider Dress 2.0, 2015

Francis Bitonti Studio Inc. *Molecule Shoe*, 2015. 3D-gedruckt mit Stratasys Connex 3D-Drucker, Software von Adobe, jeweils 23,5 × 24,1 × 10,2 cm; Foto © 2022 Museum of Fine Arts, Boston

FRANCIS BITONTI STUDIO – *MOLECULE SHOE*

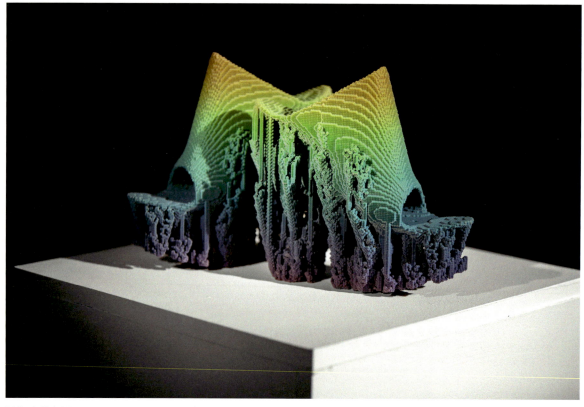

Molecule Shoe, 2015

Francis Bitontis *Molecule Shoe* ist eine im 3-D-Druck hergestellte Kollektion von gepixelten Plateauschuhen. Sie wurde mittels eines Algorithmus produziert, der zelluläre Formen aus der Natur imitiert. Bitonti verwendete dabei das mathematische Modell „Spiel des Lebens", das Zellstrukturen generiert. Mithilfe dieses Algorithmus konnte der Designer Schuhe in variierenden Farbverläufen „wachsen" lassen; jedes Paar hat eine etwas andere Form. Ist das digitale „Wachstum" abgeschlossen, werden die Schuhe Pixel für Pixel auf einem 3-D-Drucker von Stratasys angefertigt, wobei sich beim schichtweisen Ausdruck Fäden unterschiedlicher Farbe miteinander verweben. OP

Aggregate Architecture, 2015

Für das Projekt *Aggregate Architecture* am ICD der Universität Stuttgart untersuchten Wissenschaftler die Möglichkeiten von Aggregaten – großen Mengen von Elementen in losem Kontakt – für die Architektur. Auf der Grundlage natürlich vorkommender Granulate wie Sand und Kies entwickelten die Forscher eigene synthetische Granulatsysteme. Diese neuen Granulate bestehen je nach Bedarf für die geplante Struktur aus recyceltem Plastik von unterschiedlicher Körnigkeit. Beim Bau werden kleine Granulathaufen nach einem bestimmten Algorithmus von einem verkabelten Roboter an ihren Bestimmungsort gebracht. Ziel war es, ein System mit möglichst kleinen Granulaten zu entwickeln, sodass keine Lücken feststellbar sind. Da für die Konstruktion keinerlei Bindematrix erforderlich ist, wäre diese Bautechnik für temporäre Anwendungen und schnelle Neukonfigurationen ideal geeignet. EP

ICD STUTTGART – *AGGREGATE ARCHITECTURE*

Karola Dierichs, Achim Menges,
Institut für Computerbasiertes
Entwerfen, Universität Stuttgart.
ICD Aggregate Pavilion, 2015
© ICD, Universität Stuttgart

Douglas Coupland. *Slogans for the Twenty-First Century,* 2011 – fortlaufend. Pigmentdruck auf Aquarellpapier kaschiert auf Aluminiumplatte, 35 Stück, jeweils 55,4 × 43 cm
© Douglas Coupland, Courtesy Daniel Faria Gallery, Toronto

DOUGLAS COUPLAND – *SLOGANS FOR THE TWENTY-FIRST CENTURY*

Für sein fortlaufendes Kunstprojekt *Slogans for the Twenty-First Century* sammelt der kanadische Schriftsteller und Künstler Douglas Coupland Sprüche und Gedanken, mit denen er zu greifen versucht, was jetzt, im noch relativ jungen 21. Jahrhundert, grundlegend anders ist als im vergangenen 20. Jahrhundert. Dabei verwundert nicht, dass diese Sammlung vor allem mit dem Leben mit und inmitten von digitalen Medien zu tun hat, die uns in ebendieser Zeitspanne zur zweiten Natur geworden sind. „Maschinen reden hinter deinem Rücken über dich" oder „Du gehörst zur letzten Generation, die sterben wird" oder auch „offline = Einsamkeit" lauten die Slogans, die einem mal unheilvoll und verstörend, mal analytisch-soziologisch vorkommen. In Summe stellt die Sammlung eine Art Orakel für das digitale Zeitalter dar. TT

GETTING SHITFACED IN A DRIVERLESS CAR IS GOING TO BE AWESOME	THE UNANTICIPATED SIDE EFFECTS OF TECHNOLOGY DICTATE THE FUTURE	TECHNOLOGY FAVOURS HORRIBLE PEOPLE	MACHINES WILL MAKE BETTER CHOICES THAN HUMANS THEY REALLY WILL	KILLING PEOPLE WITH DRONES IS CHEATING	USE JETS WHILE YOU STILL CAN
FRIENDS DON'T UNFRIEND FRIENDS	UNCREATIVE PEOPLE USE THE WORD 'ROBOT' AS A TOOL TO FREAK YOU OUT	MACHINES ARE TALKING ABOUT YOU BEHIND YOUR BACK	WHAT IF THERE'S NO NEXT BIG THING?	HACK YOUR DRIVERLESS CARS TO DESTROY THE SPEED LIMIT	PEOPLE MAKE BAD CHOICES WHEN TECHNOLOGY CHANGES TOO QUICKLY
IT'S ALL HAPPENING WAY FASTER THAN WE THOUGHT	TALKING ABOUT ROBOTS MEANS YOU HATE CHILDREN AND NATURE	LOOKING BACKWARDS WON'T HELP THIS TIME	ROBOTS ATE YOUR JOB FOR BREAKFAST	ROBOTS PUSH YOUR CLASS BUTTONS	A LOT OF PEOPLE DON'T WANT PROGRESS
HEALTHY PEOPLE ARE BAD FOR CAPITALISM	MACHINES WILL MAKE BETTER CHOICES THAN HUMANS	EXCESS LEISURE TIME IS A DISASTER	ROBOTS DON'T BUY FURNITURE	YOU. ME. DRIVERLESS CAR. TONIGHT.	SCIENCE FICTION IS NOW JUST FICTION
DRONES AND ROBOTS ARE BEST FRIENDS	TECHNOLOGY IS THE ONLY REMAINING LINK TO ENLIGHTENMENT	PERMANENT REVOLUTION	OH... I SEE YOU'RE NOT USING A MAC...	ROBOTS YEARN TO DETHRONE YOU	MACHINES ARE TALKING ABOUT YOU BEHIND YOUR BACK
HOARD ANYTHING YOU CAN'T DOWNLOAD	IN THE FUTURE WE'LL ALL BE SHOPPING FROM JAIL	HONK IF YOU'RE DRIVING A DRIVERLESS CAR	DRONES YEARN TO SEE YOU NAKED	THE PAST IS NOW USELESS	WELCOME TO DETROIT THE WHOLE WORLD IS NOW DETROIT

Slogans for the Twenty-First Century, 2011 – fortlaufend

GLOSSAR

# #

3-D-Druck
Siehe Rapid Prototyping

A

Agent
Auch Software-Agent, siehe Bot

Akt(ua)tor
Ein Aktor oder auch Effektor ist ein Antriebselement, das Bewegungen auslöst – etwa die Greifbewegung einer Roboterhand, die Drehbewegung der Räder eines Staubsaugerroboters etc. Oft handelt es sich dabei um Motoren oder auch um Pneumatik- oder Hydraulikzylinder und andere Arten von Aktoren. Neben **Sensoren** und Rechnern gehören Aktoren zu den wesentlichen Bestandteilen eines Roboters.

Algorithmus
Unter einem Algorithmus versteht man eine Folge von Anweisungen, mit denen eine bestimmte Aufgabe gelöst werden kann. Sie funktionieren wie Kochrezepte – nimm dies, tu jenes damit –, bis eine bestimmte Bedingung erfüllt ist. Algorithmen finden sich überall im Alltag: In Software verwandelt finden sie die besten Strecken zur Navigation, Suchergebnisse oder Empfehlungen. Mittels Algorithmen werden auch Roboter mit verschiedensten Fähigkeiten ausgestattet.

Android
Siehe Humanoid

Augmented Reality
Augmented Reality (AR) oder Mixed Reality ist die mithilfe von Computern erweiterte Realitätswahrnehmung, häufig, aber nicht nur, durch visuelle Darstellungen. Hierbei werden Bilder oder Videos mit computergenerierten Zusatzinformationen oder virtuellen Objekten mittels Einblendung überlagert – im Unterschied zur **Virtual Reality,** die das Erleben gänzlich computergenerierter Umgebungen zum Ziel hat. Allgemein bekannte Beispiele für AR sind das digitale Einfügen von Abseitslinien bei Fußballübertragungen, verschiedene Layer in Landkarten oder Computerspiele in freiem Gelände.

Automat
Ein Automat (aus dem lat. *automatus,* d. h. „freiwillig, aus eigenem Antrieb handelnd") ist eine Maschine, die vordefinierte Abläufe selbsttätig, also „automatisch", ausführt. Wie ein Roboter arbeitet ein Automat eigenständig: durch einen Auslöseimpuls kann er einen mechanischen Prozess ohne menschliche Kraft ausführen (bspw. Getränkeautomat). Während jedoch der programmierbare Roboter den mechanischen Prozess adaptieren kann und für mehrere Aufgaben einsetzbar ist, wiederholt der Automat nur den vordefinierten Arbeitsvorgang.

Automatisierung
Automatisierung ist die Übertragung von Arbeit von Menschen auf **Automaten** mithilfe von technischem Fortschritt. Von den ersten Rechensteinen, frühen Wasser- und Windmühlen über den Einsatz von Motoren und entwickelter Mechanik (und schließlich Industrialisierung) bis hin zur Computertechnologie des 20. und 21. Jahrhunderts kann man von einem steigenden Automatisierungsgrad sprechen. Angesichts zunehmender Robotisierung und der daraus resultierenden Auswirkungen auf den Arbeitsmarkt wird heute sogar über Alternativen zur Erwerbsarbeit diskutiert wie etwa das bedingungslose Grundeinkommen.

B

Big Data
Der Begriff bezeichnet die großen, oft schnelllebigen und exponentiell wachsenden digitalen Datenmengen in unserer vernetzten Welt. Diese stammen aus Quellen wie Kundendatenbanken, digitaler Kommunikation, Navigationssystemen, sozialen Netzwerken, Suchmaschinen etc. Big Data steht ebenso für das Bestreben, diese Daten – zumeist wirtschaftlich oder geheimdienstlich – nutzbar zu machen. Ihre Erfassung und Analyse ist in der Markt- und Trendforschung, der Finanzwirtschaft, der Klimasimulation, der Technologieentwicklung und in vielen Bereichen alltäglich geworden. Da Big-Data-Anwendungen personenbezogene Daten verarbeiten, stehen sie immer wieder in Konflikt mit dem Datenschutz und dem Persönlichkeitsrecht.

Biohacking
Biohacking bezeichnet den Eingriff in biologische Prozesse durch Hobbybiologen; im Besonderen auch die Praxis einer Gruppe von Aktivisten, die mithilfe von frei verfügbarer Technik **transhumane** Veränderungen an sich oder anderen vornehmen. Um den menschlichen Körper mit Fähigkeiten auszustatten, die über seine natürlichen hinausgehen (Stichwort: Human Enhancement), werden z. B. Computerchip-Implantate selbst eingesetzt und Magneten, **Sensoren** oder Messgeräte unter der Haut platziert. Zudem wird auch mit Genmanipulation gearbeitet. Die begriffliche Grenze zwischen via Biohacking veränderten Körpern und dem **Cyborg** ist fließend. Momentan noch eine Nische, nehmen die Verbindungen zwischen Körpern und Technologien immer mehr zu.

Bionik
Der Begriff setzt sich aus den Wörtern „Biologie" und „Technik" zusammen und befasst sich mit der Übertragung von Phänomenen der Natur auf das Gebiet der Technik. Dabei liefern Strukturen und Prozesse, die in Millionen Jahren der Evolution erprobt und optimiert wurden, Ideen für innovative Anwendungen und Antworten auf technologische Fragestellungen. Dies reicht von Tierkörpern über Pflanzenwachstum bis hin zum Verhalten von Schleimpilzen.

Bot
Ein Bot (von „robot") bezeichnet einen teilautonomen Agenten in Computersystemen und dem Internet, der bestimmte Aufgaben erfüllen und in manchen Fällen auch lernen kann. Dazu gehören z. B. Chatbots, mit denen man sich unterhalten kann (historisch etwa Joseph Weizenbaums ELIZA, heute etwa im Kundenservice oder in Form von Apples Siri oder Amazons Alexa) oder Twitterbots, die selbstständig Tweets zu bestimmten Themen verfassen und für Werbe- oder politische Zwecke eingesetzt werden können. Einen Zusammenschluss von durch Viren oder Malware befallenen Rechnern oder **IoT**-Geräten bezeichnet man als Botnet. Botnets können umfassende Cyberattacken ausführen und durch z. B. DDoS-(Distributed Denial of Service)-Angriffe große Systeme wie Infrastrukturen (Strom, Telekommunikation) oder das gesamte Internet in einem Land zum Erliegen bringen.

Botnet
Siehe Bot

C

Chatbot
Siehe Bot

Cyberspace
Als Cyberspace (von „cybernetic space") wird mitunter die Gesamtheit des Internets bezeichnet. Im engeren Sinn aber ist der Cyberspace eine von Computerprogrammen geschaffene dreidimensionale, virtuelle Welt. Der vom Science-Fiction-Autor William Gibson geprägte Begriff setzt sich aus „Raum" („space") und einer Ableitung des Wortes „Kybernetik" („cyber") zusammen. Cyberspace kann sowohl eine auf dem Computerbildschirm repräsentierte Erlebnis-, Bedienungs- und Arbeitsumgebung bezeichnen als auch einen computergenerierten Raum, in den wir – wie in **Virtuelle Realität** – gänzlich eintauchen.

Cyborg
Die Abkürzung für „cybernetic organism" (kybernetischer Organismus) bezeichnet ein Mischwesen aus einem lebendigen Organismus, insbesondere dem menschlichen, und einer Maschine. Während sich Mensch-Maschinen mit übermenschlichen Fähigkeiten häufig in der Science-Fiction-Literatur finden, geht es in der praktischen Anwendung eher darum, den Körper mit künstlichen Elementen wie etwa High-Tech-Prothesen zu optimieren (siehe auch: **Biohacking**).

D

Deep Learning
Mit Deep Learning (dt.: tiefes Lernen) wird Maschinen ein bestimmtes, spezialisiertes Denken beigebracht. Es ist eine Form des maschinellen Lernens, die komplex ist, viel Rechenkapazität erfordert und sich an der Funktionsweise des menschlichen Gehirns orientiert. Mit künstlichen, mehrschichtigen (daher: tief) neuronalen Netzwerken werden parallel viele verschiedene Berechnungen durchgeführt. Roboter erhalten so etwa die Fähigkeit, Dinge auf Bildern zu erkennen – das selbstfahrende Auto kann z. B. Fußgänger ausmachen –, Sprache inklusive verschiedener Dialekte zu erkennen und zu verarbeiten und vieles mehr. Denken bzw. Intelligenz beschränkt sich hier auf sehr kleine Bereiche und ist keine allgemeine Intelligenz.

Design Fiction
Siehe Spekulatives Design

Drohne
Eine Drohne oder UAV („Unmanned Aerial Vehicle") ist ein unbemanntes Luftfahrzeug, das entweder durch einen eingebauten Computer oder per Fernsteuerung navigiert wird (voll- oder teilautonom). Drohnen – deren Abmessungen von der wenige Zentimeter großen Mikrodrohne bis zur Größe eines Verkehrsflugzeugs reichen – werden für militärische, geheimdienstliche, zivile und kommerzielle oder auch wissenschaftliche Zwecke genutzt. Sie sind als Träger von Waffen und Messgeräten sowie als Lieferanten von Gütern auch in unwegsame oder Krisengebiete im Einsatz und werden zur Erkundung, Begutachtung und Dokumentation verwendet.

Exoskelett
Siehe Prothetik

H

Humanoid

Ein humanoider Roboter ist ein Roboter, dessen Gestalt sich grundlegend an der des Menschen orientiert, der also anthropomorph ist. Obwohl er nicht unbedingt wie ein echter Mensch erscheinen muss, hat er in der Regel einen Torso, Extremitäten und einen Kopf. Dies kann technisch-funktionale Gründe haben, etwa, wenn der Roboter mit menschlichen Werkzeugen umgehen soll, oder auch soziale, wenn es um Interaktion mit Menschen geht. Ein **Android** hingegen – obwohl oft synonym gebraucht – ist ein Roboter, der dem Menschen so weit als möglich ähnlich sehen soll. Wird er einer Frau nachempfunden, so ist auch von einem Gynoid die Rede.

I

Industrie 4.0

Das Schlagwort steht für die gegenwärtigen Umwälzungen im industriellen Umfeld durch vernetzte Informations- und Kommunikationstechnologien. Nach der Mechanisierung ab dem späten 18. Jahrhundert, der folgenden Elektrifizierung und Massenproduktion durch Fließbänder über die **Automatisierung** mit **Industrierobotern** im 20. Jahrhundert (3. Industrielle Revolution) ist heute die Ära der digitalen Vernetzung erreicht, die auch als Vierte Industrielle Revolution bezeichnet wird. Zurückgehend auf ein Strategiepapier der deutschen Bundesregierung zur Förderung der Computerisierung der Produktion hat sich hierfür auch die Bezeichnung „Industrie 4.0" verbreitet. Maschinen, Roboter, Menschen, Logistik und Produkte sollen nun direkt miteinander kommunizieren und kooperieren, was zu einer weitgehend selbstorganisierten Produktion führen soll, zur „Smart Factory".

Industrieroboter

Siehe Automatisierung

Interaction Design

Interaction Design gestaltet die Schnittstellen zwischen Mensch und Maschine. Als unsere Kommunikationsumgebungen insbesondere durch grafische Bedienoberflächen immer komplexer wurden, rief man Ende der 80er-Jahre eine darauf spezialisierte Designdisziplin ins Leben. Beim Interaction Design geht es um benutzerzentrierte Gestaltung und eine optimierte „User Experience" (Benutzererfahrung) – ob bei der Gestaltung eines Handydisplays, der Interaktion mit einem Sprachlernroboter oder beim Gestalten der Abläufe einer Dienstleistung. Angesichts unserer immer „intelligenteren" Umwelt kommt Interaction Design wachsende Bedeutung zu.

Interface

Das Interface (dt.: Schnittstelle) ist jener Teil eines Systems, welcher der Kommunikation dient. In Bezug auf die Mensch-Maschine-Kommunikation ermöglicht das Interface die Interaktion des Menschen mit dem Gerät. Diese kann mithilfe eines Schalters oder der grafischen Benutzeroberfläche des Computers erfolgen oder, in Bezug auf die Interaktion mit Robotern, auch über deren Mimik, die Sprechfunktion oder den Greifarm, mit dem uns der Roboter in der Fabrik zur Hand geht.

Internet of Things

Das Internet of Things (IoT) oder Internet der Dinge ist die wachsende Menge digital vernetzter Geräte, Fahrzeuge, Gebäude und anderer Gegenstände und damit, so die Definition, die physische Infrastruktur der Informationsgesellschaft. Mit miniaturisierten Computern bestückt und mit **Sensoren** und **Aktoren** ausgestattet, sollen diese miteinander vernetzten Objekte immer stärker unseren Alltag begleiten und uns – auch unbewusst – unterstützen. Bestehende Beispiele sind **Smart-Home-**Anwendungen oder z. B. der Drucker, der bei geringem Tintenfüllstand die Online-Bestellung von Tinte initiiert. Immer wieder werden große Sicherheitsrisiken im IoT bekannt, da viele Geräte nicht ausreichend geschützt sind und so für Botnet-Attacken missbraucht werden können.

K

Künstliche Intelligenz

Von Künstlicher Intelligenz (KI oder AI für artificial intelligence) spricht man, wenn sich Maschinen, ähnlich dem Menschen, intelligent verhalten, also logisch denken, wissen, planen, lernen, Sprache verarbeiten und wahrnehmen. In jüngerer Zeit spielen auch soziale Intelligenz und Kreativität eine Rolle. Als transdisziplinäres Forschungsfeld – aus Informatik, Mathematik, Psychologie, Linguistik, Neurowissenschaften u. a. – versucht die KI, menschliche Intelligenz so detailliert zu beschreiben, dass man sie formalisieren und mit Computerprogrammen simulieren kann. Andere Ansätze versuchen, die Informationsarchitektur des Gehirns mithilfe neuronaler Netzwerke zu analysieren und nachzubauen. Ein großes Hindernis dabei ist, dass wir nicht wissen, wie menschliche Intelligenz wirklich funktioniert.

M

Mechatronik
Siehe Robotik

P

Prosumer

(dt.: Prosument) ist eine vom Futurologen Alvin Toffler bereits in den 80er-Jahren eingeführte Wortzusammensetzung aus „Produzent" und „Konsument". Sie bezeichnet eine Person, die Produkte oder eine Dienstleistung sowohl erzeugt als auch verbraucht. Besondere Bedeutung kommt dem Begriff heute im Kontext des User-Generated-Content im Internet und in sozialen Netzwerken zu: Im Web 2.0 werden Inhalte von denselben Personen generiert, die sie auch konsumieren. Mit der freien Verfügbarkeit von **3D-Druckern** und Robotern sowie Open-Source-Bauanleitungen wird auch die Produktion vielfältiger Güter durch Prosumenten möglich.

Prothetik

Die Prothetik ist die Wissenschaft, die sich mit der Entwicklung von Prothesen, d. h. künstlichem Ersatz für verlorene Organe und Körperteile, oder Erweiterungen, befasst. Als eine Disziplin, die sich von jeher mit **Bionik** und Mechanik, später auch Elektronik befasst, ist sie für die Robotik von hoher Relevanz. High-Tech-Prothesen sind z. B. mittlerweile in der Lage, wichtige Funktionen der komplexen menschlichen Hand auszuführen. Denkt man über den Menschen als Richtmaß für das Leistungsspektrum von Prothesen hinaus, so sind auch Anwendungen mit nicht- oder übermenschlichen Fähigkeiten denkbar (siehe **Cyborg, Biohacking**). Leichtathleten mit Beinprothesen etwa sind heute schon schneller als Sportler, die auf ihren eigenen Beinen laufen.

R

Rapid Prototyping
(dt.: schneller Modellbau) bezeichnet Verfahren zur schnellen Herstellung von Musterbauteilen. Hierbei werden CAD-Daten (CAD = rechnergestütztes Konstruieren) schnell und ohne den Umweg manueller Arbeit umgesetzt. Beim Rapid Prototyping, das auch Rapid Manufacturing sein kann (es werden dann nicht Modelle, sondern spezielle Fertigteile hergestellt), kommen in der Regel Urformverfahren zum Einsatz, bei denen das Werkstück aus formlosem Material schichtweise aufgebaut wird, so etwa im **3D-Druck**.

Robotik
Die Robotik ist die wissenschaftliche Disziplin, die sich mit der Entwicklung von Robotern beschäftigt. Sie bedient sich hierfür Teilgebiete anderer Disziplinen, etwa der Mechanik, Elektrotechnik und Informatik. Inzwischen hat sich aus der Verbindung Letzterer die Mechatronik herausgebildet, die für die Robotik besondere Bedeutung hat. Für die Entwicklung immer autonomerer Systeme werden auch immer mehr Disziplinen eingebunden, wie Neuroinformatik und **Bionik**. Der Begriff „Robotik" wurde erstmals 1942 von dem Biochemiker und Science-Fiction-Autor Issac Asimov in seiner Kurzgeschichte *Runaround* verwendet, in der er mit seinen „Drei Gesetzen der Robotik" auch ethische Standards für das Fachgebiet etablierte.

S

Selbstfahrende Kraftfahrzeuge
Ein selbstfahrendes Kraftfahrzeug ist ein Auto oder Fahrzeug, das ohne Zutun eines menschlichen Fahrers reibungslos am Verkehr teilnehmen kann. Vollautonome Modelle mit entsprechender **Sensorik** und Steuerung werden auch als Roboterautos bezeichnet. Selbstfahrende Kraftfahrzeuge gibt es zwar derzeit nur als Prototypen, es arbeiten aber mehrere IT- und Automobilunternehmen an deren Serienreife. Ethische Fragen und Kontrollprobleme sind noch zu lösen: Wer haftet bei Unfällen? Welche Entscheidungen trifft die Steuerung – töte ich im Ernstfall den Fahrer oder den Fußgänger? Kann das Fahrzeug gehackt und fremdgesteuert werden?

Sensor
Ein Sensor (von lat. *sentire,* dt.: fühlen) ist ein technisches Bauteil, das bestimmte physikalische oder chemische Eigenschaften in seiner Umgebung registrieren kann und in ein elektrisches Signal umwandelt. Sensoren spielen in automatisierten Prozessen und in der Robotik als Signalgeber eine bedeutende Rolle: Sie erfassen Werte, die dann in einer Steuerung verarbeitet werden, die wiederum weitere Schritte, Reaktionen auslöst. Ein Roboter kann dann „intelligent" reagieren: Wenn er z. B. per Ultraschall-Sensor eine Wand vor sich wahrnimmt, ändert er seine Bewegungsrichtung. Sensoren finden sich überall in unserer Umwelt, von der Klospülung bis hin zum Rauch- oder Bewegungsmelder.

Singularität
Die Singularität wurde als Bezeichnung für ein Ereignis in der technologischen Evolution seit den 1950er-Jahren von vielen einflussreichen Denkern (John von Neumann, Hans Moravec, Ray Kurzweil) verwendet. Dieses Ereignis markiert den Zeitpunkt, an dem Technologie den Menschen ein- und anschließend überholt, sowohl auf körperlicher als auch geistiger Ebene. Die Theorie der Singularität ist eng verbunden mit **künstlicher Intelligenz** und dem **Transhumanismus.** Es schließen sich sowohl utopische als auch dystopische Szenarien daran an.

Smart City
Mit diesem Begriff bezeichnet man seit den 2000er-Jahren Stadtentwicklungskonzepte, die Städte technologisch fortschrittlicher, nachhaltiger, effizienter und inklusiver machen sollen. Es geht hierbei um technische, wirtschaftliche wie auch gesellschaftliche Innovation, wobei die Nutzbarmachung digitaler Technologien und von Vernetzung eine zentrale Rolle spielen: etwa bei der Planung energieeffizienter, emissionsarmer Mobilität, bei der Einführung einer regionalen Kreislaufwirtschaft mit minimalen Transportwegen oder wenn es zum Beispiel darum geht, Partizipation, eine Sharing-Kultur und generell E-Democracy zu stärken.

Smart Device
Smart Devices oder *smart, connected products* sind mit Computern, **Sensoren,** Software und Netzverbindung ausgestattete Geräte oder Produkte. Damit können sie mit ihrer Umgebung, mit anderen Geräten, Benutzern, Herstellern etc. Informationen austauschen, oft auch außerhalb des physischen Geräts über eine Cloud. In ihrer Gesamtheit ergeben sie das **Internet of Things** bzw. spielen eine Rolle im **Ubiquitous Computing.** Beispiele für ein Smart Device sind etwa das Smartphone, der autonome Staubsaugerroboter oder Anwendungen des Smart Home, bei denen Haushaltsgeräte und Haustechnik miteinander vernetzt und automatisiert sind und die von jedem beliebigen Ort aus gesteuert / programmiert werden können.

Smart Home
Siehe Smart Device

Social Robot
Die soziale Robotik entwickelt autonome, oft **humanoid** wirkende Maschinen, die gesellschaftliche Regeln befolgen, soziale und emotionale Verhaltensweisen zeigen und mit Menschen interagieren können. Die große Herausforderung der noch jungen Teildisziplin der **Robotik** besteht darin, dass der Roboter menschliches Verhalten richtig interpretieren und gemäß seiner zugeschriebenen Rolle adäquat darauf reagieren muss. Künstliche soziale Intelligenz ist in der Praxis in vielen Einsatzbereichen denkbar: im Service, in der Betreuung und Pflege oder auch im Kontext der **Industrie 4.0,** wo ein enges Miteinander von Mensch und Maschine gefragt ist.

Spekulatives Design
Im Sinne angewandter Produktinnovation nimmt diese Praxis und Strategie wünschenswerte Zukunftsszenarien vorweg; allgemeiner ist spekulatives Design eine Art der Designforschung und Strategie für die Auseinandersetzung mit Phänomenen und Themen, die auf experimentelle Weise schwer erfahrbar bzw. denkbar sind. So regt sie die Vorstellungskraft an und führt mögliche Innovationsprozesse zwischen Gesellschaft und Technologie vor Augen. Eingeführt wurde der Begriff von den britischen Designern Anthony Dunne und Fiona Raby als Erweiterung des ebenfalls von ihnen geprägten Critical Design.

T

Transhumanismus
(Zusammensetzung aus *trans,* „jenseits", „über ... hinaus" und *humanus,* „menschlich") ist eine Denkrichtung, die den Menschen und seine Möglichkeiten mit technischen Mitteln erweitern will. Transhumanisten sehen auch den Körper als zu technologischem Fortschritt verpflichtet an. Mit Gentechnik, Gehirn-Computer-Schnittstellen, High-Tech-**Prothesen** und der Entwicklung von Superintelligenz soll der Mensch seine Lebensqualität verbessern. Verwandte Denkweisen finden sich in der **Biohacking-**Community und in der Figur des **Cyborg.** Historisch gesehen könnte man auch Holzbein und Brille zum Transhumanismus zählen.

Twitterbot
Siehe Bot

U

UAV – Unmanned Aerial Vehicle
Siehe Drohne

Ubiquitous Computing
(dt.: allgegenwärtiges Rechnen oder Rechnerallgegenwart) bezeichnet den Trend, nach dem der PC an Bedeutung verliert zugunsten mobiler und in verschiedenste Geräte eingebetteter, vernetzter Rechner. Nach der ersten Ära der großen Mainframe-Computer und der zweiten Ära des PC – jedem Menschen sein Computer –, spricht man vom Ubiquitous Computing nun als dritte Ära: Viele Gegenstände und Endgeräte in der Umgebung des Menschen bilden nun ein Netzwerk (siehe auch **Internet of Things**). In sie eingebettet sind kleine und mobile, vernetzte Computer, oftmals **Sensoren** und **Effektoren.** Der Begriff *Ubiquitous Robotics* wird nahezu synonym gebraucht.

Uncanny Valley
(dt.: „unheimliches Tal") oder Akzeptanzlücke nennt man einen Effekt in der Akzeptanz künstlicher Figuren durch Personen. Der japanische Robotiker Masahiro Mori beschrieb 1970 diesen Effekt, der besagt, dass Menschen Roboter weniger akzeptieren, wenn ihnen diese sehr ähnlich sind, dass sie also abstrakte, völlig künstliche Figuren anziehender und akzeptabler fänden. Erst, wenn die Imitation perfekt sei, steige die Akzeptanz wieder. Abbildung siehe S. 32

V

Virtual Reality
(VR) ist die Wahrnehmung der Wirklichkeit in einer computergenerierten, virtuellen Umgebung in Echtzeit. Dabei ist das Ziel zumeist die Immersion, also die komplette Einbettung des Benutzers in die virtuelle Welt, wodurch sich die Wahrnehmung der eigenen Person in der realen Welt vermindert – im Gegensatz zur **Augmented Reality,** welche die reine mit der virtuellen Realität vermischt bzw. überblendet. Anwendungen von VR sind etwa Flugsimulatoren in der Pilotenausbildung, Visualisierungen in der Architektur und Geologie und in der Unterhaltungselektronik, vor allem in Videospielen. In den letzten Jahren erlebt die VR ihren eigentlichen Aufschwung: Oculus Rift und andere Geräte erschließen mit einfachen Mitteln und großer Rechenkraft neue Anwendungsgebiete von Spielen und Filmen bis hin zu Designprozessen.

BIOGRAFIEN

5VOLTCORE

2003 gründeten Emanuel Andel (*1979 in Wien, Österreich) und Christian Gützer (*1977 in Waidhofen / Ybbs, Österreich) während des Studiums an der Universität für angewandte Kunst in Wien das Künstlerkollektiv 5VOLTCORE. Die mittlerweile wieder aufgelöste Gruppe entwickelte diverse Medienkunstinstallationen und -performances. 2005 gewann 5VOLTCORE für *Shockbot Corejulio,* einen sich selbst hackenden Computer mit Roboterarm, der sich anschließend selbst zerstört, den Transmediale Award. 2007 entwickelten Andel und Gützer den *knife.hand.chop.bot,* der für den Transmediale Award 2008 nominiert wurde.

ABB

Die ABB Group ist ein international führendes Technologieunternehmen in den Bereichen Elektrifizierung, Industrieautomation und Antriebe, Prozessautomatisierung und Energietechnik mit Sitz in Zürich, Schweiz. Ihre Produkte und Dienstleistungen verkauft ABB weltweit an Kunden in der Energieversorgung und der Industrie sowie im Transport- und Infrastrukturbereich. In der gegenwärtigen Form besteht das Unternehmen seit 1988, als zwei Elektrotechnikhersteller fusionierten, die als Pioniere in diesem Bereich gelten: die schwedische ASEA und die schweizerische BBC. Laut eigenen Angaben beschäftigte die Gruppe 2021 weltweit 104.400 Mitarbeiter und erzielte einen Umsatz von rund 29 Mrd. USD. Mit mehr als 70 Millionen vernetzten Geräten (Stand 2016) und über 35.000 weltweit installierten Prozessleitsystemen steht ABB an der Spitze sowohl der Energie- als auch der Vierten Industriellen Revolution. Das Unternehmen bietet Lösungen für die gesamte Wertschöpfungskette der Stromerzeugung, Stromübertragung und -verteilung. Das Portfolio umfasst außerdem Industrieroboter, elektrische Motoren und Antriebe, Navigationssysteme für Schiffe, Turbolader und Power Grids. ABB führt weltweit das breiteste Angebot an Robotern, in aller Welt hat das Unternehmen mehr als 500.000 Geräte installiert.

AKA Intelligence

Gegründet 2013 in Wilmington, Delaware, USA. Das Unternehmen entwickelt künstliche Intelligenz (KI), die zum Ziel hat, die Kommunikation zwischen Objekten und die zwischen Menschen und Objekten zu verbessern. AKA führt dabei KI und Big Data zusammen und entwickelt Kommunikationswerkzeuge wie Sprache, Schrift, Gesichtsausdruck und Gestik, mit denen etwa Lernrobotern entsprechende Fähigkeiten erhalten.

Woody Allen

(*1935 als Allan Stewart Konigsberg in New York, USA) ist ein US-amerikanischer Komiker, Filmregisseur, Autor, Schauspieler und Jazzmusiker. Nach Anfängen als Kolumnist und Stand-up-Comedian produzierte er seit Mitte der 1960er-Jahre mehr als 50 Filme als Drehbuchautor und Regisseur und schrieb Erzählungen und Theaterstücke. Für seine Filme – zumeist Komödien, nicht selten mit dem für Allen typischen dunklen Unterton und satirischen Zügen – erhielt er vier Oscars und 24 Nominierungen. Mit jährlich einem Film seit fast 40 Jahren gehört Allen zu den produktivsten Regisseuren überhaupt.

Aktion Mensch e. V. und Jan Hinrik Drevs

Seit 1964 setzt sich die Sozialorganisation Aktion Mensch e. V. (Sitz in Mainz, Deutschland), finanziert durch Lotterieeinnahmen, für Inklusion ein. Den Kampagnenfilm *Die neue Nähe* hat in ihrem Auftrag der Dokumentar-, Spielfilm- und Werbefilmer Jan Hinrik Drevs gemacht, der seit 1998 als freier Autor und Regisseur vorwiegend für Fernsehen und Kino dreht. Für den Film arbeitete er mit einem Team gecasteter Interessierter. Keiner der Darsteller im Film ist professioneller Schauspieler.

Amazon

Der US-amerikanische, börsennotierte Online-Versandhändler und -Dienstleister wurde 1995 von Jeff Bezos (*1964, Albuquerque, New Mexico, USA) als Online-Buchhandlung gegründet. Das heute in vielen Bereichen marktführende Unternehmen mit Sitz in Seattle hat seine Geschäftsfelder auf praktisch alle Warengruppen ausgedehnt, vertreibt unter eigener Marke elektronische Geräte wie e-Reader und Spracherkennungssysteme, betreibt Plattformen für Musik- und Video-Downloads, Bezahldienste und vieles mehr. Der weltumspannende Konzern steht immer wieder in der Kritik, u. a. wegen Marktmissbrauchs, Steuervermeidung und der Ausbeutung seiner Mitarbeiter.

Archigram

Avantgardistische Architektengruppe, die von 1961 bis 1974 in London aktiv war und ein gleichnamiges Magazin herausgab. Sie verstanden sich als neofuturistisch und konsumentenorientiert und entwarfen fiktive Projekte, die wegweisend für eine zukünftige, stark technisierte Realität sein sollten. Mitglieder waren Ron Herron (*1930 in London, †1994 in Woodford, London), Warren Chalk, David Greene, Dennis Crompton, Peter Cook und Michael Webb.

BIOGRAFIEN

Isaac Asimov
(*1920 in Petrovitschi, Russland, †1992 in New York, USA) war ein amerikanischer Wissenschaftler, Professor der Biochemie an der Universität Boston und ein überaus produktiver Schriftsteller. Bekannt wurde er in erster Linie durch Science-Fiction und populärwissenschaftliche Schriften, er betätigte sich jedoch in zahlreichen Genres. Zu seinem Œuvre gehören wegweisende Science-Fiction-Werke wie *Ich, der Roboter* und der *Foundation*-Zyklus. Als mehrfacher Preisträger des Hugo und des Nebula Award galt Asimov schon zu Lebzeiten als einer der besten Science-Fiction-Autoren.

asmbld.
Robotik-Start-up, das 2014 von Petr und Fed Novikov in Brooklyn, New York, gegründet wurde und 2017 in der Airbnb-Tochter Samara aufging. Das Unternehmen war auf die Automatisierung der Bauwirtschaft unter Verwendung von Robotik und neuen Technologien spezialisiert und arbeitete dabei mit Bau- und Immobilienfirmen zusammen. Ebenso wie in der Produktionsindustrie, so das Credo, habe Robotertechnologie im Baugewerbe ein massives Potenzial, durch Schnelligkeit und erhöhte Sicherheit Kosten zu senken.

automato.farm
Studio für Designfoschung mit Sitz in Schanghai, 2015 von Simone Rebaudengo, Matthieu Cherubini und Saurabh Datta gegründet. Mit einem fachlichen Hintergrund in Informatik, Produktdesign und Elektrotechnik baut automato.farm Prototypen und Installationen, unternimmt Designforschung und untersucht, mitunter auch auf spekulative Art und Weise, die Auswirkungen neuer Technologien auf unseren Alltag.

Bandai
ist der führende Spielwarenproduzent Japans und der viertgrößte Spielzeughersteller der Welt. Gegründet 1950 in Tokio (Japan), stellt die Firma außerdem Videospiele, Animes, Tokusatsu-Programme und Modellbausätze aus Plastik her. 2005 fusionierte sie mit Namco, einem Hersteller von Video- und anderen Automatenspielen für Spielhallen und Vergnügungsparks, und gehört seither zur Bandai Namco Group. Seit der Umstrukturierung der Gruppe im Jahr 2006 steht Bandai an der Spitze des strategischen Geschäftsbereichs Spiel und Freizeit und ist Inhaber zahlreicher wichtiger Spiellizenzen in Japan.

Philip Beesley
(*1956 in Westcliff-on-Sea, GB) ist ein kanadischer Architekt und bildender Künstler. Neben seiner Professur für Architektur an der Universität von Waterloo hat er eine Professur für Digitales Design, Architektur und Urbanistik an der European Graduate School inne. Er forscht zur Einbettung von Interaktivität im Raum. Seit 2001 kreiert er auf dem noch jungen Gebiet der digitalen Produktion und intelligenter Materialien interaktive Räume, in denen Anwender mit reaktions- und entwicklungsfähigen Umgebungen in Beziehung treten. Bekannt ist er vor allem für seine Roboter-Regenwälder: dschungelartige Umgebungen mit Roboterelementen, die aufeinander reagieren. Seine Arbeiten waren bereits in zahlreichen Museen und auf Biennalen zu sehen, beispielsweise auf der Architekturbiennale 2010 in Venedig.

Bruno Bianchi
(*1955 in Tours, Frankreich, †2011 in Paris) war ein französischer Karikaturist und Animator. 1977 schloss er sich der Animationsabteilung von DiC Entertainment an, wo er als Produzent, Künstler, Animator, Film- und Fernsehregisseur sowie als Autor arbeitete. Er ist vor allem für *Inspector Gadget* bekannt, eine Kultzeichentrickserie, die er zusammen mit dem ehemaligen Vorstandschef und CEO von DiC, Andy Heyward, *1949 in New York (USA), und dem Gründer von DiC, Jean Chalopin, *1950 in Tours (Frankreich), in den 1980er-Jahren entwickelte. Bianchi war der maßgebliche Figurenzeichner und leitende Regisseur der Fernsehserie, die zwischen 1983 und 1986 in zwei Staffeln ausgestrahlt wurde. In der Folge wurde sie mehrfach wiederholt und es entstanden Ableger in Form einer Comicheftserie und eines Walt-Disney-Films aus dem Jahr 1999.

Wafaa Bilal
(*1966 in Najaf, Irak) ist ein irakischstämmiger Künstler und Universitätsprofessor. Er ist für seine öffentlichen Performances und technologiebasierten interaktiven Arbeiten bekannt. Bilal verfolgt einen äußerst politischen Ansatz, sein Ziel ist es, Diskussionen über internationale gewaltsame Konflikte anzustoßen. Seine Arbeiten sind davon geprägt, dass er nach dem ersten Golfkrieg aus dem Irak fliehen musste. Nach zwei Jahren in einem Flüchtlingslager erhielt er Asyl in den USA. Derzeit unterrichtet er an der Tisch School of the Arts der New York University.

Studio Bitonti
Gegründet im Jahr 2012 vom Designer Francis Bitonti (*1983, New York State, USA) widmet sich das Studio mit Sitz in New York City der praktischen Anwendung von digitalem Design und computergestützten Produktionsverfahren. Es nutzt hochmoderne Techniken zur Herstellung komplexer Gegenstände, verzichtet gänzlich auf menschliche Handarbeit und will so die Logik der traditionellen Massenproduktion verändern. Bekannt wurde das Studio dank eines Kleides für Dita von Teese, das im 3D-Druckverfahren hergestellt war.

Otto Bock Healthcare
Im Jahr 1919 gründete der aus Thüringen stammende Unternehmer und Prothetiker Otto Bock die Orthopädische Industrie GmbH und begegnete damit dem nach Ende des Ersten Weltkrieges stark gestiegenen Bedarf an Prothesen und orthopädischen Produkten. Bereits früh experimentierte das Unternehmen mit innovativen Materialien, wie Anfang der 1930er-Jahre beispielsweise Aluminium, und setzt bis heute unter Einbeziehung modernster Technik und innovativen Designs weltweit Standards in der Prothetik.

Bureau d'études
Gegründet 1998 von Léonore Bonaccini and Xavier Fourt. In den letzten Jahren produzierten sie Kartografien der derzeitigen politischen, sozialen und ökonomischen Verhältnisse. Diese visuellen Analysen des transnationalen Kapitalismus stützen sich auf umfangreiche Recherchen und werden als großformatige Schautafeln präsentiert. Sie machen bislang Unsichtbares sichtbar und setzen scheinbar Unzusammenhängendes auf erhellende Weise miteinander in Beziehung.

Julius Ingemann Breitenstein
(*1995 in Kopenhagen, Dänemark) wuchs in London auf, wo er Produktdesign am Central Saint Martins College studierte. Seinen Bachelorabschluss erhielt er 2016. Vor seiner Anstellung als Design Lead bei der Firma Teton.ai, einem Start-up im Bereich Gesundheitswesen, arbeitete er als freier Designer. Seine Arbeit in diesem Bereich beschrieb er als „die Harmonisierung von Machine Learning mit User Experience und Produktdesign." Sein Augenmerk lag dabei vor allem auf der Effizienz von Designprozessen (sich von „Wunsch-Pfaden" leiten und inspirieren lassen). Dabei hinterfragte er die Idee von Algorithmen in der Gestaltung und plädierte dafür, dass Designer maschinengenerierte Ergebnisse lediglich als Ausgangspunkt für ihre eigene Arbeit sehen sollten. Breitenstein lebt und arbeitet in Kopenhagen.

Björk Guðmundsdóttir
(*1965, Reykjavík, Island) ist eine isländische Sängerin, Komponistin, Musikproduzentin und Schauspielerin. In ihrem Schaffen spiegelt sich sowohl ihr Interesse an vielfältigsten Musikstilen wider – von der Popmusik über elektronische Musik und Trip-Hop bis hin zu Alternative Rock, Jazz und Folk – als auch ihre Lust an Verkleidung, Verwandlung und Performance. Sie hat weltweit über 20 Millionen Alben verkauft.

Sander Burger
(*1975, Elfenbeinküste) ist ein niederländischer Regisseur und Dokumentarfilmemacher. Er studierte Regie an der Niederländischen Akademie für Film und Fernsehen und hat bereits zahlreiche Kurzfilme, Kurzdokumentationen und Fernsehbeiträge produziert. Sein Film *Hunting & Zn.* wurde 2010 zweimal für das Goldene Kalb, den renommiertesten niederländischen Filmpreis, nominiert; sein Kurzfilm *Ik ben Alice* hatte auf dem Internationalen Filmfestival Rotterdam 2015 Premiere.

Edward Burtynsky
(*1955, St. Catharines, Kanada) ist ein kanadischer Fotokünstler, der vor allem mit großformatigen Fotografien von Industrielandschaften bekannt wurde, die er seit den 1980er-Jahren produziert. Schon als Kind entwickelte er mit seinem Vater in der heimischen Dunkelkammer Schwarz-Weiß-Filme, später schloss er auch ein Studium der Grafischen Künste und der Fotografie ab. Der heute international renommierte Fotograf erhielt mehrere Ehrendoktortitel und gewann 2022 die Auszeichnung Outstanding Contribution to Photography der Sony World Photography Awards.

James Cameron
(*1954 in Kapuskasing, Ontario, Kanada) ist ein insbesondere auf Action- und Science-Fiction-Filme spezialisierter Regisseur, Produzent und Drehbuchautor. Berühmt gemacht haben ihn vor allem populäre Blockbuster-Filme wie *Alien, Terminator* oder *Avatar*.

BIOGRAFIEN

Zackary Canepari und Drea Cooper

Der Fotograf Zackary Canepari (*1979, Boston, Massachusetts, USA) und der Filmemacher Drea Cooper (*1977, Honolulu, Hawaii, USA) arbeiten seit 2009 als Team zusammen. Vom *Filmmaker Magazine* auf der Liste der „Top 25 New Filmmakers to Watch" gehandelt, drehen sie meist Serien einzelner, kurzer Dokumentarfilme. Die 2015 für die *New York Times* fertiggestellte Serie unter dem Titel *ROBOTICA* enthält neben *The Family Dog* auch Episoden zu bombenentschärfenden Robotern des US-amerikanischen Militärs oder Sex-Robotern.

Gonçalo F. Cardoso und Ruben Pater

Gonçalo F. Cardoso (*1979 in Lissabon, Portugal) ist ein in London lebender DJ und Klangkünstler aus Portugal. Er initiierte die Internetplattform Discrepant.net, auf der gleich gesinnte Künstler, die wie er „das (un)populäre Musikgut dekonstruieren, verzerren und neu zusammenfügen" wollen, ihre Musik veröffentlichen können. Ruben Pater (*1977, Gouda, Niederlande) ist ein Designer und Forscher aus Amsterdam, der Grafikdesign studiert hat und über Erfahrungen im Liquid Journalism verfügt. Sein Designprojekt *Untold Stories* ist ein höchst politisches Unterfangen.

Dan K Chen

(*1982, Tainan, Taiwan) ist Designer und Ingenieur und arbeitet seit Jahren an den Schnittstellen von Robotik, Kommunikationsdesign, Interaktionsdesign und Produktdesign. Er studierte u. a. am renommierten MIT (Massachusetts Institute of Technology, Boston, USA) und untersucht und evaluiert heute die aktuellen Formen der Kommunikation wie auch menschlicher Erfahrung angesichts neuer, vernetzter und robotisierter Kommunikationsumgebungen – auf durchaus kritische Art und Weise. Dan K Chen ist für Oculus VR, ein Tochterunternehmen von Meta, tätig.

Citroën und Euro RSCG

Citroën (gegründet 1919) ist ein führender französischer Autohersteller. Für die Markteinführung des Kleinwagens C4 stellte die Firma ein multidisziplinäres Team von Mitarbeitern zusammen. Man betraute die Werbeagentur Euro RSCG London (die 2012 in Havas Worldwide London umbenannt wurde) mit der Leitung einer bunt zusammengewürfelten Truppe, zu der auch der Regisseur und Computeranimationsexperte Neill Blomkamp (bekannt durch den erfolgreichen Science-Fiction-Film *District 9*) sowie der Starchoreograf Marty Kudelka gehörten.

Carnegie Mellon University

Die Carnegie Mellon University (CMU) in Pittsburgh (Pennsylvania, USA) ist eine der renommiertesten Forschungseinrichtungen der USA. Vor allem im Bereich der Informatik und Robotik ist die Universität weltweit führend. Unter anderem wurde der Militärroboter Dragon Runner am National Robotics Engineering Center am Institut für Robotik entwickelt, in Zusammenarbeit mit dem US Marine Corps Warfighting Lab. Das Forschungsprojekt leitete der ehemalige Direktor des Hazardous Environments Robotics Lab an der CMU, Prof. Hagen Schempf. Der Professor war einer der Roboteringenieure im Team für die Entdeckung der *Titanic* und der *Bismarck*. Die späteren Muster des Dragon Runners wurden von Schempfs Start-up-Unternehmen Automatika Inc. entwickelt. Heute wird der Roboter von QinetiQ in Nordamerika vertrieben.

Arthur C. Clarke Center for Human Imagination

Das Arthur C. Clarke Center for Human Imagination wurde 2012 an der Universität Kalifornien in San Diego mithilfe von Zuschüssen der Arthur C. Clarke Stiftung gegründet. Das Clarke Center stand bis 2019 unter der Leitung des amerikanischen Medienkünstlers Sheldon Brown. Im Sommer 2016 entwickelte Brown zusammen mit den Autoren Bruce Sterling und Jasmina Tešanović die Installation *My Elegant Robot Freedom* für die Ausstellung *Hello, Robot*. Weiters haben Amanda Bergman, Lyndsay Bloom, Wes Hawkins, Erik Hill, Jon Paden, Pepe Rojo, Rosanna Viirre, Aleksander Viirre, Ash Smith and Nathan Wade an dem Projekt mitgewirkt.

Karel Čapek

(*1890, Klein Schwadowitz, Österreich-Ungarn; †1938, Prag, Tschechoslowakei) ist einer der bedeutendsten tschechischen Schriftsteller des vergangenen Jahrhunderts. Viele seiner Werke, die von Čapeks Beobachtungsgabe ebenso zeugen wie von satirischem Humor, behandeln die ethischen Aspekte gesellschaftlicher Entwicklungen – wie Massenproduktion oder Massenvernichtungswaffen. Er schrieb während der 1930er-Jahre auch gegen Faschismus und Nationalsozialismus an. International ist Čapek heute vor allem als Science-Fiction-Pionier bekannt; in seinem Drama *R.U.R.* taucht erstmals der Begriff „Roboter" auf.

Arthur C. Clarke

Bereits 1937 begann Clarke (*1917 in Minehead, Somerset, GB, †2008 in Colombo, Sri Lanka) mit dem Schreiben von Science-Fiction. Mit seinem besonderen Interesse für die Möglichkeiten, die der Weltraum dem Menschen bietet, wird er in diesem Genre als technischer Visionär gehandelt. Eigentlich hatte Clarke Mathematik und Physik studiert und war zeitlebens auch wissenschaftlich tätig. Außerhalb der Sci-Fi-Szene wurde sein Name vor allem im Zuge des Erfolges von *2001: A Space Odyssey* bekannt. Dessen Drehbuch entstand, inspiriert durch eine Kurzgeschichte Clarkes, als Zusammenarbeit von Clarke und dem US-Regisseur Stanley Kubrick.

Clouds AO und SEArch+

Clouds Architecture Office wurde 2010 von Ostap Rudakevych, Masayuki Sono und Yuko Sono in New York gegründet. Der Entwurf zum Mars Ice House entstand gemeinsam mit Christina Ciardullo, Kelsey Lents, Jeffrey Montes, Michael Morris und Melodie Yashar von Space Exploration Architecture, einem Zusammenschluss von Architekten und Designern, die sich mit Weltraumforschung und -praxis befassen.

Manu Cornet

(*1981, Paris) ist Programmierer, Cartoonist, Autor und Musiker. Neben seinem Buch *The Crab and the Lamb* ist Cornet, der in San Francisco lebt, vor allem für seine Cartoons bekannt, die u. a. in der *New York Times* und im *Spiegel* erschienen sind, sowie für seine *Goomics-Comics* über die Unternehmenskultur bei Google, die 2018 und 2021 veröffentlicht wurden.

Jan De Coster

(*1973 in Brakel, Deutschland) machte zunächst eine Ausbildung im Bereich Physik und Maschinenbau. Nach einem Wechsel in die Online-Werbung entdeckte er sein Talent als Geschichtenerzähler und Schöpfer lebendiger, einfühlsamer Charaktere. Im Jahr 2008 eröffnete er sein Studio Slightly Overdone, in dem er Roboter für Installationen, Ausstellungen und Workshops entwickelt. Mit seinen sympathischen Robotern im Schlepptau reist er um die Welt, um über die Schnittstelle zwischen Elektronik und Kunst zu lehren.

Douglas Coupland

(*1961, Rheinmünster-Söllingen, Deutschland) ist ein kanadischer Schriftsteller und bildender Künstler. Sein erster Roman, *Generation X,* wurde zu einem internationalen Bestseller und führte Begriffe wie „McJob" und „Generation X" in den allgemeinen Sprachgebrauch ein. Bislang sind 14 Romane und einige Sammlungen von Kurzgeschichten Couplands erschienen. Seine Werke beinhalten stets postmoderne Zustandsbeschreibungen, die auf soziologisch sensible Weise etwa vom Lebensgefühl im Web 2.0, von Popkultur oder vom Zustand der Sexualität erzählen.

Chris Cunningham

(*1970, Reading, GB) ist ein britischer Regisseur, insbesondere in den Bereichen Musikvideo, Werbe-Clip und Videokunst. Bekannt wurde er für seine oftmals surreal anmutenden Musikvideos für Künstler wie Portishead, Madonna, Björk und Aphex Twin. Zudem schafft Cunningham Video-Installationen und ist bei großen Filmproduktionen als Experte für Special Effects beteiligt, etwa bei *Alien 3* oder *Judge Dredd*.

CurVoxels

Der Universitätslehrgang MArch Archictetural Design an der Bartlett School of Architecture am University College London ist in vier Forschungsclustern organisiert, die sich der Architektur auf spekulative Weise nähern. CurVoxels ist 2015 aus dem Research Cluster 4 hervorgegangen, das Team besteht aus den damaligen Studierenden Hyunchul Kwon, Amreen Kaleel und Xiaolin Li. Jedes Jahr werden die Teilnehmer des Studiengangs erneut vor die Herausforderung gestellt, auf Basis von Rapid Prototyping einen Freischwinger zu kreieren. Für ihren Freischwinger hat CurVoxels 2015 den Gold Track Award, den Preis für die beste Leistung des Jahrgangs, gewonnen.

Dangerous Things LLC

Das 2013 von Amal Graafstra gegründete Unternehmen mit Sitz in Bellingham, Washington, USA, entwickelt und vermarktet miniaturisierte Datenchips, die unter der Haut implantiert werden können, sowie das dafür nötige Equipment wie sterile Skalpelle und „Injection Kits". Dangerous Things propagiert die gegenwärtigen wie auch zukünftigen Möglichkeiten des Biohacking und des Cyborgs – Mischwesen aus lebendigem Organismus und Maschine. Amal Graafstra war unter anderem auf der CeBIT 2016 zu Gast.

Dunne & Raby

Designer Anthony Dunne (*1964, London, GB) und Architektin Fiona Raby (*1963, Singapur) gelten seit Jahren als Speerspitze einer konzeptuellen Designbewegung, für die wegweisende Ideen und die Debatten, die diese auslösen, wichtiger sind als Funktionalität. Insbesondere das Designpotenzial und die Auswirkungen neuer Technologien wie Robotik, Bio- oder Nanotechnologie auf unseren Alltag werden von Dunne & Raby untersucht. Seit 2016 haben Dunne & Raby eine Professur für Design and Social Inquiry an der New School / Parsons in New York inne. Davor war Raby als Professorin für Industrial Design an der Universität für angewandte Kunst Wien tätig, während Dunne das Design Interactions Programme am Royal College of Art in London leitete.

École cantonale d'art de Lausanne (ECAL)
Die ECAL wurde 1821 in Lausanne, Schweiz, gegründet und gehört zu den renommiertesten Kunsthochschulen Europas. Gegenwärtig geleitet von Alexis Georgacopoulos bietet sie sechs Bachelor- und fünf Master-Programme in den Fächern Bildende Kunst, Film, Grafikdesign, Industriedesign, Fotografie und Media & Interaction Design sowie zwei Master of Advanced Studies-Programme. Aus der Hochschule, die mit ihren vielfältigen Kontakten zur Industrie und zu hochrangigen Kulturinstitutionen aufwarten kann, gingen namhafte Gestalter wie BIG-GAME und Adrien Rovero oder auch Künstler wie Cyprien Gaillard hervor.

Ekso Bionics
Das 2005 gegründete US-amerikanische Unternehmen hat seinen Sitz in Kalifornien. Es produziert medizintechnische Geräte, die mithilfe von Robotik die Mobilität von Patienten verbessern sollen. 2009 trat Ekso Bionics mit dem *Ekso GT Exoskelett* an die Öffentlichkeit, das laut *Time Magazine* zu den „50 Best Innovations of 2010" zählt: dem ersten zugelassenen Roboter-Skelett, das gelähmten Patienten hilft, wieder eigenständig aufzustehen und zu gehen.

Tal Erez
Der Designer, Kurator und Forscher (*1981 in Ramat Gan, Israel) studierte Industriedesign am Holon Institute of Technology. Seinen Masterabschluss für Conceptual Design erhielt er an der Design Academy Eindhoven in den Niederlanden. Seine Agentur *Tal Erez: Design Related* hat verschiedene internationale Ausstellungen entwickelt, unter anderem den israelischen Pavillon bei der 13. Architekturbiennale in Venedig. Erez unterrichtet am Shenkar College in Ramat-Gan sowie an der Bezalel Akademie für Kunst und Design in Jerusalem und ist verantwortlich für die dortige Design Week. Erez lebt und arbeitet in Israel und den Niederlanden.

Federal Art Project
Das Federal Art Project (1935–43) war ein während des New Deal unter Präsident Franklin D. Roosevelt durchgeführtes US-amerikanisches Förderprogramm für die visuellen Künste. Vorrangiges Ziel war es, während der großen Wirtschaftskrise seit 1929 arbeitslos gewordene Kunstschaffende zurück in die Berufstätigkeit zu bringen. Im ganzen Land wurden über 100 Community Art Centers eingerichtet, in denen sie forthin arbeiteten, ausstellten und unterrichteten. Über 10.000 Künstler konnten auf diesem Weg beschäftigt werden.

Festo
Das Unternehmen mit Hauptsitz in Esslingen am Neckar, Deutschland, ist weltweit führend in der Fabrik- und Prozessautomatisierung. Ein Schwerpunkt seiner weit reichenden Forschungs- und Entwicklungstätigkeit ist Bionic Learning, das Nachahmen und Modellieren von Vorgängen in der Natur und deren Nutzbarmachung in neuen technischen Lösungen. Das Unternehmen wurde 1925 gegründet und ist heute Global Player mit über 250 Niederlassungen und einem Serviceangebot in 176 Ländern.

Flower Robotics
Das 2001 von Tatsuya Matsui (*1969 in Tokio, Japan) gegründete japanische Unternehmen mit Sitz in Tokio entwickelt Roboter für das Leben zu Hause wie auch für den kommerziellen Sektor (etwa: robotische Schaufensterpuppen). Ziel und Philosphie ist es, Roboter zu schaffen, die „natürlicher" Bestandteil unseres Alltags sind und ihn auf unaufgeregte Weise begleiten. Mit Fokus auf Ästhetik, dem emotionalen Gehalt der Kommunikation und ihrem Nutzen für den User entwirft das Unternehmen den robotisierten Alltag.

Flying Lotus und Beeple
Der DJ, Musiker und Produzent Flying Lotus – bürgerlich: Steven Ellison (*1983 in Los Angeles, Kalifornien, USA) – wurde für seine Hip-Hop- und experimentelle elektronische Musik bekannt. Unter dem Namen Beeple produziert Mike Winkelmann, wie es auf seiner Website heißt, „a variety of art crap across a variety of media", also „Kunstkram" unterschiedlichster Art, der nicht selten Menschen und Maschinen zum Inhalt hat: Kurzfilme, VJ Loops oder Musikvideos, wie jenes zu Flying Lotus' *Kill Your Co-Workers*.

Vincent Fournier
(*1970 in Ouagadougou, Burkina Faso) ist ein in Paris lebender Fotograf. Nachdem er Soziologie und Kunst studiert hatte, diplomierte er 1997 an der École Nationale de la Photographie. Zunächst für die Werbung tätig, konzentrierte er sich vor einigen Jahren schließlich auf seine künstlerische Arbeit. Bekannt ist er für Fotoserien mit engem Bezug zur modernen Wissenschaft und Technik, wie etwa *Man Machine, Natural History* und *Space Project*.

Yves Gellie
(*1953 in Bordeaux, Frankreich) ist ein französischer Fotograf. Nachdem er Medizin studiert hatte und in der Tropenmedizin tätig war, begann er 1981 mit einem Feature über die Kokainproduktion in Kolumbien seine Karriere als Fotojournalist, danach erzählte er fotografisch die Geschichte somalischer Flüchtlinge. Seine Arbeiten, die zwischen Fotojournalismus und bildender Kunst angesiedelt sind, werden weltweit ausgestellt.

Greenpeace
Die Non-Profit-Organisation – gegründet 1971 von kanadischen Friedensaktivisten – hat weltweit rund drei Millionen Fördermitglieder und etwa 2.400 Mitarbeiter. Zu Beginn ging Greenpeace gegen die in Alaska und im Pazifik geplanten Atombombentests der USA vor, später weitete die immer internationaler agierende Organisation ihre Themen auch auf Globale Erwärmung, Biodiversität und Artenschutz sowie Grüne Gentechnik aus. Greenpeace ist die weltweit größte Umweltorganisation.

Matt Groening und David X. Cohen
Matt Groening (*1954 in Portland, Oregon, USA) ist ein US-amerikanischer Cartoonist, der sich 1997 mit dem Drehbuchschreiber und Filmproduzenten David X. Cohen (eigentlich David Samuel Cohen, *1966 in New York) zusammentat. Gemeinsam entwickelten sie die Zeichentrickserie *Futurama*. Aus der Feder Cohens stammen auch Teile der Serie *Die Simpsons,* die Groening erfunden und gezeichnet hat. Beide Serien erfreuen sich weltweit größter Beliebtheit und gewannen zahlreiche Preise.

Alex Garland
(*1970 in London, GB) ist ein britischer Schriftsteller, Drehbuchautor und Regisseur. Bereits der Debütroman des ausgebildeten Kunsthistorikers, *Der Strand,* wurde schnell zum Bestseller und in der Folge verfilmt, ebenso wie sein zweiter Roman *Manila*. Nach Drehbüchern für Science-Fiction- und Literaturverfilmungen feierte Garland mit dem Science-Fiction-Film *Ex Machina* 2015 schließlich sein Regiedebüt.

Kevin Grennan
(*1984 in Galway, Irland) ist ein User-Experience-Designer, der in San Francisco lebt und arbeitet. Zunächst als Kommunikationsdesigner ausgebildet, absolvierte er anschließend am Londoner Royal College of Art einen Master im Studienzweig Design Interactions. Sein Arbeitsfeld reicht von der Entwicklung mobiler Apps und Interface-Design bis hin zu experimentelleren Arbeiten im Bereich Video und Grafik.

Gramazio Kohler Research
Fabio Gramazio (*1970 in Walkringen, Schweiz) und Matthias Kohler (*1968 in Uster, Schweiz) gründeten im Jahr 2000 das Architekturbüro Gramazio Kohler Architects mit Sitz in Zürich. In ihrer Arbeit nutzen sie komplementär zu traditionellen Entwurfs-, Konstruktions- und Baumethoden auch die Möglichkeiten des Computers und der digitalen Fertigung. Die sinnlichen Qualitäten dieser Entwurfskultur äußern sich im neuartigen Ausdruck einer „Digitalen Materialität". Seit 2005 leiten die beiden den Fachbereich Architektur und Digitale Fabrikation des Instituts für Technologie in der Architektur an der ETH Zürich, auch bekannt als Gramazio Kohler Research.

Vicente Guallart und IAAC
Der Architekt Vicente Guallart (*1963 in Valencia, Spanien) eröffnete 1993 sein Studio in Barcelona und war von 2011 bis 2015 Chefarchitekt der katalanischen Hauptstadt. 2011 gründete er das Institute for Advanced Architecture of Catalonia (IAAC). Das Institut organisiert fachübergreifende Programme und Veranstaltungen, die sich der Nachhaltigkeit ebenso widmen wie innovativen Baumethoden, etwa der digitalen Fertigung. Das IAAC und Guallart Architects haben sich mit dem Center for Bits and Atoms am Bostoner MIT sowie mit dem Designbüro Bestario zusammengeschlossen und gemeinsam die Installation *Hyperhabitat: Reprogramming the World* für die Architekturbiennale 2008 in Venedig entwickelt.

Hanna-Barbera Productions
US-amerikanisches Trickfilmstudio, das 1957 von den beiden ehemaligen Animationsexperten von Metro-Goldwyn-Mayer, William Hanna und Joseph Barbera – Erfinder u. a. von *Tom und Jerry* –, gegründet wurde. Mit Erfolgsserien wie *The Jetsons, The Flintstones (Familie Feuerstein)* oder auch *Scooby-Doo* dominierte Hanna-Barbera das Trickfilmsegment im amerikanischen Fernsehen in der zweiten Hälfte des 20. Jahrhunderts über drei Jahrzehnte lang.

BIOGRAFIEN

John Heartfield
Der Künstler John Heartfield wurde 1891 als Helmut Herzfeld in Berlin geboren (†1968 in Ost-Berlin). Nachdem er 1917 gemeinsam mit seinem Bruder den politisch ausgerichteten Malik-Verlag gegründet hatte, brachte er sein grafisches Talent in die Berliner Dada-Gruppe ein, für die er zahlreiche politische Fotomontagen anfertigte. Mit seinem Blick für Details, seinem scharfen Verstand und seiner kommunistischen Grundhaltung definierte Heartfield in seinen Arbeiten das Medium neu und bot der ansonsten desillusionierten Arbeiterschicht eine neue Perspektive.

Susanna Hertrich
(*1973 in Paris) ist eine deutsche Künstlerin, die an der Schnittstelle von Kunst und Technologie arbeitet. Sie erfindet wundersame Geräte und Wearables, die unsere technifizierte Gegenwart mit einem subtil-satirischen Unterton kommentieren. Ihre Körperprothesen sind dabei Sozialkritik ebenso wie ein Ausblick auf alternative Zukünfte. Hertrich lebt in Berlin.

Guy Hoffman
(*1973, Jerusalem, Israel) ist Associate Professor an der Cornell University in Ithaca, New York, USA, und leitet den Arbeitsbereich Human-Robot Collaboration and Companionship. Er erforscht Algorithmen, Interaktionsschemata und Designs, die den engen Austausch zwischen Menschen und Robotern am Arbeitsplatz wie auch zu Hause ermöglichen. Unter anderem hat er die erste Mensch-Roboter-Theateraufführung entwickelt, ebenso das erste, in Echtzeit improvisierende Mensch-Roboter-Jazzduo. Er verfügt außerdem über einen Universitätsabschluss in Animationsdesign.

Holland Haptics
2012 von Frederic Petrignani, Michel Dufrasnes und Arun Sadhashivan gegründet, war Holland Haptics ein Unternehmen für Unterhaltungs- und Haushaltselektronik mit dem Ziel, die Online-Kommunikation um die Dimension des Tastsinns zu erweitern. Mit dem *Frebble* wollte Holland Haptics ein Zusatzgerät für den Computer entwickeln, das virtuelles Handhalten ermöglicht.

Höweler + Yoon
2004 gegründet von Eric Höweler (*1972 in Cali, Kolumbien) und Meejin Yoon (*1972 in Seoul, Korea), ist Höweler + Yoon ein international viel beachtetes Architektur- und Designstudio mit Sitz in Boston, USA. Die multidisziplinäre Praxis bewegt sich im Feld zwischen Architektur, Kunst und Landschaftsplanung, integriert verschiedene Medien und arbeitet an der Schnittstelle vom Konzeptuellen zum Dinglichen. Die Arbeiten von Höweler + Yoon wurden in Museen wie dem MoMA und dem Guggenheim Musum in New York ausgestellt und erhielten zahlreiche Auszeichnungen. Meejin Yoon ist Dekanin des College of Architecture, Art, and Planning der Cornell University, während Eric Höweler an der Harvard Graduate School of Design unterrichtet.

Zan-Lun Huang
(*1979 im Landkreis Yilan, Taiwan) In seinem künstlerischen Schaffen reagiert er auf die Hybridisierung von Roboter- und organischem Leben. Er lotet die Auswirkungen des technologischen Wandels aus und untersucht, was es bedeutet, wenn Technologie auf das menschliche Wesen und menschliche Sehnsüchte angewendet wird. Huang studierte Bildende Kunst an der Taipei National University of the Arts. Seine Arbeiten sind in Ausstellungen weltweit zu sehen; Einzelausstellungen fanden unter anderem im Taipei Artist Village sowie im Kuandu Museum of Fine Arts in Taipeh statt.

Ted Hunt, Luke Sturgeon und Hiroki Yokoyama
Hunt (*1976 in Wales, GB), Sturgeon (*1984, Stamford, GB) und Yokoyama (*1977, Gunma, Japan) studierten gemeinsam im Studienzweig Design Interactions am Royal College of Art in London, wo sie sich u. a. mit der Akzeptanz von und Interaktion mit Drohnen im Alltag auseinandergesetzt haben. Während Hunt und Sturgeon heute im Feld Interaktionsdesign tätig sind, arbeitet Yokoyama schwerpunktmäßig als Filmemacher.

ICD / ITKE Stuttgart
Seit seiner Gründung durch den Architekten Achim Menges (*1975 in Mannheim, Deutschland) im Jahr 2008 wurde das Institut für Computerbasiertes Entwerfen (ICD) der Universität Stuttgart rasch zu einem der renommiertesten Studiengänge für maschinen- und rechnergestütztes Design und roboterbasierte Produktion weltweit. In enger Zusammenarbeit mit dem Institut für Tragkonstruktionen und Konstruktives Entwerfen (ITKE) der Universität Stuttgart errichtet das ICD unter Leitung des Bauingenieurs Jan Knippers (*1962 in Düsseldorf, Deutschland) alljährlich einen Forschungspavillon. Beide Institute arbeiten intensiv mit Biologen zusammen und forschen schwerpunktmäßig zu neuen Materialien.

Keiji Inafune und Capcom

Vor der Veröffentlichung des Heimkonsolenspiels *Mega Man* 1987 produzierte der Videospielentwickler Capcom (gegründet 1979 als I.R.M Corporation, Sitz in Osaka, Japan) vornehmlich Automaten für Spielhallen. Für die Figur Mega Man beauftragte die Firma den langjährigen Mitarbeiter Akira Kitamura, den Pixel-Art-Sprite zu entwerfen. Für den Rest engagierte man den damals noch unbekannten Künstler Keiji Inafune (*1965 in Kishiwada, Japan), der heute ein berühmter Produzent von Videospielen sowie Illustrator ist. 2010 gründete er das Unternehmen Comcept, das seit dem Erwerb durch den Spielentwickler Level-5 2017 unter dem Namen Level-5 Comcept firmiert. Seit dem Verkaufsstart des Originalspiels wurden aufgrund steigender internationaler Beliebtheit unzählige Fortsetzungen und Ableger veröffentlicht.

iRobot

US-amerikanischer börsennotierter Roboterhersteller, der 1990 von den drei ehemaligen MIT-Mitarbeitern Rodney Brooks (*1954 in Adelaide, Australia), Colin Angle und Helen Greiner gegründet wurde. Nachdem das Unternehmen seit Längerem im Bereich Militär- und Sicherheitsroboter erfolgreich war, konzentrierte es sich in jüngerer Zeit auf das Kerngeschäft Hausroboter und Technologien für die Hausautomation. Nach eigenen Angaben hat iRobot bis 2020 weltweit mehr als 30 Millionen Hausroboter verkauft.

Interactive Architecture Lab

Das Interactive Architecture Lab an der Bartlett School of Architecture des University College London ist ein multidisziplinäres Forschungslabor, das sich mit Robotik, Responsive Environments, Wearable Computing, mit dem Internet of Things und verwandten Themen auseinandersetzt. Das Lab ist eng mit einem fünfzehnmonatigen Masterprogramm zum Themenfeld verknüpft und steht in regem Austausch sowohl mit anderen Forschungs- und Entwicklungseinrichtungen als auch mit der Industrie.

Alfredo Jaar

Der Künstler, Architekt und Filmemacher Alfredo Jahr (*1956 in Santiago de Chile, Chile) zog 1982 nach New York und begann, wirkungsmächtige, sozial motivierte Werke zu schaffen, die alle kulturellen und nationalen Grenzen überwinden. Er widmete sich so erschreckenden Themen wie der brasilianischen Goldmine Serra Pelade (in *Gold in the Morning* von 1986) oder dem Völkermord in Ruanda (in seinem zwischen 1994 und 2000 entstandenen *Rwanda Project*). Neben seinen zahlreichen Film- und Fotoarbeiten inszeniert Jaar auch öffentliche Interventionen, die dafür berühmt sind, dass sie die Zuschauer miteinbeziehen. Dem Publikum bleibt dabei gar nichts anderes übrig, als gemeinsam mit dem Künstler den Status quo infrage zu stellen.

Spike Jonze

Her ist das Drehbuch-Debüt von Spike Jonze (*1969 als Adam Spiegel in Rockville, Maryland, USA), der bei dem 2013 erschienenen Film außerdem Regie geführt und die Produktion geleitet hat. Zuvor war er bereits als Regisseur weiterer erfolgreicher Kinofilme wie *Being John Malkovich* (1999) und Musikvideos namhafter Bands und Künstler wie *Daft Punk,* den *Beastie Boys* und *Björk* in Erscheinung getreten. Die Idee zu *Her* kam ihm 2000 beim Lesen eines Artikels über eine Website, die Live-Chats mit künstlichen Intelligenzen anbot.

Floris Kaayk

Der Künstler und Filmregisseur (*1982 in Tiel, Niederlande) studierte in Breda und Amsterdam Kunst und ist für seine fiktiven Dokumentationen und Mockumentaries bekannt, die im Netz binnen kürzester Zeit immer wieder zu viralen Hits wurden. Für sein Projekt *Oscar: The Modular Body* gewann er 2016 den Preis des Niederländischen Filmfestivals, das Goldene Kalb.

Friedrich Jakob Kiesler

(*1890, Czernowitz, Österreich-Ungarn; †1965 als Frederick John Kiesler, New York, USA) war ein österreichisch-amerikanischer Architekt, Künstler, Designer, Bühnenbildner und Ausstellungsmacher. Seine utopischen, meist transdisziplinären Beiträge und Konzepte beeinflussten die Avantgarden seiner Zeit und geben bis heute wichtige Impulse: Beispielhaft seien hier neben seinem wegweisenden Konzept der nach allen Seiten hin offenen Raumbühne auch seine Theorie des Correalismus – mit der er den Menschen, Kunstwerk und Umgebung in Beziehung setzte – sowie das Konzept des Endless House genannt.

BIOGRAFIEN

Kiiroo
Gegründet 2013 und ansässig in Amsterdam, Niederlande, ist Kiiro ein Unternehmen, das sich auf Virtual-Reality-Sex spezialisiert hat. Gestartet hat es mit interaktivem Sexspielzeug für Paare in Fernbeziehungen. Bald entdeckte man, dass die Produkte auch mit Virtual-Reality-Filmen kompatibel sind: Dem Erleben von Pornofilmen wird physisches Empfinden hinzugefügt, sodass die Bilder mit den Bewegungen der Sextoys korrespondieren. Junge Menschen in ihren Zwanzigern und Dreißigern sind laut Hersteller das Hauptzielpublikum dieser Technologie.

Elizabeth King
(*1950, Ann Arbor, Michigan, USA) ist eine US-amerikanische Bildhauerin. In ihrer Arbeit kombiniert sie bewegliche figurative Skulpturen mit Stop-Motion-Animation und verwischt so die Grenze zwischen realem und virtuellem Objekt. Deutlich wird dabei ihr Interesse für frühe Automaten oder die Geschichte der Puppe ebenso wie für Erzählungen aus der Literatur, in denen künstliche Figuren zum Leben erwachen. Elizabeth King lehrte von 1985 bis 2015 am Department of Sculpture and Extended Media an der Virginia Commonwealth University. Für die Arbeit *What Happened* hat King mit dem Künstler und Filmemacher Richard Kizu-Blair zusammengearbeitet.

Kram / Weisshaar
2002 von Reed Kram (*1971, Columbus, Ohio, USA) und Clemens Weisshaar (*1977, München, Deutschland, †2021, Portugal) gegründetes Designstudio mit Sitz in München und Stockholm, Schweden. Die Projekte reichen von der Software-Entwicklung zum Prozessdesign, von Produktdesign zu Architektur, wobei der Fokus auf der sich langsam auflösenden Grenze zwischen dem Digitalen und dem Physischen liegt.

Stanley Kubrick
Die Filme des US-amerikanischen Regisseurs, Drehbuchautors und Produzenten Stanley Kubrick (*1928 in New York, †1999 in St. Michael, GB) behandeln maßgeblich das Ringen seiner Protagonisten mit der dunklen Seite der menschlichen Natur, mit Trieb, Traum und Realität, und zeichnen sich durch eine häufig allegorische Bildsprache aus. Bis heute werden Filme wie *2001: A Space Odyssey*, *Clockwork Orange* oder *Eyes Wide Shut* in der Filmwissenschaft rege diskutiert und von einem nicht kleiner werdenden Publikum als Kultfilme rezipiert.

Joris Laarman
(*1979, Borculo, Niederlande) ist ein niederländischer Designer, Künstler und Unternehmer, der für seine experimentellen Designentwürfe und die Inspiration durch und Verwendung von aufkommenden neuen Technologien bekannt ist. Der internationale Durchbruch gelang dem Absolventen der Design Academy Eindhoven mit seinem *Heatwave Radiator*, der von Droog hergestellt wurde. Gemeinsam mit seiner Partnerin Anita Star betreibt er seit 2004 das Joris Laarman Lab in Amsterdam.

KUKA AG
Die KUKA Robotics Corporation ist eine Tochtergesellschaft der KUKA AG, die 1898 von Johann Josef Keller und Jakob Knappich im deutschen Augsburg gegründet wurde. 1973 stellte die Firma den weltweit ersten industriellen Roboter mit sechs elektromechanisch betriebenen Achsen und dem Namen FAMULUS vor. KUKA gehört seitdem zu den führenden industriellen Roboter- und Automatisierungsherstellern. Bis heute sitzt die Firma in Augsburg.

Kraftwerk
Die 1970 von Ralf Hütter (*1946 in Krefeld, Deutschland) und Florian Schneider (*1947 in Öhningen, Deutschland, †2020) gegründete Düsseldorfer Band gilt als Pionier des Elektro-Pop. Bereits 1973 entschlossen sich Hütter und Schneider dazu – die ersten drei Alben waren noch akustisch ausgerichtet –, ihren Sound ausschließlich elektronisch zu generieren. Die nächste Platte, *Autobahn*, gilt als erstes Album des Elektropop. Auch das Album *Mensch-Maschine* von 1978 der inzwischen vierköpfigen Band sowie *Computerwelt* von 1981 werden als wichtige Vorläufer in der Entwicklung der elektronischen Musik gewertet.

Fritz Lang
(*1890 in Wien, Österreich, †1976 in Beverly Hills, Kalifornien, USA) war ein österreichisch-deutscher Regisseur, Drehbuchautor und Filmproduzent. In zwei Ländern prägte er nachhaltig das Filmschaffen des 20. Jahrhunderts: in den 20er- und frühen 30er-Jahren in Deutschland (mit Filmen wie *Metropolis* und *M – Eine Stadt sucht einen Mörder*), in den USA von den späten 30er- bis in die 50er-Jahre (mit Filmen wie *Straße der Versuchung* und *Gehetzt*). Als Lang 1934 in die Vereinigten Staaten auswanderte, hatte er sich bereits als Regisseur einen Namen gemacht und setzte seine Karriere für weitere 20 Jahre in Hollywood fort. Der expressionistische Stil seiner Filme gilt als wesentlich für die Entstehung des amerikanischen Genrefilms, besonders des Film Noir.

BIOGRAFIEN

Glen A. Larson
(*1937 in Long Beach, Kalifornien, †2014 in Santa Monica, Kalifornien, USA) wurde bekannt als Drehbuchschreiber und Produzent einiger der populärsten amerikanischen Fernsehserien. Zu seinen Produktionen gehören beispielsweise *Quincy* (1976–1983), *Kampfstern Galactica* (1978–1980), *Magnum* (1980–1988) und *Knight Rider* (1982–1986). Teil deren Erfolgs war, dass sie mit einem einfachen Plot, gewinnenden Hauptcharakteren, viel Humor und wenig Gewalt zur beliebten Familienunterhaltung wurden.

George Lucas
(*1944, Modesto, Kalifornien, USA) ist ein US-amerikanischer Regisseur, Drehbuchautor, Produzent und Unternehmer. Er ist Schöpfer sowohl der enorm erfolgreichen sechsteiligen *Star-Wars*-Filmreihe als auch der *Indiana-Jones*-Filme. Als junger Mann an der University of Southern California im Fach Film ausgebildet, zählt er heute mit seiner Unternehmensgruppe Lucasfilm und eigenem Tricktechnikstudio zu den erfolgreichsten in der Branche, nicht zuletzt gilt er als Pionier beim Einsatz digitaler Kinokameras. Lucas steht laut Forbes mit einem geschätzten Vermögen von 5,8 Milliarden Euro auf der Liste der reichsten Personen der Welt.

John Lasseter
(*1957 in Los Angeles, Kalifornien, USA) ist der künstlerische Leiter der Pixar Animation Studios. Er war der zweite Student, der sich in den berühmten, von langjährigen Disney-Zeichnern initiierten Studiengang Charakteranimation im California Institute of the Arts (CalArts) einschrieb und der erste Zeichner der Pixar Studios. Lasseter hatte seine Laufbahn als Trickfilmzeichner bei der Walt Disney Company begonnen und war anschließend zu Lucasfilm gegangen, um dort an dem damals vollkommen neuen Medium des computeranimierten Trickfilms mitzuarbeiten. Die Graphics Group der Computerabteilung bei Lucasfilm wurde 1986 an Steve Jobs verkauft und begründete die Pixar Studios. Bei deren ersten Kurzfilmen, darunter auch *Die kleine Lampe,* schrieb Lasseter das Drehbuch, führte Regie und war für die Animationen verantwortlich.

Leka APF France handicap
2014 von Ladislas de Toldi und Marine Couteau gegründetes Pariser Start-up für die Entwicklung und Vermarktung eines therapeutischen Spielzeugs gleichen Namens. Der multi-sensorische, robotische Spielball *Leka* wurde für Kinder mit besonderen Bedürfnissen, etwa mit Autismus, geschaffen, um sowohl zu Hause als auch in der Therapie ihr Interesse und ihre Motivation anzuregen.

Greg Lynn
(*1964, North Olmsted, Ohio, USA) ist ein US-amerikanischer Architekt. Bekannt ist der Princeton-Absolvent für seinen Ansatz, mithilfe von computergestütztem Design biomorphe Architektur zu entwickeln. Diesen Zugang konkretisierte er 1993 auch in der Publikation *Folding in Architecture*. Er betreibt in Los Angeles, Kalifornien, sein Architekturbüro Greg Lynn Form und lehrt unter anderem an der Universität für angewandte Kunst in Wien und an der UCLA School of the Arts and Architecture. 2008 gewann er den Goldenen Löwen bei der Architektur-Biennale in Venedig.

Aki Maita
Der beim japanischen Spielzeughersteller Bandai angestellten Aki Maita (*1967) war aufgefallen, dass sich Mädchen gerne um Tiere kümmern – lebende und Spielzeug gleichermaßen – und dass sie eine Vorliebe für Dinge haben, die in die Hosentasche passen. Anfang 1996 schlug sie ihren Vorgesetzten das *Tamagotchi* vor. Bis 2021 verkaufte Bandai weltweit über 83 Millionen der Computer-Eier.

Keiichi Matsuda
(*1984, Hong Kong) ist ein britisch-japanischer Designer und Filmemacher, der sein Studio in London hat. Mit seiner Arbeit, die vielfach und international ausgestellt und projiziert wurde, untersucht er die Auswirkungen neu aufkommender Technologien auf die Wahrnehmung und den Lebensraum des Menschen. Interessiert an der Auflösung der Grenze zwischen dem Physischen und dem Virtuellen arbeitet Matsuda mit Video, Architektur und interaktiven Medien.

Shawn Maximo
(*1975, Toronto, Kanada) ist ein in New York City lebender Künstler und Architekt. An den Schnittstellen von Skulptur, digitalen Medien und Design beheimatet, kreiert Maximo experimentelle Kulissen und virtuelle Renderings, er entwirft aber auch Schaufenster für etablierte Marken. Charakteristisch für seine Arbeiten ist die Überlagerung und Konfrontation architektonischer Räume mit scheinbar fremdartigen Funktionen, was zunächst verstört, auf den zweiten Blick aber visionäre Kraft entfaltet.

Moth
Vielfach ausgezeichnetes Animations-Studio, das von Daniel Chester, Dave Prosser und Marie-Margaux Tsakiri-Scanatovits – allesamt ehemalige Studenten am Royal College of Art – 2010 in London gegründet wurde. Gepriesen vor allem für seine feinsinnigen, handgezeichneten Animationen, die zum Denken anregen, arbeitet Moth mit Kunden wie der *New York Times, The Guardian* und anderen.

NASA
Die Nationale Luft- und Raumfahrtbehörde (NASA) ist eine unabhängige Regierungsbehörde, die für das Raumfahrtprogramm der USA zuständig ist. Sie ist weltweit federführend bei der Erforschung des Weltraums und leitet die 2011 begonnene Mars Science Laboratory Mission (MSL), im Rahmen derer der Rover *Curiosity* im Jahr 2012 auf dem Mars landete. An der Mars Exploration Rover Mission sind mehrere Hundert Personen beteiligt, darunter drei Frauen aus dem Jet Propulsion Lab der NASA in Kalifornien – Courtney O'Connor, Stephanie L. Smith und Veronica McGregor –, die *Curiosity* zu einem Star in den sozialen Netzwerken gemacht haben.

Next Nature Network
(gegründet 2011 in Amsterdam, Niederlande) erforscht die Beziehungen zwischen Biologie und Technik. Das Netzwerk organisiert Veranstaltungen und Ausstellungen und präsentiert Publikationen und Produkte, in denen beide Bereiche miteinander verschmelzen. Next Nature will das Bewusstsein für die sich verändernden Beziehungen zwischen Mensch, Natur und Technik schärfen und die Verbindung zwischen Bio- und Technosphäre vertiefen. In der Philosophie von Next Nature sind Natur und Technik keineswegs Gegensätze; vielmehr sei die Menschheit in einem solchen Maße von Technik umgeben, dass sie sich um ein harmonisches Zusammenleben mit ihr als der „kommenden Natur" bemühen sollte.

Niantic, Inc.
Der amerikanische Softwareentwickler wurde 2010 unter dem Namen Niantic Labs als internes Start-up von Google gegründet, seit 2015 ist das Unternehmen unabhängig. Geleitet wird Niantic von John Hanke, der mit Google Earth und Street View bereits ins Visier von Datenschützern geraten ist. Bekannt ist das Unternehmen vor allem für die Entwicklung von *Pokémon Go* für Nintendo, einen japanischen Produzenten von Videospielen und Spielkonsolen. Nintendo, 1889 als Hersteller von Spielkarten gegründet, hat u. a. den Game Boy und die Spielkonsole Wii entwickelt sowie zahlreiche Spielbestseller, etwa *Super Mario* oder *Pokémon*.

Nintendo
Das 1889 ursprünglich als Spielkarten- und Spielzeughersteller gegründete japanische Unternehmen Nintendo spezialisierte sich erst ab den 1970er-Jahren auf Videospiele und -konsolen. Der 1985 als Fusion aus Spielzeugroboter und Videospiel erschienene *R.O.B.* verbindet beide Aspekte dieser Unternehmensgeschichte. Nach einem Einbruch der Verkaufszahlen in den USA brachte man mit diesem Produkt eine Neuheit auf den Markt, die über die Kategorie eines rein virtuellen Videospiels hinausging.

Johanna Pichlbauer und Mia Meusburger
Johanna Pichlbauer (*1989 in Graz, Österreich) und Mia Meusburger (*1995 in Bregenz, Österreich) studierten Industriedesign an der Universität für angewandte Kunst Wien. In ihrem gemeinsamen spekulativen Designprojekt *Vienna Summer Scouts* untersuchten sie 2014, wie sich das emotionale Potenzial einer Stadt durch kleine, über die Stadt verteilte digitale Sensoren messen lässt. Ihre Arbeit stieß auf breites internationales Medieninteresse.

Eric Pickersgill
(*1986 in Homestead, Florida, USA) ist ein amerikanischer Fotograf und Künstler. Er schloss 2015 sein Masterstudium der bildenden Künste an der University of North Carolina in Chapel Hill ab, nachdem er 2011 am Columbia College Chicago ein Bachelor-Studium in bildender Kunst mit dem Schwerpunkt Kunstfotografie absolviert hatte. In seinen Arbeiten beschäftigt er sich häufig auch mit der Fotografie selbst, wenn er die psychischen und sozialen Auswirkungen erkundet, die Kameras und ihre Artefakte auf den Einzelnen und die Gesellschaft als Ganzes haben.

Joseph Popper
(*1986 in London, GB) studierte Design Interactions am Londoner Royal College of Art. In seinen künstlerischen Arbeiten setzt er sich mit der Raumfahrt und anderen technologischen Unternehmungen des Menschen auseinander, indem er sich mögliche Zukunftsszenarien ausdenkt und fiktionale Erfahrungen durch Film, Design und Architektur simuliert. Popper interessiert sich für Science-Fiction als Möglichkeit, sich an unbekannte Grenzen vorzutasten.

BIOGRAFIEN

Alex Proyas
Der Regisseur (*1963 in Alexandria, Ägypten) wuchs in Australien auf. Seine Hollywoodlaufbahn begann er mit Science-Fiction- und Fantasy-Filmen. Der Film *The Crow – Die Krähe* (1994) wurde von der Kritik positiv aufgenommen, kehrte aber erst 2004 anlässlich des Erfolgs von *I, Robot* mit Will Smith auf die Leinwand zurück. 2016 drehte der für sein höchst stilisiertes Produktionsdesign bekannte Proyas den aufwendigen Film *Gods of Egypt*.

Gerard Ralló
(*1984 in Barcelona, Spanien) ist ein in Tokio (Japan) ansässiger spanischer Designer und Techniker. Er absolvierte den Studiengang Design Interactions am Royal College of Art in London. Rallós konzeptuelle und spekulative Designprojekte hinterfragen die Nutzung und den Einfluss von Technologie in der Gesellschaft. Seine Arbeiten sind in Büchern und Ausstellungen weltweit zu sehen, unter anderem auch im New Yorker Museum of Modern Art (MoMA).

Alexander Reben
(*1985 in New York, USA) ist Künstler, Dozent, Unternehmer und Robotiker. Zwar studierte er Technik, Mathematik und Robotik, dennoch geht es in Rebens Arbeiten auch um Psychologie, Philosophie und Design. Diese Verschmelzung ist eine unabdingbare Voraussetzung für seine Arbeit, denn seit seinem Studienabschluss am Media Lab des MIT im Jahr 2010 hat Reben zahlreiche Projekte und Installationen geschaffen, die sich mit provokanten Themen wie dem Menschsein in einer von Technik dominierten Welt befassen – einer keinesfalls zu unterschätzenden Herausforderung.

Robo Technologies
Das im Jahr 2013 von Rustem Akishbekov, Anna Iarotska und Yuri Levin in Wien gegründete Start-up Robo Technologies entwickelt ein Roboter-Spielzeug, mit dem Kinder aus elektronischen Bausteinen einen Roboter bauen können; dieser wird von einer Robo-App gesteuert. 2014 nahm das Team am Hardware-Accelerator HAX teil und erhielt den Preis „Roboter des Jahres" der Firma Festo sowie die Auszeichnung „Österreichisches Start-up des Jahres".

Robotlab
Das Kollektiv wurde 2000 von Matthias Gommel, Martina Haitz und Jan Zappe am ZKM | Zentrum für Kunst und Medien in Karlsruhe gegründet. Die drei Gründer bilden eine unabhängige Künstlergruppe, die Installationen und Performances mit Industrierobotern entwickelt; sie wollen so die Beziehung zwischen Mensch und Maschine hinterfragen und verschiedene Interaktionsmodi mit Robotern im kulturellen Kontext anregen.

Gene Roddenberry
(*1921 in El Paso, Texas, USA, †1991 in Santa Monica, Kalifornien, USA) arbeitete als Drehbuchautor und -produzent für das Fernsehen und erfand die ursprüngliche *Star-Trek*-Serie (*Raumschiff Enterprise*), die noch sechs Filme in Spielfilmlänge mit Originalbesetzung nach sich zog. Roddenberrys Einfluss auf die Popkultur war immens. *Star Trek* war die erste Fernsehserie, die Eingang in die Smithsonian Institution fand; außerdem benannte die NASA eines ihrer Spaceshuttles nach dem *Raumschiff Enterprise*.

Rafaël Rozendaal
Der niederländisch-brasilianische Künstler Rafaël Rozendaal (*1980 in Amsterdam, Niederlande) machte 2002 seinen Studienabschluss an der Kunstakademie in Maastricht. Seine künstlerische Plattform ist in erster Linie sicherlich das Internet – mit Arbeiten wie der interaktiven Webseite *jellowtime.com* von 2007, die schon millionenfach angeklickt wurde. Dennoch gehen seine Werke häufig über den Bildschirm hinaus: Zu seinen Kreationen zählen Wandmalereien, die aus seinen Posts in den sozialen Medien entstanden, und geometrische Wandteppiche, die er aus den gepixelten Wireframes von Webseiten schuf. Rozendaal lebt und arbeitet in New York.

Philipp Schmitt, Stephan Bogner und Jonas Voigt
Philipp Schmitt (*1993 in Würzburg, Deutschland), Stephan Bogner (*1993 in Freyung, Deutschland) und Jonas Voigt (*1992 in Hof, Deutschland) sind multidisziplinäre Designer. 2016 schlossen sie ihr Studium in Interaktionsgestaltung an der Hochschule für Gestaltung in Schwäbisch Gmünd ab. Das Team arbeitete an einem spekulativen Designprojekt namens *Raising Robotic Natives,* bei dem es neue Objekte entwickelte, um die nächste Generation bei der Interaktion mit Robotern im Haushalt zu unterstützen. Das Projekt stieß auf großes Echo in der internationalen Fachpresse.

Jake Schreier
(*1980 in Berkeley, Kalifornien, USA) ist Filmregisseur und -produzent. Als Absolvent der Tisch School of the Arts an der New York University und Gründungsmitglied des in Brooklyn ansässigen Filmemacherkollektivs Waverly Films drehte Schreier zunächst Kurzfilme und Musikvideos. 2006 schloss er sich der Filmproduktion Park Pictures an und brachte 2012 seinen ersten Spielfilm *Robot & Frank* heraus. Dieser wurde beim Sundance Film Festival als bester Spielfilm zum Thema Wissenschaft oder Technologie ausgezeichnet.

Senseable City Lab
Das Sense*able* City Lab am Massachusetts Institute of Technology (MIT) in Boston, USA, ist ein Forschungslabor, das die gegenwärtige Transformation der Stadt durch digitale Netzwerke und digitale Information untersucht, kritisch analysiert und dabei neue Ansätze für die Erforschung und Interpretation unserer gebauten Umgebung generiert. Das vom italienischen Architekten Carlo Ratti geleitete Lab ist omni-disziplinär: Designer, Planer, Ingenieure, Physiker, Biologen und Sozialwissenschaftler sind eingebunden und kooperieren überdies mit der Industrie, mit Stadtregierungen sowie mit Individuen und Communities vor Ort.

Masamune Shirow
(*1961 in Kobe, Japan) ist das Pseudonym des überaus erfolgreichen Manga-Zeichners Masanori Ota. Sein berühmtestes Werk ist die Manga-Reihe *The Ghost in a Shell,* die für Anime-Filme und Fernsehserien sowie Videospiele und Spielzeug adaptiert wurde. Shirow studierte Malerei an der Osaka University of Arts.

Takanori Shibata
(*1967 in Nanto, Japan) forscht am japanischen National Institute of Advanced Industrial Science and Technology und ist Professor an der School of Computing des Tokyo Institute of Technology. Er ist der Schöpfer von *Paro,* einem therapeutischen Roboter, der zur Behandlung psychisch Kranker und für die Altenpflege entwickelt wurde. Neben zahlreichen anderen Auszeichnungen erhielt Dr. Shibata den Good Design Award, den renommiertesten Designpreis Japans; 2002 wurde er für „den therapeutischsten Roboter" ins Guinness Buch der Rekorde aufgenommen.

Robert R. Snody
(*1898 in New York, USA, †1982 in Los Angeles, Kalifornien, USA) war ein amerikanischer Filmregisseur, Schriftsteller und Produzent. Zu seinen Filmen zählen *Rigoletto Blues* (1941), *Di que me quieres* (1939) und *The Middleton Family at the New York World's Fair* (1939); Letzterer ist Snodys bedeutendstes Werk als Regisseur und Drehbuchautor. 2012 nahm das amerikanische Filmarchiv (National Film Registry) den Film aufgrund seiner kulturellen, geschichtlichen und ästhetischen Bedeutung für das amerikanische Filmschaffen in sein Verzeichnis auf.

Ismael Soto
(*1988 in San Diego, Kalifornien, USA) ist Entwurfsarchitekt und lebt in Los Angeles. In seinen Arbeiten beschäftigt er sich mit den räumlichen Implikationen reaktionsfähiger Roboter-Umgebungen und neuer digitaler Technologien für die Architektur. Sein Studium absolvierte er bei Greg Lynn, einem Pionier des digitalen Designs, an der University of California in Los Angeles. Seine beruflichen Stationen umfassten u. a. Zaha Hadid Architects in London, Coop Himmelb(l)au in Wien und Skidmore, Owings & Merrill LLP (SOM) in San Francisco.

Hajime Sorayama
(*1947 in Ehime, Japan) lebt als Illustrator in Tokio und ist für seine hyperrealistischen Darstellungen von sinnlichen weiblichen Cyborgs bekannt, die als Pin-ups der Zukunft gelten können. Um einen derart hohen Realismus zu erzielen, arbeitet er mit Acrylfarbe und der Airbrush-Technik. Sorayamas Kunst ist weltweit bekannt, unter anderem war er für Nike, Lucasfilm, Playboy, Marvel Comics, Star Trek, Disney Media und Sony tätig. 1999 entwarf er das ursprüngliche Konzept des Sony-Roboterhundes *AIBO*. Für diese Arbeit erhielt er den Media Arts Festival Grand Prize sowie den Good Design Grand Prize, den höchsten Designpreis Japans.

Andrew Stanton
(*1965 in Rockport, Maine, USA) ist Regisseur und Drehbuchautor; hin und wieder arbeitet er auch als Synchronsprecher für die Pixar Animation Studios. Er studierte Charakteranimation am California Institute of the Arts (CalArts) in Los Angeles. Stanton gehörte zum ursprünglichen Team der Pixar Studios, dem er sich bereits 1990 als zweiter Trickfilmzeichner anschloss. Für Pixar schrieb und drehte er *Findet Nemo* (2003) und *WALL-E – Der Letzte räumt die Erde auf* (2008). Beide Filme wurden mit dem Oscar für den besten Animationsfilm ausgezeichnet.

Starship Technologies

(gegründet 2014) ist ein Start-up für Lieferroboter mit Sitz in San Francisco und Estland. Gegründet von Ahti Heinla und Janus Friis, zwei ehemaligen Mitgründern von Skype, will das Unternehmen örtliche Liefersysteme durch den Einsatz eines Fuhrparks mit preisgünstigen, zeitsparenden, umweltfreundlichen, sicheren und selbstfahrenden Robotern intelligenter machen.

Kim Swift und Erik Wolpaw

Kim Swift (*1983, USA) gehört zu den bekanntesten Game-Designerinnen der jungen Generation. Nach ihrem Abschluss am DigiPen Institute of Technology in Washington hatte sie gemeinsam mit einigen Kommilitonen ein ähnlich wie *Portal* funktionierendes Spiel entwickelt, durch welches das Computerspieleunternehmen Valve auf sie aufmerksam wurde und sie für die Konzeption von *Portal* und zahlreichen weiteren Spielen engagierte. Gemeinsam mit *Portal*-Autor Erik Wolpaw (*1967, USA) erhielt sie 2007 den Game Developers Choice Award. Seit 2021 ist Kim Swift für Xbox tätig.

Jacques Tati

(*1908 in Le Pecq, Frankreich, †1982 in Paris, Frankreich) war ein französischer Filmemacher und Schauspieler. Er erlangte mit Komödien über Menschen Berühmtheit, die mit der modernen, technisierten Welt auf Kriegsfuß stehen. In den meisten seiner Filme spielte er den unverkennbaren Monsieur Hulot, einen schrulligen, Pfeife rauchenden Tollpatsch von unschuldigem Wesen. Tati schrieb für alle sechs Spielfilme, bei denen er Regie führte, das Drehbuch und spielte in ihnen die Hauptrolle. Breite Anerkennung fand er 1959, als *Mein Onkel* mit einem Oscar ausgezeichnet wurde.

Superflux

Das im Bereich Forschungsdesign und Zukunftsforschung tätige Unternehmen wurde 2009 von Anab Jain und Jon Ardern gegründet. Die beiden Gründer legten ihren Master in Design Interactions am Royal College of Art in London ab. Das Studio verfügt über Fachkompetenz auf den Gebieten strategische und designbestimmte Zukunft, spekulatives Design und innovative Technologien. Es arbeitet mit Großkunden wie Microsoft und Samsung zusammen; seine Kreationen waren bereits im New Yorker MoMA, im chinesischen Nationalmuseum und im Victoria & Albert Museum in London zu sehen. Im Jahr 2021 wurde Superflux vom Design- und Architekturmagazin *Dezeen* als Design Studio of the Year ausgezeichnet.

Takara und Hasbro

Der japanische Spielzeughersteller Takara Tomy entstand 2006 aus einer Fusion des Kunststoffproduzenten Takara (gegr. 1955) und des Spielwarenherstellers Tomy (gegr. 1924). Zusammen mit dem US-amerikanischen Spiele- und Schreibwarenhersteller Hasbro (gegr. 1923) produziert und vertreibt Takara Tomy die Actionspielzeugfiguren *Transformers*. Das Unternehmen ist laut eigenen Angaben der viertgrößte Spielzeughersteller weltweit, zu seinen bekanntesten Artikeln gehören auch die *Beyblade*-Kreisel. Hasbro ist ebenfalls ein Weltkonzern und vertreibt u. a. *Monopoly, My Little Pony* und andere Spielzeug-Bestseller.

Kibwe Tavares

(*1983 in London, GB) ist ein britischer Architekt und Filmemacher. Als Mitbegründer des Studios Factory Fifteen verbindet er seinen architektonischen Blick mit Geschichten und Animation und kreiert so futuristische 3-D-Life-Action- und Animationsfilme. Sein Abschlussfilm an der Bartlett School of Architecture, *Robots of Brixton,* wurde auf dem Sundance Film Festival mit dem Spezialpreis der Jury ausgezeichnet. 2012 kürte ihn das Magazin *Fast Company* zu einem der „100 kreativsten Menschen im Business". Im selben Jahr erhielt er außerdem eines der renommierten TED-Stipendien.

Osamu Tezuka

(*1928 in Osaka, Japan, †1989, Tokio, Japan) begann bereits zu Schulzeiten Comics zu zeichnen. Sein bedeutender Einfluss auf die Mediensozialisation der japanischen Nachkriegsgeneration und sein neuer Comic-Stil, der wegbereitend für die spätere Entwicklung und Popularität von Manga und Anime war, haben ihm Beinamen wie „Vater des Manga" oder „der japanische Walt Disney" eingebracht.

BIOGRAFIEN

Universal Everything
Das digitale Künstler- und Designerkollektiv Universal Everything wurde 2004 von dem Künstler und Grafikdesigner Matt Pyke gegründet. Das Studio verfügt über modernste Technologie und bettet diese in verschiedenste Projekte ein. *Presence* – ein Video-Kunstwerk basierend auf der Grundlage menschlicher Tanzbewegungen – ist in Zusammenarbeit mit dem Choreografen Benjamin Millepied und dem LA Dance Project entstanden. Universal Everything hat weltweit ausgestellt, darunter Solo-Shows am V&A und im Science Museum in London sowie am Opernhaus in Sydney.

Dirk Vander Kooij
(*1983 in Purmerend, Niederlande) ist Absolvent der Design Academy Eindhoven. Er verbindet Tradition und Technologie, indem er Handarbeit und digitale Robotertechnik miteinander verknüpft und so die Grenzen und Abläufe des Rapid Prototyping auslotet. 2011 gewann er mit seiner Abschlussarbeit, der Kollektion *Endless,* den niederländischen Designpreis.

Vecna Technologies (seit 2018 Vecna Robotics)
Vecna ist ein US-amerikanisches Technologieunternehmen mit Schwerpunkt in den Bereichen Gesundheitswesen und Logistik. 1998 von Debbie und Daniel Theobald gegründet, arbeitete die Firma anfangs ausschließlich in der IT-Beratung und Systemintegration im United States Military Health System, dem medizinischen System der US-Armee, und dessen Department of Veterans Affairs. Später stellten sie vor allem medizinische High-Tech-Produkte her. 2018 teilte sich das Unternehmen auf: Für den Bereich Logistik wurde Vecna Robotics gegründet, während Vecna Healthcare auf den Bereich Medizintechnik spezialisiert ist.

Richard Vijgen
(*1982 in Tilburg, Niederlande) ist ein Designer, der sich mit neuen Strategien für die heutige Informationskultur befasst. In seinen Projekten tritt die digitale Welt mit dem physischen oder sozialen Raum in Beziehung. Aus riesigen Datenmengen, Kodes und Pixeln erzeugt Vijgen mittels 3-D-Druckern interaktive Datenvisualisierungen und -installationen, die in ihrer Größenordnung von mikroskopisch klein bis raumhoch reichen. Seine Arbeiten waren unter anderem im Zentrum für Kunst und Medientechnologie Karlsruhe (ZKM) und im Los Angeles County Museum of Art (LACMA) zu sehen.

Die Wachowskis
The Matrix ist der zweite Film des Geschwisterpaars Lana Wachowski (ehemals Laurence, *1965 in Chicago Illinois, USA) und Lilly Wachowski (ehemals Andrew, *1967 in Chicago Illinois, USA), mit dem sie 1999 weltweit riesigen Erfolg erzielten. Vor ihrer Arbeit als Filmemacherinnen, Drehbuchschreiberinnen und Produzentinnen waren beide als Comic-Autorinnen tätig. Für *The Matrix* erhielten sie zahlreiche Preise.

Fred Wilcox
(*1907 in Tazewell, Virginia, USA, †1964 in Beverly Hills, Kalifornien, USA) war ein amerikanischer Filmregisseur. Er begann seine Laufbahn im Filmgeschäft als Pressemitarbeiter für Metro-Goldwyn-Mayer (MGM), wo er sich über viele Jahre bis zum Regisseur hocharbeitete. Zu seinen bekanntesten Werken zählen der Familienfilmklassiker *Lassies Heimweh* mit den beiden Fortsetzungen *Lassie – Held auf vier Pfoten* und *Lassies Heimat* aus den 40er-Jahren sowie der bahnbrechende Science-Fiction-Film *Alarm im Weltall* (im Original: *Forbidden Planet*) von 1956.

Vogt + Weizenegger
Oliver Vogt (*1966 in Essen, Deutschland) und Hermann Weizenegger (*1963 in Kempten, Deutschland) gründeten 1993 ihr Designstudio Vogt + Weizenegger (V + W) in Berlin. Methodisch orientierten sie sich am systematischen Design, das nicht nur Gegenstände, sondern auch Kontexte gestaltet. Alvin Tofflers Konzept eines produktiven Konsumenten oder „Prosumenten", der zum aktiven Produzenten wird, hatte maßgeblichen Einfluss auf ihre Arbeit. Ihre Werke waren in internationalen Ausstellungen zu sehen und wurden mit mehreren Preisen wie dem Red Dot Design Award, dem iF Design Award und dem Design Plus Award ausgezeichnet. 2008 löste sich V + W auf.

Anouk Wipprecht
Ihre Webseite weist sie als Designerin, Ingenieurin und Kuratorin aus (*1985, Purmerend, Niederlande). Neben Modedesign studierte sie auch Interaction Design und erhielt für ihre „FashionTech"-Kreationen, Mode mit integrierter Technik, bereits zahlreiche Preise. Häufig arbeitet sie mit großen Firmen zusammen. So nutzt beispielsweise ihr *Spider Dress* Technologie von Intel-Edison. Andere Entwürfe entstanden in Zusammenarbeit mit Google, Microsoft oder Audi. Sie lebt in San Francisco, Los Angeles, Miami und Amsterdam.

BIOGRAFIEN

Women's Tech (WoTech)

ist ein Verband von Ingenieurinnen unter der Leitung von Thérèse Izay Kirongozi in der Demokratischen Republik Kongo. Seit 2013 produziert die Gruppe große aluminiumbeschichtete Verkehrsroboter, die sie an die kongolesische Regierung verkauft. Dieser Kampagne wurde in den Medien eine große Aufmerksamkeit zuteil, weil die Roboter zwar einfach konstruiert, aber sehr effektiv sind und sie darüber hinaus den stereotypen Vorstellungen der Popkultur entsprechen, wie Roboter aussehen sollten.

Meister Xuecheng, Meister Xianfan

Meister Xuecheng (*1966 in Xianyou, China) ist Buchautor und Erfinder des fiktiven buddhistischen Mönchs *Xian'er*. Ein Schüler von Xuecheng, Meister Xianfan (*1987, China) hat den kleinen Mönch zur Illustrierung des Buchs erst gezeichnet und 2013 schließlich als Roboter zum Leben erweckt. Xianfan trat 2011 in das Kloster Longquan in der Nähe von Peking ein, nachdem er sein Kunststudium abgeschlossen hatte.

Oren Zuckerman

(*1970, Jerusalem, Israel) ist Gründer und Ko-Direktor des Media Innovation Lab (miLAB) im israelischen Forschungszentrum Interdisciplinary Center (IDC) Herzliya, wo er auch einen Lehrstuhl für interaktive Kommunikation innehat. Zuckerman, der u. a. am renommierten MIT (Massachusetts Institute of Technology, Boston, USA) studierte, legt seinen Forschungsschwerpunkt an die Schnittstelle von interaktiver Technologie und menschlichem Verhalten. Insbesondere untersucht er physische und digitale Interaktionserfahrungen.

Steve Worswick

(*1970, Wakefield, Yorkshire, GB) ist ein britischer IT-Berater. Ursprünglich programmierte er Chatbots, um mehr Besucher auf seine Musik-Webseite zu locken. 2004 beauftragte ihn eine amerikanische Spielefirma, einen neuen Chatbot namens *Mitsuku* (später in *Kuki* umbenannt) zu programmieren. Zwischen 2013 und 2019 gewann der Bot fünfmal den ersten Preis im Loebner-Wettbewerb, bei dem Chatbots oder Künstliche-Intelligenz-Programme auf die Ähnlichkeit der von ihnen simulierten Gespräche mit menschlichen Unterhaltungen getestet werden. Der Code von *Kuki* wird von Worswick bis heute weiterentwickelt.

DANKSAGUNG

Die Robotik, Informatik und Computerwissenschaften, Künstliche-Intelligenz-Forschung, Medientheorie und Medienkunst sind komplexe Themen. Das Kuratorenteam von *Hello, Robot. Design zwischen Mensch und Maschine* ist einer Vielzahl von Experten zu größtem Dank verpflichtet, ohne die weder die Ausstellung noch die vorliegende Publikation zustande gekommen wäre.

An erster Stelle seien hier die Berater von *Hello, Robot.* genannt, die uns wiederholt und geduldig Rede und Antwort standen:

Bruce Sterling, Science-Fiction-Autor, Netzaktivist, Designdenker und Cyberspace-Theoretiker
Carlo Ratti, Designer, Architekt, Stadtplaner, Gründer von Carlo Ratti Associati, Turin, Italien, und Leiter des Sense*able* City Lab am Massachusetts Institute of Technology (MIT) in Cambridge (MA), USA
Gesche Joost, Professorin für Interaktionsdesign und Medien, Leiterin des Design Research Lab an der Universität der Künste Berlin, Deutschland
Sabine Himmelsbach, Kunsthistorikern und Kuratorin, Direktorin am Haus der elektronischen Künste Basel, Schweiz
Paul Feigelfeld, wissenschaftlicher Koordinator des Digital Cultures Research Lab am Centre for Digital Cultures der Leuphana Universität Lüneburg, Deutschland

Darüber hinaus möchte das Kuratorenteam im Namen der drei beteiligten Museen folgenden Experten für ihre Hilfe und Unterstützung danken:

Pieter Ballon, Professor für Kommunikationswissenschaften an der Vrije Universiteit Brussel, Direktor am belgischen Forschungslabor imec SMIT-VUB, Brüssel, Belgien
Giulia Bini, Ko-Kuratorin der Ausstellung *GLOBALE: Exo-Evolution,* ZKM | Zentrum für Kunst und Medien Karlsruhe, Deutschland
Sigrid Brell-Cokcan und Johannes Braumann, Architekten und Gründer der Association for Robots in Architecture, Wien, Österreich
Mark Coeckelbergh, Professor für Medien- und Technikphilosophie an der Fakultät für Philosophie und Bildungswissenschaft der Universität Wien, Österreich; Vizepräsident der Society for Philosophy and Technology; Professor für Technology and Social Responsibility an der De Montfort University, UK; Mitglied des Technical Expertise Committee at the Foundation for Responsible Robotics
Hendrik Dacquin, Experte für digitales Interaktionsdesign und Geschäftsführer von Small Town Heroes, Gent, Belgien
Walter De Brouwere, Geschäftsführer bei doc.ai, San Francisco (CA), USA
Bart De Waele, Geschäftsführer und Coach, Wijs, Gent, Belgien
Wim De Waele, Geschäftsführer und Mob Leader, Eggsplore, Brüssel, Belgien
Wim Forceville, Experte für Virtuelle Realität und Mensch-Medien-Interaktionsdesign, Gent, Belgien
Karin Gimmi, Kuratorin der Ausstellung *Bitte berühren!*, Museum für Gestaltung Zürich – Schaudepot
Fabian Hemmert, Designforscher, Professor für Interface- und User Experience-Design, Bergische Universität Wuppertal, vormals wissenschaftlicher Mitarbeiter am Design Research Lab, Universität der Künste Berlin, Deutschland
Margarete Jahrmann, Medienkünstlerin und Professorin für Game Design, Zürcher Hochschule der Künste, Zürich, Schweiz, und Lektorin an der Universität für angewandte Kunst, Wien, Österreich
Kasper Jordaens, Tru Lefevre, Tim Rootsaert, Bas Baccarne, Sarrah Logge, Change Agents beim belgischen Forschungslabor imec, Belgien
Kevin Kelly, Autor und Herausgeber, San Francisco (CA), USA
Sabiha Keyif, Ko-Kuratorin der Ausstellung *GLOBALE: Exo-Evolution,* ZKM | Zentrum für Kunst und Medien Karlsruhe, Deutschland

Prem Krishnamurthy, Designer, Kurator und Autor, Gründer des Designbüros Project Projects und des Ausstellungsraumes P! in New York, USA, und Sohn von Bala Krishnamurthy, die als Robotikerin in den 1970er-Jahren mit der Industrierobotik-Legende Joseph Engelberger zusammenarbeitete
Steven Latré, Assistenzprofessor an der Universität Antwerpen und am belgischen Forschungslabor iMinds/imec, Antwerpen, Belgien
Jeroen Lemaire, Geschäftsführer von In The Pocket, Gent, Belgien
Greg Lynn, Architekt und Designer, Professor für Architektur an der Universität für angewandte Kunst, Wien und Gastprofessor an der UCLA School of the Arts and Architecture, Los Angeles (CA) und Yale School of Architecture, New Haven (CT), USA
Erik Mannens, Professor am IDLab, technischer Leiter / DataScince am belgischen Forschungslabor imec, Forschungsleiter an der Universität Gent, Belgien
Erich Prem, Informatiker und ehemaliger Wissenschafter am Österreichischen Forschungsinstitut für Artificial Intelligence (ÖFAI) und am AI Lab des Massachusetts Institute of Technology (MIT), Cambridge (MA), USA, Geschäftsführer eutema GmbH, Wien, Österreich
Maria Pruckner, Kybernetikerin und Organisationsberaterin, Geschäftsführerin InForMent – Strategie, Struktur & Kultur für das Meistern hochdynamischer Komplexität, Wien, Österreich
Christian Rohner, Ausstellungskurator, Museum für Kommunikation, Bern, Schweiz
Matthias Scheutz, Professor, Cognitive Science and Computer Science Bernard M. Gordon Senior Faculty Fellow Director, Human-Robot Interaction Laboratory, Department of Computer Science an der Tufts University, Medford (MA), USA
Christian Stadelmann, Ko-Kurator der Ausstellung *Roboter. Maschine und Mensch?* und Bereichsleiter Alltag & Umwelt, Technisches Museum Wien, Österreich
Gerfried Stocker, Medienkünstler und künstlerischer Leiter, Ars Electronica Center, Linz, Österreich
Robert Trappl, Kybernetiker, Professor und Leiter des Austrian Research Institute for Artificial Intelligence (OFAI), Wien, Österreich, Präsident der International Academy for Systems and Cyberncetic Sciences
Gerhard Tröster, Professor für Elektronik, Leiter des Fachgebiets „Digitale Systeme & Wearable Computing" am Institut für Elektronik der ETH Zürich, Schweiz
Steven Van Belleghem und Peter Hinssen, Autoren und Netzwerker, nexxworks, Gent, Belgien
Dirk Van Welden, Spieledesigner, Künstler und Geschäftsführer bei I-illusions, Brüssel, Belgien
Bram Vanderborght, Professor für Robotik, Vrije Universiteit Brussel, Brüssel, Belgien
Peter Weibel, Künstler, Kurator, Kunst- und Medientheoretiker, Leiter des ZKM | Zentrums für Kunst und Medien Karlsruhe, Deutschland

Amelie Klein dankt außerdem Erika Pinner, unermüdliche Assistenzkuratorin, ohne die es weder Ausstellung noch Katalog gäbe; Thomas Geisler für monatelangen fruchtbaren Gedankenaustausch und jahrelange Freundschaft; Stefani Fricker (Leiterin der technischen Abteilung im Vitra Design Museum) und Nathalie Opris (Medientechnik Vitra Design Museum), Valerie Hess, Raphael Höglhammer und Pia Hönges (Emyl) sowie Veit Grünert und Chris Rehberger (Double Standards) dafür, dass sie mir alle wieder bis zum Schluss die Stange gehalten haben; Viviane Stappmanns und Yvonne Radecker für Trost und Unterstützung in mannigfaltiger Weise; Tanja Cunz für ihre Unterstützung und Jolanthe Kugler dafür, dass sie sie uns „geliehen" hat; und allen anderen Kolleginnen und Kollegen im Vitra Design Museum, ohne die *Hello, Robot. Design zwischen Mensch und Maschine* nicht zustande gekommen wäre.

IMPRESSUM

Diese Publikation erscheint anlässlich der Ausstellung
Hello, Robot. Design zwischen Mensch und Maschine.

Vitra Design Museum, Weil am Rhein: 24.09.2022 – 05.03.2023
Die internationale Ausstellungstournee läuft seit 2017, weitere Stationen sind in Planung.

Herausgeber: Mateo Kries, Lilli Hollein, Amelie Klein
Redaktion: Amelie Klein, Erika Pinner, Tina Thiel
Redaktion Essay Rosi Braidotti: Marlies Wirth
Autoren: Daniele Belleri, Rosi Braidotti, Fredo De Smet, Christoph Engemann, Paul Feigelfeld, Thomas Geisler, Lea Hilsemer (LH), Gesche Joost, Amelie Klein, Olivia Parkes (OP), Erika Pinner (EP), Carlo Ratti, Aline Lara Rezende (AR), Bruce Sterling, Tina Thiel (TT), Marlies Wirth
Projektkoordination / Übersetzungen und Lektorat: Tradukas GbR
Übersetzungen englisch–deutsch, deutsch–englisch: Tradukas GbR; Wortreich / Jana Güttler, Maria Wokurka; Andrea Schellner
Übersetzung Essay Marlies Wirth: Wortreich / Jana Güttler, Maria Wokurka
Übersetzung Essay Bruce Sterling: Tradukas GbR, Jörg Blumtritt
Übersetzung niederländisch–englisch: Lisa Holden
2. Korrektorat (erste Ausgabe): Marie-Therese Pitner, Hella Thietz
Bildrechte: Isabel Serbeto, Karoline Harms, Henrike Büscher
Titelbild: Christoph Niemann, Berlin
Design: Chris Rehberger, Vincent Tollens, Veit Grünert, Double Standards, Berlin
Programmierung Layout-Algorithmus: Timo Rychert
Projektmanagement: Esther Schröter, Judith Brugger
Produktion: Judith Brugger
Vertrieb: Esther Schröter
Druckvorstufe: GZD Media GmbH, Renningen
Druck: DZA Druckerei zu Altenburg GmbH, Altenburg
Typografie: Rockwell Std und Garamond Premier Pro
Papier: Arctic Volume HighWhite, 130 g/qm

Erstausgabe, 2017
2., überarbeitete und erweiterte Neuauflage, 2022

Vitra Design Museum
Charles-Eames-Straße 2
79576 Weil am Rhein
Deutschland
verlag@design-museum.de

© Vitra Design Museum GmbH und Autoren, 2022
Gedruckt und gebunden in Deutschland

ISBN (deutsche Ausgabe): 978-3-945852-49-1
ISBN (englische Ausgabe): 978-3-945852-50-7

Alle Rechte vorbehalten. Alle Personen- und Funktionsbezeichnungen, die in dieser Publikation in der männlichen Form verwendet werden, gelten sinngemäß auch in der weiblichen Form. Kein Teil dieser Publikation darf ohne vorherige schriftliche Zustimmung der Herausgeber reproduziert oder unter Verwendung elektronischer Datenverarbeitungssysteme in irgendeiner Form vervielfältigt oder verbreitet werden. Die Deutsche Nationalbibliothek verzeichnet diese Publikation in der Deutschen Nationalbibliografie; detaillierte bibliografische Daten sind im Internet über http://dnb.dnb.de abrufbar.

Ausstellung

Kuratoren: Amelie Klein, Thomas Geisler, Marlies Wirth
Beratender Kurator: Fredo de Smet
Assistenzkuratorin: Erika Pinner
Berater: Paul Feigelfeld, Sabine Himmelsbach, Gesche Joost, Carlo Ratti, Bruce Sterling
Gestaltung: emyl, Basel
Grafik: Hug & Eberlein, Leipzig / Basel
Multimediaagentur: nous Wissensmanagement, Wien, Denver, Dubai
Projektmanagement: Karoline Harms
Technische Leitung: Stefani Fricker
Ausstellungsentwicklung: Nathalie Opris, René Herzogenrath
Senior Art Technicians: Patrick Kessler, Patrick Lützelschwab, Niels Tofahrn
Konservatorische Betreuung: Susanne Graner, Lena Hönig
Presse- und Öffentlichkeitsarbeit: Johanna Hunder, Jan-Marcel Müller, Maximilian Kloiber
Partnerships: Jasmin Zikry
Begleitprogramm: Katrin Hager, Julia Beyer, Emily Harries
Ausstellungstournee: Cora Harris, Isabel Serbeto
Verlag: Esther Schröter, Judith Brugger
Registrarin: Isabel Serbeto
Archiv: Andreas Nutz
Visitor Experience: Rebekka Nolte
Besucherdienst: Annika Schlozer
Museumsshop: Fabian Emmenecker

Vitra Design Museum:
Direktor: Mateo Kries
COO / Stellvertretende Direktorin: Sabrina Handler
Head of Finance: Heiko Hoffmann

MAK – Museum für angewandte Kunst:
Generaldirektorin und wissenschaftliche Geschäftsführerin: Lilli Hollein
Wirtschaftliche Geschäftsführerin: Teresa Mitterlehner-Marchesani

Eine Ausstellung des Vitra Design Museums, des MAK – Museum für angewandte Kunst, Wien und des Design Museum Gent.

Gefördert durch

Global Sponsor ABB   Sponsor FESTO   Dank an vitra.